WESTEND

AXEL BOJANOWSKI

Was Sie schon immer übers Klima wissen wollten, aber bisher nicht zu fragen wagten

Der Klimawandel zwischen Lobbygruppen und Wissenschaft

WESTEND

Mehr über unsere Autoren und Bücher:
www.westendverlag.de

Die Deutsche Nationalbibliothek verzeichnet diese Publikation in der Deutschen Nationalbibliografie; detaillierte bibliografische Daten sind im Internet über http://dnb.d-nb.de abrufbar.

MIX
Papier | Fördert gute Waldnutzung
FSC® C014889
FSC www.fsc.org

4. Auflage 2025
ISBN 978-3-86489-461-9

Umschlaggestaltung: Buchgut Berlin
Satz: Publikations Atelier, Weiterstadt
Druck und Bindung: Friedrich Pustet GmbH & Co. KG, Gutenbergstraße 8, 93051 Regensburg
Printed in Germany

Inhalt

Der Autor freut sich über Lob und Kritik: axelbojanowski@web.de

Die Grafiken in diesem Buch können Sie auf www.westendverlag.de/bojanowski farbig abrufen.

In Erinnerung an meinen Vater Günther Bojanowski

Für Alicia, Axel, Ariana

»Es ist egal, was wahr ist; es zählt nur, was die Leute glauben, was wahr ist.«

– Paul Watson, Mitbegründer von Greenpeace

»Menschen fürchten sich mehr vor Isolation als vor Fehlern.«

– Alexis de Tocqueville

Prolog

Warum dieses Buch?

In einem kurzen Werbefilm, verbreitet von Fridays for Future, wimmert ein Kind, als der Vater es ins Bett bringt – ein Monster sei im Schrank. Der Vater beruhigt: So etwas gibt es nicht. Kaum ist das Licht aus, zwängt sich jedoch das Ungetüm aus dem Schrank. »Das Monster gibt es wirklich, lassen Sie Ihr Kind nicht mit dem Klimawandel allein«, heißt es am Ende des Spots. Auch Greta Thunberg möchte, dass wir in Panik verfallen. Mit Erfolg: Internationale Umfragen zeigen ein erschreckendes Maß an »Klimaangst« unter jungen Leuten. Dennoch befand es der WDR für notwendig, eine »Klima App« für den Schulunterricht zu entwickeln, die »dank Augmented Reality«, wie der öffentlich-rechtliche Fernsehsender mitteilt, Schüler im Klassenzimmer in einen brennenden Wald und in Flutkatastrophen hineinversetzen kann, »fast als wären sie mittendrin«. Im Kindergarten, in der Schule, auf YouTube, in Hörspielen, im Theater und im Fernsehen wird Kindern der klimabedingte Weltuntergang eingebläut. »Papa«, sagte mein fünfjähriger Sohn vor Kurzem, »wenn der Meeresspiegel steigt, dann sterben wir«. Was soll man antworten? Selbstverständlich: »Nein.« Aber darüber hinaus?

Im Sachstandsbericht des UN-Klimarats kommen Wörter wie »Katastrophe«, »Notstand« oder »Krise« nicht vor. Das internationale Expertengremium erwartet eine prosperierende Welt (Kapitel 37), allerdings gleichzeitig das Aufziehen erhöhter Wetterrisiken (Kapitel 38, 40, 52). Sozialforscher haben herausgefunden, dass Wissen über den Klimawandel umgekehrt proportional zur Angst vor dem Klimawandel ist. Eine Studie mit 2066 Teilnehmern zum Beispiel, veröffentlicht im März 2023 in der Fachzeitschrift *Climate Change*, ergab, dass Menschen umso weniger Sorge in Hinblick auf die globale Erwärmung hatten, je mehr sie über das Thema wussten.

Das Klimaproblem ist zu bedeutend, um darüber nachlässig oder effekthascherisch zu berichten. Doch spätestens mit dem Aufkommen der Klimabewegung Fridays for Future 2018 – ein Aufbrausen jenes Milieus, aus dem viele Journalisten stammen – haben die Medien ihren Kurs in Richtung politisch-moralischem Aktivismus (Kapitel 46) verschärft. Das ist nicht verboten: Privatwirtschaftlich finanzierte Medien dürfen politisch agieren, der sogenannte Tendenzschutz sichert das gesetzlich ab. Wissenschaftsferne Apokalyptik aber erscheint mir verantwortungslos. Die Kaltblütigkeit, mit der Journalisten und Publizisten, ja sogar »aktivistische« Forscher im Eigeninteresse insbesondere Kindern Angst machen, erfordert Aufklärung und Widerspruch.

Am 19. Dezember 2018 drängten sich im weiten Atrium des *Spiegel*-Hauses in der Hamburger Hafencity Hunderte Angestellte und Redakteure – darunter auch ich. Auf einer improvisierten Bühne standen die Chefs mit finsteren Mienen. Ihre Ansprachen klangen wie Reden auf einer Beerdigung. Niemand im Saal tuschelte. Sie verkündeten mit matter Stimme, dass einer der erfolgreichsten Reporter des Magazins, Claas Relotius, viele seiner Reportagen ganz oder teilweise erfunden habe. Weder den Redakteuren noch der Faktenkontrolle des *Spiegels*, der »Dokumentation«, war der jahrelange Betrug aufgefallen. Relotius, für zahlreiche Journalistenpreise gefeiert, galt als beliebt und wurde vielfach bewundert. Kaum jemand im Atrium wagte, nach der Verkündung zu sprechen. Ausweichende Blicke, feuchte Augen, schweigsames Auseinandergehen. »Die Berichterstattung von Relotius hat sich in weiten Teilen als gefälscht herausgestellt«, gestand das Magazin.

Ich dachte an Claas Relotius' letzte große Reportage. Sie handelte vom Meeresspiegelanstieg und war Ende November 2018 als Titelgeschichte erschienen: »Nass«. Ich hatte sie vorab gelesen und die zuständigen Kollegen vor der Veröffentlichung gewarnt. Eine Kernthese des zwölf Seiten langen Artikels entsprach nicht der Wahrheit. In dramatischen Szenen beschreibt Relotius darin, wie die Menschen auf der Südseeinsel Kiribati ihre Siedlungen wegen des steigenden

Meeresspiegels verlassen mussten; ganze Ortschaften seien untergegangen. Der Autor lässt einen Bewohner vor dem schwellenden Meer erzählen, er könne »nicht errechnen, wie viel Land es Jahr für Jahr von seinem Strand verschlingt«. Dabei sind die Pegel auf Kiribati seit Beginn der Messungen Anfang der 1990er-Jahre ziemlich stabil und zahlreiche Inseln der Region haben sich sogar vergrößert. Sie sind mit dem schwellenden Ozean mitgewachsen, sodass das Wasser nicht vordringen konnte. Studien und der Vergleich von Satellitenbildern belegen das geologische Phänomen. Ich schrieb den Kollegen meine Bedenken und klärte über die Fakten auf, doch der Artikel wurde trotzdem veröffentlicht.

Warum, so habe ich mich gefragt, kommt mein eigener Sohn auf die Idee, er müsse sterben, weil der Meeresspiegel steigt, obwohl in seinem Elternhaus kein Klima-Alarmismus herrscht? Und wie konnte Relotius' Geschichte ausgerechnet in einem Magazin erscheinen, zu dessen behaupteter DNA das Motto »Sagen, was ist« gehört? Um mir diese Fragen zu beantworten, habe ich das vorliegende Buch geschrieben.

Es gibt massenhaft Lektüre über den Klimawandel, doch zwei Arten bestimmen das Genre: die einen, die auf dramatische Weise vor der Apokalypse warnen, und die anderen, die den Alarmismus als trojanisches Pferd politischer Kräfte entlarven wollen. Beide blenden Wesentliches aus: Einerseits hat die Wissenschaft überzeugend dargelegt, dass es ein Klimaproblem gibt, andererseits wird es tatsächlich politisch ausgebeutet. Anstatt also eine der beiden Kategorien zu bedienen, versuche ich zu erzählen, wie aus einem Nischengebiet der Meteorologie das bestimmende Thema unserer Zeit werden konnte. Das liegt nämlich keineswegs nur daran, dass die globale Erwärmung manifeste Risiken mit sich bringt, sondern auch daran, dass Wissenschaft missbräuchlich als Vehikel für Macht, Einfluss und Geld herhalten muss. Während der Klimawandel voranschreitet, eskaliert zugleich ein Lobbykrieg, der Einzelinteressen dient, aber die Lösung des zugrunde liegenden Problems erschwert. Dubiose Studien und politisierte Wissenschaftler stärken global operierende Institutionen und unterwerfen Deutschland im Dienste des Umweltschutzes einer unbarmherzigen Agenda.

Schon lange wissen wir, dass die Menschheit mit Treibhausgasen den Wärmehaushalt der Erde verändert (Kapitel 1) und die Temperaturen wohl auf Jahrzehnte hinaus weiter steigen werden. Dadurch ausgelöste Umweltveränderungen sollten bis mindestens ins nächste Jahrhundert spürbar sein. Manche Arten von Extremwetter werden häufiger; nicht ausgeschlossen sind gravierende längerfristige Umwälzungen wie das Abschmelzen des Westantarktischen Eisschilds. Auch ohne dieses Ereignis dürften die Ozeane über Generationen langsam weiter steigen. Zwar könnte die Menschheit solche Veränderungen meistern, doch bräuchte es mehr Grundlagenforschung über das Klima, um besser zu verstehen, was wirklich vor sich geht. Denn nicht ausschließen lassen sich nach wie vor Extremszenarien, die katastrophale Entwicklungen heraufbeschwören (Kapitel 38, 52). Gerade weil das Wissen lückenhaft und die Vorhersagen nicht verlässlich sind und weil die Erwärmung Überraschungen zur Folge haben könnte, erscheint es mir sinnvoll, schnellstmöglich auf eine klimaschonende Energieversorgung umzustellen. Aber das ist leicht gesagt.

Industrielobbys haben versucht, das Klimaproblem kleinzureden (Kapitel 20, 21), doch der Einfluss der Skeptiker erklärt nicht allein, warum die CO_2-Wende stockt. Die Versorgung mit fossilen Energien lässt sich nicht auf Kommando stoppen. Der Bedarf an günstiger Energie steigt weltweit. Momentan verbrauchen drei Milliarden Bewohner der Erde pro Jahr weniger Strom als ein handelsüblicher Kühlschrank, und diese Menschen wollen ihren Lebensstandard zu Recht steigern. Dafür brauchen sie mehr Energie, ebenso wie die wachsende Weltbevölkerung und die voranschreitende Elektrifizierung der bereits entwickelten Staaten. Das Menschheitsproblem Klimawandel ist also in Wahrheit ein Menschheitsdilemma: Globalen Wohlstand zu gewährleisten und gleichzeitig die Industriegesellschaft zu dekarbonisieren – ein komplexeres Problem kann man sich kaum ausdenken, denn es betrifft alle Lebensbereiche.

Die Klimadebatte wirft grundsätzliche Fragen darüber auf, wie wir leben wollen, und zieht deshalb die gleichen Frontstellungen nach sich wie andere Debatten: Technologie-Skeptiker gegen -Optimisten, Kollektivisten gegen Liberale, Egalitäre gegen Hierarchische, extrinsisch gegen intrinsisch Motivierte – allgemein jeden denkbaren Wertekonflikt. Je nach persönlichem Temperament und Interesse lesen Teilnehmer die Wissenschaft anders und bevorzugen unterschiedliche Maßnahmen (Kapitel 34, 35). Der Kampf gegen die globale Erwärmung bietet Trittbrettfahrern jeder Couleur Gelegenheit, ihre Ziele durchzusetzen: Umweltschutz und Klima sind bewährte Mittel in politischen Interessenkämpfen. Die »Bewahrung der Schöpfung« respektive »Bewahrung der Natur« ist dabei das stärkste Argument, mit dem schon grausame Vertreibungen und »Bevölkerungskontrolle« durchgesetzt wurden (Kapitel 48).

»Klima« funktioniert auch gut als Ausrede für politisches Versagen, beispielsweise im Katastrophenschutz oder bei Missernten (Kapitel 47). Seit einigen Jahren knüpfen sogenannte »Philanthropen«-Stiftungen intransparente politische Netzwerke, die sich mit dem Klima-Trumpf kritischer Befragung entziehen (Kapitel 44). Angefeuert von opportunistischen Medien (Kapitel 46) und gierigen Umweltorganisationen (Kapitel 16) droht fehlgeleitete Politik knappe Ressourcen falsch zu verteilen, sodass die Erderwärmung nicht gebremst und obendrein die Lösung anderer Probleme erschwert wird. Dabei schält sich ein fundamentales Problem heraus: Feinde westlicher Lebensart, die im Herzen der liberalen Demokratien einen Kampf schüren, kapern eigennützig das Klimathema. Auch hier wirken keine Verschwörungen, sondern Individuen, die kurzfristige Möglichkeiten für persönliche Vorteile ausbeuten (Kapitel 3).

Wie kein anders Thema ist die globale Erwärmung zum identitätsstiftenden Motiv geworden für viele, die an der öffentlichen Debatte teilnehmen. So hängen der soziale Status und die Karrieren etlicher Journalisten davon ab, wie sie sich positionieren (Kapitel 35). Bestätigt ein Artikel gängige Narrative, die dabei helfen, Akzeptanz im Berufsumfeld zu erlangen, muss der Text keine Kritik fürchten. Daraus ergibt sich ein interessanter Widerspruch: Einerseits betonen wir Journalisten die Bedeutung des Klimawandels als »wichtigstes Menschheitsthema«, andererseits herrscht unter vielen von uns ein erstaunliches Desinteresse an Fakten. Selbst eindeutige Fehler werden trotz nachdrücklicher Hinweise nicht korrigiert, sofern sie die Haltung der eigenen Bezugsgruppe unterstützen und sich kein Widerstand in karriererelevanten Milieus regt. Auch »Faktenchecker«-Medien sind vor diesem Hintergrund allzu oft politisch motivierte Instrumente, die ihrerseits Falschinformationen verbreiten (Kapitel 46).

Jedes Kapitel in diesem Buch will einen Mechanismus entschlüsseln, der zur Eskalation des »Krieges um das Klima« beigetragen hat, und erklären, inwiefern wissenschaftliche Debatten als Stellvertreter für schwelende gesellschaftliche Konflikte über Werte, Vorlieben und politische Ziele dienen. Über jeden Abschnitt ließe sich ein ganzes Buch schreiben, aber ich habe versucht, die wesentlichen Aspekte mithilfe kurzer, pointierter Erzählungen zu schildern. Die Geschichte der Klimadebatte spielt sich hauptsächlich in den Vereinigten Staaten ab, wo sowohl die moderne Forschung als auch die großen Konflikte ihren Ursprung haben. Das Land bestimmt wesentlich die Geschicke der UN-Klimapolitik, der globalen Energietransformation und aufgrund seiner dominierenden Wissenschaftslandschaft, der englischen Sprache und des politischen Einflusses folglich auch den Forschungsdiskurs.

Wissenschaft hat sich als die beste Erkenntnisressource und als die erfolgreichste Methode erwiesen, um herauszufinden, wie die Welt funktioniert. Aber sie ist keine Bastion des interessenlosen Erwerbs und der Vermittlung von Wissen, sondern weist ein erhebliches Mobilisierungspotenzial auf. Insbesondere die Umweltforschung ist zu einem bestimmenden Element politischer und gesellschaftlicher Diskussionen geworden und damit zu einem Faktor, der über die Legitimität politischer Macht entscheiden kann (Kapitel 6). Die Klimadebatte offenbart, wie Wissenschaft für partikulare Interessen missbraucht werden und wie dieser Prozess eskalieren kann, weil der Kreis der Profiteure kontinuierlich wächst und sich deshalb immer schwerer eindämmen lässt – auf Kosten der seriösen Klimaforschung, auf Kosten des Gemeinwesens und auf Kosten effektiver Reaktionen auf die fortschreitende globale Erwärmung.

Axel Bojanowski, Hamburg im Mai 2024

Auf meinem Blog erzähle ich ergänzend zum Buch Kurzgeschichten zum Thema, die Texte lassen sich abonnieren unter:
axelbojanowski.substack.com

I.
Kampf um Einfluss

1. Ignorierter Pionier: Der erste Klimaforscher

Die Entdeckung der menschengemachten Erwärmung wurde zurückgewiesen, sie versprach keinen politischen Nutzen.

Am Mittwochabend des 16. Februar 1938 – es herrschten eisige Minusgrade – schritt der 40-jährige Kraftwerksingenieur und Sohn eines renommierten Physikers, Guy Callendar, in die Royal Meteorological Society in London, um die globale Erwärmung korrekt vorherzusagen. Sechs Gutachter, allesamt strenge Meteorologen, erwarteten seinen Vortrag im Gebäude des altehrwürdigen Vereins. Fürchten musste Callendar vor allem den Vorsitzenden, George Simpson, der bereits Jahre zuvor herausgefunden zu haben glaubte, Kohlendioxid, chemisches Formelzeichen CO_2, übe keinen Einfluss auf das Klima aus. Dass ihm nun jener Hobby-Meteorologe ohne Doktortitel vom Gegenteil überzeugen wollte, irritierte ihn. Callendar hatte über Jahrzehnte Daten von rund 200 Wetterstationen weltweit gesammelt. Sie zeigten, dass das Klima Ende der 1930er-Jahre seit dem vergangenen Jahrhundert bereits um 0,3 Grad Celsius wärmer geworden war. Callendar hegte die Vermutung, dass die zu diesem Zeitpunkt 150 Milliarden Tonnen CO_2-Abgase des Menschen aus der Verbrennung von Kohle, Holz und Öl dazu beigetragen hatten. Die Hälfte der Erwärmung seit Beginn des 20. Jahrhunderts schrieb er der Zunahme des Kohlendioxidgehalts in der Luft zu. Callendar prognostizierte steigende Temperaturen – und sollte damit recht behalten. Seine Gutachter an jenem kalten Winterabend in London aber konnte er mit seinem Vortrag nicht überzeugen. Dem Vorsitzenden der Anhörung, George Simpson, erschien die Theorie abwegig: Der Anteil des Treibhausgases in der Luft sei zu gering für eine nennenswerte Erwärmung, sogar falls sich die CO_2-Konzentration in der Luft verdoppeln sollte, so glaubte er. Überschüssiges Kohlendioxid werde von den Ozeanen absorbiert. Selbst Meteorologen könnten sich wohl noch nicht vorstellen, dass der Mensch das Klima verändert, schrieb der Ingenieur resigniert; der Einfluss sei nicht nur theoretisch plausibel, sondern »passiere tatsächlich gerade«. Guy Callendar hatte als Erster mit seinen Messungen den bereits eingetretenen menschengemachten Treibhauseffekt entdeckt – aber niemand glaubte ihm.

Seine Erkenntnis kam nicht von ungefähr: Wissenschaftler hatten schon im 19. Jahrhundert zeigen können, dass der Treibhauseffekt real ist: Der französische Physiker Jean-Baptiste Fourier berechnete 1824, dass die Erde mit ihrer Entfernung zur Sonne nicht so warm sein dürfte, wie sie in Wirklichkeit war. Er vermutete, dass die von unserem Zentralgestirn kommende Energie die Atmosphäre durchdringen, aber nicht so leicht abgestrahlt werden kann und sie dadurch aufheizt. Bald fiel der Verdacht auf das Kohlendioxid. 1856 ergaben Experimente der US-Amerikanerin Eunice Newton Foote, dass sich Luft mit hohem CO_2-Gehalt erwärmt. Mit ihren Worten: »Eine Atmosphäre dieses Gases würde unserer Erde eine hohe Temperatur verleihen.« Sie hatte Glaskolben mit Gasgemischen gefüllt und ihre Temperaturveränderung unter Sonneneinstrahlung gemessen. »Den größten Effekt der Sonnenstrahlung fand ich bei Kohlendioxid«, berichtete Foote. »Wenn, wie einige annehmen, in gewissen Zeiten der Erdgeschichte der Anteil dieses Gases in der Luft höher gewesen wäre als heute, müsste das notwendig zu einer höheren Temperatur geführt haben.« Drei Jahre später zeigte der irische Naturforscher John Tyndall ebenfalls mit Experimenten, dass Wasserdampf und CO_2 Wärme zurückhalten.

Ende des 19. Jahrhunderts berechnete der schwedische Wissenschaftler Svante Arrhenius, wie sich die Temperatur auf der Erde mit der Konzentration von Kohlendioxid verändert. In einer berühmten Studie aus dem Jahr 1896 kam auch er zu dem Schluss, dass CO_2 eine Erwärmung bewirkt. Die Clausius-Clapeyron-Gleichung, wonach eine ein Grad wärmere Luft sieben Prozent mehr Wasserdampf enthalten kann, bedeute zudem, dass sich diese verstärke, stellte Arrhenius fest: Eine Verdopplung der Kohlendioxidkonzentration erwärme die bodennahe Luft um fünf bis sechs Grad, schrieb er. Heutzutage gilt Arrhenius' Schätzung als um das Doppelte zu hoch und seine gesellschaftliche Konsequenz als bestenfalls optimistisch: Eine

Erwärmung sei eine gute Entwicklung, meinte er, denn sie verhindere eine Eiszeit, die die Europäer sonst womöglich zur Flucht nach Afrika gezwungen hätte.

Seine Kollegen Arvid Högbom und Nils Ekholm knüpften an Arrhenius' Rechnungen an. Sie folgerten, dass die Verbrennung von Kohle wegen des damit einhergehenden CO_2-Ausstoßes zu einer globalen Erwärmung führen werde; Ekholm sprach vom »Treibhauseffekt«. Der Blick ins Weltall brachte den nächsten Beleg: 1932 entdeckten Astronomen mittels einer Analyse des Lichts der Venus, dass die Atmosphäre des Nachbarplaneten große Mengen Kohlendioxid enthält. Der US-amerikanische Physiker Carl Sagan sagte voraus, dass der resultierende Treibhauseffekt dort für Temperaturen jenseits der 400 Grad sorgen müsste. Im Dezember 1962 erreichte die Raumsonde Mariner 2 die Venus – und bestätigte seine Prognose: In der Atmosphäre der Venus schmilzt bei einer Hitze von mehr als 450 Grad selbst Blei; und das, obwohl sie doppelt so weit von der Sonne entfernt liegt wie der nächste Planet, Merkur. Während es dort nachts auf unter minus 170 Grad abkühlt, hält sich die Tagestemperatur auf der Venus – wegen des Kohlendioxids.

Die Erde wäre ohne ihren natürlichen Treibhauseffekt gut 30 Grad kühler. Doch dieser allein erklärt nicht die Erderwärmung, wie Callendar seinen Gutachtern an jenem Wintertag 1938 vergeblich klarzumachen versuchte. Die CO_2-Konzentration war seit Beginn der Industrialisierung angestiegen; und die sich anreichernde Menge in Luft und Meeren stimmte seinen Berechnungen zufolge gut überein mit dem, was durch menschliche Aktivitäten ausgestoßen worden war. Auf der Nordhalbkugel, wo es mehr Einwohner und Industrie gab, reicherte sich mehr Kohlendioxid als im dünn besiedelten Süden an. Und bald offenbarte die »isotopische Signatur« der Kohlenstoffatome – ihr atomares Gewicht – den Ursprung des CO_2 in fossilen Lagestätten. Messungen zeigten außerdem einen winzigen Rückgang im Sauerstoffgehalt der Luft, den Callendar erwartet hatte: Die Verbrennung von fossilen Energieträgern verbraucht Sauerstoff.

Heute preisen Klimaforscher Guy Callendar, der seine Studie mit dem Titel »The Artificial Production of Carbon Dioxide and its Influence on Temperature« trotz der Skepsis anderer Wissenschaftler im April 1938 im Magazin der Royal Meteorological Society veröffentlichen durfte. Als Erster hatte er anhand weltweiter Temperaturmessungen entdeckt, dass sich die Erde erwärmt, und als Erster hatte er diese Erwärmung den Aktivitäten des Menschen zugeschrieben. Zudem gilt seine Prognose von zwei Grad Erwärmung bei einer Verdopplung der CO_2-Menge in der Luft noch heute als realistisch. Callendar hatte alle Zutaten der modernen Theorie vom menschengemachten Klimawandel beisammen: Aufgrund seiner molekularen Struktur hält CO_2 Wärmestrahlung zurück, die andere Moleküle, die in der Luft viel häufiger vorkommen, passieren lassen.

Am 28. Oktober 1956 erwähnte die *New York Times* den Klimawandel-Pionier in einem Artikel mit der hellsichtigen Überschrift »Wärmeres Klima könnte auf mehr Kohlendioxid zurückzuführen sein«. Eingeweihte sprachen mittlerweile vom »Callendar-Effekt«. Doch er hatte Pech mit dem Timing: Mitte des 20. Jahrhunderts sank die Temperatur weltweit, obwohl der Mensch weiterhin Treibhausgase in die Luft pustete – und niemand interessierte sich mehr für globale Erwärmung. Von der »Umkehrung des Wärmetrends« berichtete die *New York Times* am 25. Januar 1961. Die strengen Winter in England zu dieser Zeit und in den beiden Folgejahren, als dort zu Weihnachten fast überall Schlittschuh gelaufen werden konnte, ließen den »Callendar-Effekt« vergessen. Die CO_2-Zunahme war weiter im Gange, aber niemand vermochte zu sehen, zu schmecken oder zu riechen, wie sich immer mehr Kohlendioxidteilchen in der Luft anreicherten. Erst in den 1980er-Jahren drehte sich der globale Temperaturtrend.

Dass Callendar nicht durchdrang mit seiner Theorie, lag wohl auch daran, dass er keine Klimakatastrophe vorhersagte, sondern das Gegenteil: Wie Svante Arrhenius hielt er eine globale Erwärmung für positiv, sie verhindere »die Rückkehr der tödlichen Gletscher«, begünstige Landwirtschaft im Norden und kurble das Pflanzenwachstum an. Künftige Generationen würden »uns danken« dafür, eine neue Eiszeit verhindert zu haben, meinte Callendar. Noch verbanden Wissenschaftler mit industriellem Fortschritt das Wohlergehen der Menschheit. Erst in den 1950er-Jahren änderten sie ihre Meinung zum CO_2. Die berühmten Ozeanografen Roger Revelle und Hans

Suess begannen zu zweifeln, ob die Meere wirklich all das Kohlendioxid aufnehmen könnten, das die Erdbevölkerung emittierte. Ihre chemischen Gleichungen offenbarten 1956, dass sie neunmal weniger aufnahmefähig waren als angenommen. Tatsächlich, resümierten Revelle und Suess, sei es möglich, dass sich das Gas in der Atmosphäre anreichere und eine wärmende Wirkung entfalte.

Guy Callendar erlebte die Anerkennung seiner These nicht mehr. Bis zu seinem Tod 1964 hatte er nach Indizien gefahndet dafür, dass eine stärkere globale Erwärmung durch CO_2 von anderen Phänomenen maskiert worden war. Es sollte noch zwei Jahrzehnte dauern, bis Klimaforscher seinen Verdacht bestätigten. Sein Buch *Klima und Kohlendioxid* wurde nie veröffentlicht. Ein Foto zeigt Callendar kurz vor seinem Tod – beim Schneeschippen.

2. Zwischen Militär und Katastrophe: Die Relevanz-Falle

Klimaforschung gewinnt an politischer Bedeutung, wenn sie vereinnahmt werden kann.

Am Himmel über Boulder malten Flugzeuge an einem klaren Septembermorgen 1963 weiße Kondensstreifen, als sich der Chef des National Center for Atmospheric Research (NCAR), Walter Orr Roberts, im Hinterhof seines Instituts mit einem Journalisten der *New York Times* unterhielt. Roberts prophezeite, die Kondensstreifen würden sich bis nachmittags ausgebreitet haben und schließlich nicht mehr von Zirruswolken zu unterscheiden sein. In Regionen mit zunehmendem Luftverkehr dürften die künstlichen Wolken das Klima ändern, argwöhnte der Atmosphärenforscher. Der Einfluss des Menschen aufs Klima sei dann für das bloße Auge sichtbar. Die *New York Times* hievte seine Ideen auf die Titelseite: »Flugzeuge könnten Klima entlang der Routen ändern«. Roberts meinte das nicht negativ.

Seit dem Zweiten Weltkrieg hatten die Vereinigten Staaten und die Sowjetunion in die Erforschung der Kontrolle von Wetter und Klima investiert. Wolken erschaffen, Dürren verhindern, Stürme umlenken – solche Möglichkeiten gelte es auszuloten, betonte der Vorsitzende der National Academy of Sciences (NAS) in den USA, Detlev Bronk, im Jahr 1956. Der spätere Präsident Lyndon B. Johnson von der Demokratischen Partei warnte 1958 in einer Rede, die UdSSR könne das Wetter aus dem All ändern, Meeresströmungen manövrieren und das Klima der Vereinigten Staaten abkühlen. Nach der Explosion der ersten Atombombe 1945 mussten Meteorologen akzeptieren, dass menschliche Aktivitäten Einfluss auf das Wetter hatten. Die US-Regierung finanzierte Programme zur Erforschung möglicher Wetterfolgen von Nuklearschlägen. Mitte der 1950er-Jahre simulierten Wissenschaftler an der Princeton University nahe New York mit einem Computermodell die Folgen eines Atomkriegs: In drei Dimensionen zeigte das Modell, wie atmosphärische Zirkulation den radioaktiven Auswurf um die Erde verteilen würde. Der deutsche Meteorologe Fritz Möller, eigentlich Professor an der Universität Mainz, absolvierte Ende der 1950er-Jahre ein Sabbatical in Princeton. Er wollte von seinen Kollegen wissen, ob sie ihre Klimasimulation mit der doppelten CO_2-Menge in der Luft laufen lassen könnten. »Warum versucht ihr das nicht mal?«, fragte Möller, der Guy Callendars Forschung studiert hatte. Ein paar Monate später präsentierten sie das Ergebnis: Um 3 bis 5 Grad würde es wärmer, das Resultat schwankte mit jedem neuen Modelllauf – 1,5 bis 4,5 Grad Erwärmung bei doppelter CO_2-Menge spucken moderne Supercomputer aus.

Der Ozeanograf Roger Revelle schöpfte Verdacht. »Die Menschheit könnte ein großskaliges Experiment ausführen« mit ihren Abgasen, spekulierte er. Alarmiert wegen eines möglichen Klimawandels sei er indes nicht gewesen, erzählten seine Kollegen. Revelle wirkte auf Fotos in jungen Jahren mit seiner lässigen Attitüde wie eine Wissenschaftler-Version von James Dean. Sein Charme half ihm, Kontakte in Ministerien zu knüpfen. Im Mai 1957, während des »Internationalen Jahrs der Geophysik«, machte Revelle hohe Millionensummen bei der Regierung locker. Eines der kleinsten geförderten Projekte sollte das berühmteste werden: das CO_2-Experiment. Revelle beauftragte einen Mitarbeiter namens Charles Keeling, einen Apparat zur Messung von Kohlendioxid in der Luft zu konstruieren. 1958 startete der junge Chemiker seine Messung vor einem Labor auf der Pazifikinsel Hawaii. Anfangs registrierte er 314 ppm (»parts per million«), also 314 Teilchen CO_2 pro Millionen Luftteilchen. Die Datenpunkte von Keelings Kohlendioxidkurve ergaben mit der Zeit jene eindrucksvolle Grafik, welche aller Welt die menschengemachte Anreicherung von CO_2 in der Luft demonstrierte, die berühmte Keeling-Kurve: eine im Takt der Jahreszeiten zitternde, dabei stetig steigende Linie, gerade so wie es Guy Callendar erwartet hatte. 1963 veröffentlichte er zusammen mit Kollegen und im Auftrag des Umweltverbands Conservation Foundation den Bericht »Implications of Rising Carbon Dioxide Content of the Atmosphere«, der eine globale Erwärmung von zwei Grad bei einer Verdoppelung des Kohlendioxidgehalts vorhersagte.

Im Frühjahr 1964 hörte die Linie plötzlich auf zu steigen. Nicht weil kein CO_2 mehr in die Luft gelangte, sondern weil Keeling seine Finanzierung weggebrochen war. Im Mai 1964 hatte er die Mittel wieder sichergestellt, die Kurve kletterte weiter. Anfang der 1970er-Jahre fiel Keeling etwas Seltsames auf: Gemessen an der Kohlendioxidmenge, die mit Abgasen aus Industrie, Verkehr und Kraftwerken in die Luft gelangte, fehlte laut seinen Messungen CO_2 in der Bilanz. Der Anteil des Gases in der Atmosphäre nahm nur halb so schnell zu, wie er es in Anbetracht des Inputs eigentlich müsste. Keeling erinnerte sich: Sein Chef Roger Revelle hatte 1956 vorgerechnet, dass Ozeane einen Teil des Kohlendioxids aufnehmen und den menschengemachten Treibhauseffekt abpuffern. 1965 warnte erstmals ein Regierungsbericht vor einer Erwärmung aufgrund des Ausstoßes von CO_2: Das Science Advisory Commitee des US-Präsidenten Lyndon B. Johnson mahnte im Report »Restoring the Quality of Our Environment«, dass die fortgesetzte Freisetzung von Kohlendioxid in die Atmosphäre durch die Verbrennung fossiler Brennstoffe »mit ziemlicher Sicherheit erhebliche Veränderungen bewirken« und »aus Sicht der Menschen schädlich sein könnte«. Wie schon Keelings Studie zwei Jahre zuvor ließ auch der Report Callendars Arbeit unerwähnt.

»Good bye New York, good bye Washington«, schrieb Patrick Moynihan, ein Regierungsberater des republikanischen US-Präsidenten Richard Nixon, im September 1969 in einem Memorandum an seinen Chef. Bereits der zu erwartende CO_2-Anstieg um 25 Prozent bis zum Jahr 2000 könnte für einen Anstieg der Meere um drei Meter sorgen, Metropolen könnten versinken. Im Juli 1970 berieten Atmosphärenforscher vier Wochen lang in Williamstown, Massachusetts, über mögliche menschengemachte Umweltprobleme. In ihrem Abschlussbericht stellten sie fest, dass Kohlendioxidabgase »langfristig möglicherweise Effekte auf das Klima« haben könnten. Das Thema sollte besser erforscht werden, mahnte der Report. Hierzulande veröffentlichte die Deutsche Physikalische Gesellschaft anlässlich ihrer Jahrestagung Ende September 1971 eine Pressemitteilung. Eine Verdopplung des CO_2-Gehalts in der Luft ziehe eine globale Erwärmung von 2,2 Grad nach sich, mahnte das Papier unter Berufung auf den

Bonner Meteorologen Hermann Flohn, dessen klimatologische Weltkarten Schüler in der ganzen Bundesrepublik aus ihren Atlanten kennen: Flohns Linien markieren die Klimazonen.

Roger Revelle hatte in den 1970ern seinen James-Dean-Charme verloren und sah nun aus wie ein überarbeiteter Politiker. Seine Arbeit war die eines Forschungsmanagers geworden. Er übernahm Führungspositionen in der American Association for the Advancement of Science (AAAS), der weltweit größten wissenschaftlichen Gesellschaft, die unter anderem *Science*, die vielleicht einflussreichste Wissenschaftszeitschrift herausgibt. 1978 schrieb Revelle der Klimaforschung ihr politisches Schicksal auf. Eine Disziplin, die der Menschheit nicht helfen könne, sei wertlos: »Klimaforschung ist insofern eine besondere angewandte Wissenschaft, als ihre Daseinsberechtigung ihre Beziehung zum menschlichen Wohlergehen ist.« Revelle offenbarte den Zwiespalt, in dem die Klimaforschung bereits gefangen war: Sie kann nur prosperieren, solange ihr Thema relevant ist, und relevant ist sie nur, solange sie das Schicksal der Menschheit verhandelt.

3. »Earth Day«: Umweltschutz wird links

Bewegungen gewinnen Anhänger, indem sie ihre Interessen als die der anderen ausgeben.

Der Cuyahoga-Fluss im US-Staat Ohio brannte. Mitte Juni 1969 hatten Funken eines vorbeifahrenden Zuges Öllachen nahe der Stadt Cleveland entzündet, knapp eine Stunde loderten Flammen auf dem Wasser. Anwohner ignorierten den Vorfall, sie waren an ähnliche Brände auf dem Cuyahoga in ihrem Industriegebiet gewöhnt. Doch der Zeitgeist hatte sich verändert. Das Buch *Der stumme Frühling* der Biologin Rachel Carson war erschienen. Darin hatte sie Umweltverschmutzung als Vernichtungskrieg des Menschen gegen die Natur gedeutet. Carson schrieb von landwirtschaftlichen Chemikalien, die Menschen vergiften und Krebs verursachen. »Keine Hexerei, keine feindliche Aktion brachte die Wiedergeburt neuen Lebens in dieser geplagten Welt zum Schweigen. Das Volk hatte es sich selbst angetan«, dichtete die Biologin. Alles Natürliche sei ein Wert an sich, menschlicher Einfluss etwas Schlechtes:

> *Ich glaube, dass wir jedes Mal, wenn wir Schönheit zerstören oder wenn wir etwas von Menschenhand Geschaffenes und Künstliches an die Stelle eines natürlichen Merkmals der Erde setzen, einen Teil des geistigen Wachstums des Menschen verzögert haben [...] Es ist eine von der Industrie dominierte Ära.*

Der *Spiegel* phantasierte anlässlich der Veröffentlichung ihres Buches: »Der immer dichter werdende Giftregen gleicht der Berieselung der Erde durch radioaktiven Staub, der bei den Atom-Explosionen aufgewirbelt wird, bis ins Detail.«

Anlässlich des brennenden Öls auf dem Cuyahoga erkannte der Bürgermeister von Cleveland, Carl Stokes, die Chance – und lud

Journalisten ein. Der Fluss sickere eher, als dass er fließe, und Menschen könnten in der Brühe nicht ertrinken, sondern müssten verwesen, schrieb das *Time Magazine*, das Stokes ausführlich zu Wort kommen ließ. Andere Medien übernahmen, die Resonanz bestärkte Journalisten, Umweltthemen zu recherchieren. Der wirtschaftliche Aufschwung hatte Probleme verschärft: Ölkatastrophen, Müllberge, Artensterben, Waljagd, Gifte auf Feldern und Wiesen – Nachrichten dokumentierten die Schattenseiten des Wohlstands. In manchen Metropolen wie Los Angeles zwang der Smog zum Maske-Tragen, Menschen fürchteten die Verschmutzung von Gewässern und Umwelt. In Santa Barbara, Kalifornien, hatte eine Ölpest 1969 Tausende Vögel verklebt und getötet. Helfer weinten, als sie ihnen die schwarze Masse von den Federn wuschen. »Wir müssen die Ölbohrinseln stoppen, bevor sie uns zerstören«, sprach eine junge Frau in ein Radiomikrofon.

»Mir machten diese Dinge sehr zu schaffen«, erzählte Denis Hayes, der zur folgenden Revolution beitragen sollte: »All der Müll, all der Ressourcenverbrauch erschien mir bescheuert.« Der 25-jährige Student bekam die Zusage, dem damaligen Senator von Wisconsin, Gaylord Nelsen, in einem viertelstündigen Gespräch in Washington sein Anliegen vorzutragen. Aus den 15 Minuten im Dezember 1969 wurden mehrere Stunden. Nelsen beauftragte Hayes mit der Organisation eines »Nationalen Tags des Umweltunterrichts«, der im April 1970 stattfinden sollte; er hatte vier Monate Zeit. Seine erste Tat: den geplanten Anlass in »Earth Day« umzutaufen. Den Sitz seines Organisationskomitees legte Hayes in ein armes Viertel der Hauptstadt mit vielen farbigen Bewohnern. »Wir versuchten sie zu überzeugen, dass unser Plan in ihre Agenda passte«, berichtete er.

Zunächst schlossen sich Vogelschützer an, dann Autobahn-Gegner, Walfreunde, bald auch Antirassismus-Gruppen und andere soziale Bewegungen. Je näher der »Earth Day« rückte, desto mehr konzentrierte sich Hayes auf die Medien. Bilder ergaben sich schließlich von selbst: So gut wie überall in den Vereinigten Staaten zogen am 22. April 1970 Protestmärsche durch die Städte. 20 Millionen US-Amerikaner nahmen an 12 000 Demonstrationen und an unzähligen Vorträgen teil, allein in New York gingen eine Million auf die

Straße. Linke Gruppen hatten mobil gemacht. Hinter Plakaten mit dem Slogan »End the Killing in Vietnam« rief eine Rednerin: »Wir zerstören systematisch unsere Luft, unsere Flüsse, unsere Meere!« Hayes stellte eine ähnliche Verbindung her: »Dieselben Leute, die unsere Umwelt verschmutzen, sind schuld an der Armut vieler Leute.« Die Demonstrationen in Washington, D.C. marschierten durch die Ghettos. »Wer leidet am meisten unter der Umweltverschmutzung?«, fragte eine Teilnehmerin und gab gleich darauf die Antwort: »Die Armen!« Der Zusammenschluss von Umweltaktivismus mit sozialen Gruppen sei der »entscheidende Schritt gewesen«, um seine Bewegung zu stärken, erzählte »Earth-Day«-Organisator Hayes. »Wir wollten die Gesellschaft ändern«.

Statt »Power to the People« skandierten Demonstranten auf dem ersten »Earth Day«: »People Pollute«, also »Menschen verschmutzen«. Eine linke Revolution brach sich Bahn. Karl Marx hatte die Ursache von Elend ebenfalls im Kapitalismus verortet, aber er wollte die Menschheit mittels technologischen Fortschritts florieren sehen. »Kommunismus – das ist Sowjetmacht plus Elektrifizierung des ganzen Landes«, lautete Lenins Plan für große Kraftwerke und verlässlichen Zugriff auf günstigen Strom. Die Umweltbewegung übernahm das marxistische Konzept der Entfremdung, um die Arbeiterklasse von den Produktionsmitteln zu befreien. Linke forderten aber nicht mehr wie zuvor, Fabriken zu kontrollieren – sie wollten gar keine Fabriken mehr. Umweltschutz, bislang mit »Heimatschutz« und »Erhaltung der Schöpfung« noch die Domäne von Konservativen gewesen, gehörte bald den Progressiven, die ihr sozialdemokratisch geprägtes Paradigma des Fortschritts ablösten. Für Gewerkschaftsführer Tony Mazzocchi, einen der Organisatoren des ersten »Earth Day«, steckte hinter dem Begriff eine neue Form von Industriepolitik: »Wenn man anfängt, sich in die Produktionskräfte einzumischen, geht man ins Herz der Bestie.« Soziale Gerechtigkeit ließ sich im Namen von Umweltschäden gegen jede Art von Wirtschaftsaktivität einklagen.

Die USA reagierten, indem sie zahlreiche Naturschutzgesetze erließen und die Umweltbehörde Environmental Protection Agency (EPA) gründeten. Gewässer und Luft klarten auf, Grenzwerte verhinderten Verunreinigungen in Nahrungsmitteln, Kreislaufwirtschaft linderte das Müllproblem, Tiere und Landschaften wurden unter Schutz gestellt, zusätzliche Spundwände erschwertenÖlleckagen bei Schiffen. Doch der Umweltbewegung ging es um mehr. Die Frankfurter Schule mit den Philosophen Max Horkheimer und Herbert Marcuse lieferte mit ihrer Kritischen Theorie das Rüstzeug für den Kampf der Neuen Linken. »Die Verletzung der Erde ist ein lebenswichtiger Aspekt der Konterrevolution«, sagte Marcuse 1972 auf einer Konferenz über Ökologie und Revolution. Die Marktwirtschaft führe Krieg gegen die Natur: »Je mehr die kapitalistische Produktivität steigt, desto zerstörerischer wird sie. Das ist ein Zeichen für die inneren Widersprüche des Kapitalismus«, ergänzte er und fügte noch hinzu: »Der völkermörderische Krieg gegen Menschen ist auch Ökozid.« Reiche Organisationen unterstützten die Frankfurter Schule. Die Rockefeller-Stiftung, getragen vom Vermögen der Erdöl-Dynastie, wollte das »Wohl der Menschheit verbessern« – und finanzierte Marcuses Forschung. Sie half auch, die Frankfurter Schule wieder in Deutschland anzusiedeln, wo sie ein Ausgangspunkt für die radikale Linke der 68er-Bewegung werden sollte. Marcuses Reden stachelten Studenten an. Das System sei »repressiv in jeder Hinsicht«, was sich letztlich nur verhindern lasse, indem das Verhalten der Menschen »vollkommen geändert« werde. Eine Revolution in seinem Sinne würde »der Industrie nicht erlauben, die Luft zu verschmutzen«.

Umweltpolitik sei »Sinnressource für delegitimierte und von Vertrauensverlust gezeichnete Politik«, erkannte der Soziologe Ulrich Beck. Als die Linke strauchelte – in Deutschland nach dem Zerfall der Studentenbewegung, dem Radikalenerlass, dem Deutschen Herbst 1977, dem vergeblichen Protest gegen den NATO-Doppelbeschluss –, bot das Thema ein Vehikel, um Legitimationsprobleme zu kaschieren. »Der Preis war eine Aufladung der Umweltdebatte mit ideologischen Versatzstücken«, erläuterte der Historiker Frank Uekötter: »Entfremdung, Kapitalistenkritik, Ausbeutung der Natur als Analogon zur Ausbeutung der Arbeiterschaft.« Die Klimabewegung übertrug die Parolen in die Gegenwart: »Wir müssen den Kapitalismus mit seinem Wachstumszwang und seinen Ausbeutungsmechanismen überwinden«, forderten Abgeordnete der Grünen und der Linken in einem Aufruf der Umweltgruppe »Ende Gelände« aus dem Jahr 2019. Bei einer Demonstration in Berlin zur gleichen Zeit posierten Aktivisten von Fridays for Future vor dem Reichstag mit einem überdimensionalen Transparent »Capitalism kills«.

In den 1980er-Jahren war allerdings nicht mehr zu leugnen, dass die reichen Staaten des Westens die sauberste Umwelt hatten. Drastisch zeigte sich der Unterschied im Vergleich der DDR mit der Bundesrepublik: Das kommunistische Deutschland mit seiner ineffektiven Wirtschaft musste alles aus dem Land herauspressen: Die Böden wurden überdüngt, man heizte mit minderwertiger Kohle und leitete ungefilterte Kloake in die Gewässer. Fast die Hälfte aller größeren Flüsse der DDR war biologisch tot und zu Abwasserkanälen degradiert. Umweltschutz kostet Geld, das erst durch eine wettbewerbsfähige Produktion erwirtschaftet werden muss. Die Innovationsschwäche der Planwirtschaft, in der das Streben nach Gewinn gänzlich fehlte, mündete in einen Mangel an Investitionsmitteln, der sich im Umweltschutz verheerend auswirkte. Der Bau von Rauchgasentschwefelungsanlagen und Staubfiltern blieb aus, ebenso Kläranlagen und funktionsfähige Kanalsysteme. Die industrielle Revolution hatte die Menschen von mühsamer Landwirtschaft befreit und dank Dünger, Bewässerung und Traktoren den Flächenbedarf reduziert; das Streben nach Nutzenmaximierung ermöglichte später eine Umstellung der Energieversorgung von Holz über Kohle auf Erdgas und Uran. Der Kapitalismus belohnt den effizienten Verbrauch natürlicher Ressourcen – aber auch seine Kritiker.

Den wunden Punkt hatte der Ökonom Joseph Schumpeter von der Harvard University in seinem Werk *Kapitalismus, Sozialismus und Demokratie* aus dem Jahr 1942 beschrieben: Der Kapitalismus sei ein »ewiger Sturm der schöpferischen Zerstörung«, weshalb er schließlich auch sich selbst zerstören könnte. Im Gegensatz zu allen anderen Gesellschaftsformen schaffe er kraft seiner inhärenten Logik ein antikapitalistisches Intellektuellen-Milieu, das davon lebe, das System infrage zu stellen: »Kapitalismus bezahlt die Leute, die danach streben, ihn zu Fall zu bringen«, schreibt Schumpeter. Die Umweltbewegung wurde zur Kraft des Hasses auf den Westen in dessen Herzen: Technokraten und Intellektuelle warteten mit Diagnosen auf, denen zufolge die liberalen Demokratien eine globale Katastrophe schürten. Nun war es immer »5 vor 12«. Mit der Umweltbewegung werde die Linke bourgeoise, zur Partei der gebildeten Eliten, warnte der britische Sozialdemokrat Tony Crosland 1971: Teile der Umweltlobby stünden ihm zufolge »Wachstum grundsätzlich feindlich und den Bedürfnissen der einfachen Menschen gleichgültig gegenüber, was eine offensichtliche Klassenvoreingenommenheit und eine Reihe von Werturteilen der Mittel- und Oberschicht widerspiegelte«.

4. Umweltschutz als Statuskampf: Alte Reiche gegen neue Reiche

Das Establishment bremst wirtschaftliche Freiheit, weil sie die Kluft zu Aufsteigern verringert.

Die britische Königin Elisabeth II. posierte 1961 zusammen mit ihrem Gemahl und einer Jagdgesellschaft in Indien vor einem erschossenen Tiger. Prinz Philip war Präsident des World Wide Fund for Nature (WWF), den er gerade zusammen mit anderen Adligen und Reichen gegründet hatte, darunter Prinz Bernhard der Niederlande und Godfrey A. Rockefeller. Im »Morges-Manifest«, dem Gründungstext des Umweltverbands, versprach der WWF, sich für Wildtiere einzusetzen: »Überall auf der Welt verlieren heute unzählige feine und harmlose Wildtiere ihr Leben oder ihre Heimat in einer Orgie der gedankenlosen und nutzlosen Zerstörung.« Zu Beginn des 20. Jahrhunderts lebten in Indien rund 100 000 Tiger, mittlerweile sind es nur noch wenige Tausend. »Natürlich habe ich vor, wenn möglich einen Tiger zu schießen, warum nicht?«, zitierten Medien Prinz Philip bei seinem Besuch in Südostasien 1961. Etwa 200 Treiber hatten die Raubkatzen auf eine Lichtung in die Nähe eines erhöhten Holzturms gescheucht, von wo aus der Herzog eine von ihnen mit einem Kopfschuss tötete. Der Leichnam wurde per Lastwagen zum Palast des Maharadschas in Jaipur transportiert und dort von Würdenträgern umringt fotografiert, darunter der stolze Prinz und die Königin.

Am folgenden Morgen organisierten die adligen Gastgeber für die Königin eine Jagd, damit sie einen weiblichen Tiger erlegen konnte. Laut einer Begleiterin habe sie ihre Waffe für den tödlichen Schuss einem ihrer Mitarbeiter übergeben. Der Maharadscha ließ den Trophäentiger des Prinzen häuten, ausstopfen und nach Windsor Castle verschiffen. Philip soll noch zwei Krokodile getötet haben, eines fünf Meter lang. Der damalige britische Außenminister Alec Douglas-

Home, der die Royals begleitete, habe ein seltenes weibliches weißes Nashorn geschossen, meldeten Medien. Prinz Philip beugte sich schließlich dem öffentlichen Druck und gab die Großwildjagd auf, aber er verteidigte sie weiterhin: Man töte nicht, man keule.

Der Schutz von Wildtieren ging einher mit dem Schutz von Jagdrevieren der High Society. Dekolonialisierung und Bevölkerungswachstum bedrohten Afrikas Tierwelt, so die Sorge adliger Großwildfreunde. Mit dem WWF vergrößerten Reiche ihren Einfluss. Der »1001-Club«, gegründet Anfang der 1960er-Jahre von Prinz Philip und rund 1000 überwiegend anonymen Wohlhabenden, unterstützte den Umweltverband. Das investigative *Schwarzbuch WWF* bezeichnete den verschwiegenen Verein als Netzwerk »alter Jungs« mit weltweitem Einfluss in Politik und Wirtschaft: Baron von Thyssen, der Fiat-Chef Gianni Agnelli, Autofirmen-Boss Henry Ford, Bier-Magnat Alfred Heineken, der dubioser Geschäfte verdächtigte Politiker Mobutu Sese Seko aus dem damaligen Zaire und der ehemalige Präsident des Internationalen Olympischen Komitees Juan Samaranch. Der WWF konnte durch das Gewicht seiner Mitglieder Nähe zu Regierungen aufbauen. Anfang der 1990er-Jahre erhielt seine deutsche Zweigstelle rund die Hälfte ihrer Mittel von der Bundesregierung und diversen Hilfsorganisationen. Gleichzeitig verdiente der WWF Geld mit seiner Marke: »Wildlife-Taschentücher« mit dem bekannten Panda trieben den Umsatz der Papiertücher-Marke Kleenex um 76 Prozent nach oben. Das Geschäft lohnte sich: Der WWF zahlt seinen Angestellten mittlerweile Gehälter wie ein Spitzenunternehmen; die Chefs verdienen rund eine Million US-Dollar pro Jahr, hohe Angestellte viele Hunderttausend. Seine Filialen befinden sich in bester Lage beliebter Großstädte und sind mit dem Wort »pompös« zurückhaltend beschrieben. Trotz seines zur Schau gestellten Wohlstands freut sich der WWF jährlich über hohe Spendeneinnahmen und millionenschwere Zuwendungen aus Steuergeldern.

Umweltverbände dienten der alten Elite im Kampf um ihren Status. Der Westen hatte nach dem Zweiten Weltkrieg einen dramatischen Aufschwung erlebt, die Bundesrepublik Deutschland feierte ihr Wirtschaftswunder. Altes Geld wie der Adel stemmten sich gegen die neureichen Emporkömmlinge. Bürger genossen den Besitz von

Waschmaschine, Kühlschrank und Fernseher; »Wohlstandsbäuche« verrieten die ungewohnte Freude an üppigem Essen. Mit eigenem Haus und Auto sowie dem Urlaub im Süden entkamen die Deutschen den Trümmern des Krieges, binnen dreier Jahrzehnte gelang der Aufstieg zur drittstärksten Wirtschaftsnation nach den Vereinigten Staaten und der Sowjetunion. Die USA versiebenfachten ihre Wirtschaftsleistung zwischen 1945 und 1975, als das Land mehr als ein Drittel der weltweiten Industrieproduktion stellte. Vielen Millionen Bürgern gelang der Aufstieg in die Mittelschicht, der »amerikanische Traum« wurde wahr. Neue Eliten entstanden: Unternehmer, die mit ihrer eigenen Firma Geld gemacht hatten, sowie ihre Angestellten und Fachkräfte, die ebenfalls ihren Wohlstand zeigten. Die Konkurrenz sorgte für Argwohn beim Establishment: Adlige, Erben, Intellektuelle, Beamte, Journalisten, Lehrer und Künstler fürchteten die Rivalen im Kampf um gesellschaftliche Anerkennung. Deshalb spannten sie die Umweltbewegung für den neuen Klassenkampf ein. Die Befürwortung antikapitalistischer Werte ermöglichte es ihnen, zumindest dem Anschein nach gar nicht mit den wirtschaftlich Erfolgreichen konkurrieren zu wollen, weil sie deren grundlegende Überzeugungen ablehnten. Um sich parallel auch nach »unten« abzugrenzen, knüpfte man die eigenen Werte an gewisse Kosten: Essen, Energie, Transport, das Leben allgemein musste teurer werden für ein Ziel: Umweltschutz – eine Haltung mit Tradition, wie von John Carey in *The Intellectuals and the Masses* dokumentiert: Die literarischen Snobs des späten 19. und frühen 20. Jahrhunderts hatten bereits in ähnlicher Weise auf die Industriegesellschaft und die Massenproduktion herabgeblickt wie die Eliten der 1960er-Jahre. Schriftsteller des Fin de Siécle spotteten über die Konsumkultur und beklagten »den Kollektivismus der industriellen Welt« mit seinen »riesigen mechanisierte Massen«. Sie träumten von einer Zukunft, in der »die Minen geschlossen, die Häuser abgerissen und die Obstgärten neu gepflanzt werden«, und sehnten sich nach einer »unschuldigen, vorindustriellen Existenz«. Ein gutes halbes Jahrhundert später wiederholte die frühe moderne Umweltbewegung jene Abgrenzungsbemühungen der Schickeria.

Die schwedische Familie Thunberg, eine wohlhabende Künstlerdynastie aus Schauspielern, Musikern und Filmemachern, gehört nicht nur im weltweiten, sondern auch im nationalen Vergleich zu den Wohlhabenden. Greta Thunberg, Ikone der modernen Klimabewegung, wurde als Teenager berühmt, weil sie nicht zur Schule gegangen war und stattdessen wegen der globalen Erwärmung »gestreikt« hatte (Kapitel 43). 2022 verriet sie einem Publikum in London, dass Klimaaktivisten »das gesamte kapitalistische System« stürzen müssten, weil es für Imperialismus, Unterdrückung, Völkermord und Rassismus verantwortlich sei. Doch hatte das »gesamte kapitalistische System« nicht nur der Familie Thunberg über mehrere Generationen ein kommodes Leben als Künstler ermöglicht, sondern auch bewirkt, dass sich die durchschnittliche Lebenserwartung eines Menschen auf der Erde mehr als verdoppelte. Dabei produzierte es größere Nahrungsmittelüberschüsse als jede andere Gesellschaftsordnung in der Geschichte. Ironischerweise hat ihr »Widerstand« den Spitzenstatus ihrer Familie in der kapitalistischen Gesellschaft gefestigt: Die Thunbergs sind berühmt geworden. Sie hatten es leicht. Unternehmer, Arbeiter, Angestellte und ihre Familien konnten keine kraftvolle Gegenerzählung heraufbeschwören – es gab keine Kampagne für den Kapitalismus, der doch dafür gesorgt hatte, so viele Menschen wie nie zuvor aus der Armut zu befreien.

»Antikapitalismus ist das am meisten verbreitete und überall praktizierte ideelle Bekenntnis unter Intellektuellen«, urteilte auch der amerikanische Historiker Alan Kahan. Als Menschen, die von Berufswegen komplexe Gedankensysteme ersinnen, verteidigen sie mit der Kritik am Kapitalismus, eines Systems spontaner Ordnung, ihre eigene Zunft. Sie ersinnen Utopien, welche die Mängel der Marktwirtschaft durch staatliche Steuerung beheben sollen. Die Ursache für diese Haltung sah der Philosoph Robert Nozick in der Schule, wo intellektuelle Qualitäten belohnt werden: Die Enttäuschung über das wahre Leben führe später zu Frustration, und diese liefere eine Begründung für die Affinität von Intellektuellen für antikapitalistische Ressentiments.

»Die alten Reichen hassen den Kapitalismus, weil er die Kluft zwischen ihnen und den neuen Reichen verringert«, schreibt der Umweltaktivist Michael Shellenberger, den das *Time Magazine* 2008 zum »Hero of the Environment of the Year« (»Umweltheld des

Jahres«) kürte. Er kritisiert sogenannte Philanthropen, Erben von Milliardären wie der Rockefeller-Familie, die Kampagnen gegen Fracking finanzieren, weil dieses schlecht für das Klima sei. »Es war immer offensichtlich, dass Fracking durch die Schaffung von billigem und reichlich vorhandenem Erdgas als Ersatz für Kohle die Emissionen reduzieren und großartig für die Umwelt sein wird«, sagt Shellenberger. Der wahre Grund, warum die Erben der Milliardäre gegenläufige Zeile verfolgten, sei, dass Fracking ihren wirtschaftlichen Reichtum, ihren sozialen Status und ihre politische Macht bedrohe. Mehr Öl und Gas bedeute mehr Geld für marktwirtschaftliche Republikaner als für »Knappheitsdemokraten« und »dass die alten Reichen den neuen Reichen in sozialen Kreisen weichen müssen«, so Shellenberger.

Im Dezember 2023 landete der britische König Charles mit seinem Privatflugzeug auf der UN-Klimakonferenz in Dubai, wo er die reichen Herrscher der örtlichen Stammesautokratie traf, um in klimatisierten Gebäuden, errichtet von armen Asiaten und Afrikanern in gefährlicher Hitze, vor der globalen Erwärmung zu warnen und das Verbot fossiler Energie zu fordern. Charles hatte 176 Monate vor der Dubai-Konferenz gemahnt, dass nur »100 Monate« blieben, um den Planeten zu retten. »Die industrielle Revolution war ein herber Schlag für die Aristokraten«, kommentiert der Journalist Brendan O'Neill. »Die gewaltsame Verwandlung Großbritanniens von einer Agrar- in eine Industriewirtschaft raubte den alten Blaublütern einen Großteil ihres wirtschaftlichen Vorteils und ihres alltäglichen Einflusses.« Es gebe eben einen Grund, warum der britische Umweltschutz »von wütenden, vornehmen Menschen überrannt wird«.

5. Eiszeit-Alarm: Wissenschaft als Autoritätsressource

Die Transformation von Unsicherheiten zu Gewissheiten im öffentlichen Diskurs garantiert die politische Entfaltungsmacht von Umweltwarnungen.

In den Tagen bevor Stephen Schneider mit seiner Theorie einer drohenden Eiszeit die Welt aufschrecken sollte, weilte der 26-jährige Klimaforscher aus den USA vom 28. Juni bis zum 16. Juli 1971 auf einer Konferenz in Wijk bei Stockholm. Er hätte sogar seine Hochzeit für die Konferenz abgesagt, frohlockte der Nachwuchsforscher. Dabei durfte Schneider nur als Schriftführer teilnehmen. Seine Rolle wurde zum Problem, denn damit war er zum Zuhören verdammt – und keine der anwesenden Größen ahnte, dass der junge Mann ihnen die Schau stehlen würde.

Auf der Tagung stritten die Gelehrten über eine Frage: Wird sich die Atmosphäre erwärmen, oder droht eine Abkühlung? Eine »offensichtliche Sackgasse zwischen zwei gegensätzlichen Denkschulen: den Klima-Kühlern und den Klima-Erwärmern« wollten die Organisatoren überwinden. Wer sich in seiner Arbeit mit Aerosolen beschäftigte, tendierte zur ersteren Fraktion, denn die Luftpartikel wirken überwiegend temperatursenkend; wer sich dagegen mit Treibhausgasen befasste, gehörte eher zur zweiten Gruppe.

Die Tagungsplanung sprengte eine Studie des Jungforschers Schneider, die sieben Tage vor Ende der Konferenz in *Science* veröffentlicht wurde und eine dramatische Abkühlung vorhersagte. Die versammelten Forschergrößen hatten nichts von der aufsehenerregenden Publikation geahnt. Auf der Tagung war Schneider gerade einen Tag freigestellt worden und bummelte durch die Stadt. Als er abends in den Speisesaal des Konferenzgebäudes zurückkehrte, sangen seine Kollegen ihm zur Begrüßung ein Lied: »The Iceman Cometh« – der Eismann kommt. Zwei Forscher saßen rauchend in einer Ecke und schwiegen bedrückt. Die beiden waren in ihrer Studie zu einem ähnlichen Resultat gekommen wie Schneider. Auch sie hatten simuliert, dass Staubpartikel, verbreitet durch Autos, Kraftwerke und Landwirtschaft die Erde gefährlich abkühlen könnten. »Warum hast du uns nichts gesagt?«, fragten William Kellogg und Syukuru Manabe, zwei der bedeutendsten Klimaforscher, Schneider abends im Speisesaal, so erzählt er es in seiner Autobiografie. Sie hatten aus den Medien von seiner Studie erfahren. »US-Forscher sieht neue Eiszeit kommen«, titelte die *Washington Post*, die Schneiders Chef, den Physik-Professor und Co-Autor der Studie Ichtiaque Rasool, zitierte: In den nächsten 50 Jahren, also bis 2021, könne der »feine Staub«, den die Menschheit kontinuierlich mit den Abgasen fossiler Energie in die Luft pustet, die Temperatur um sechs Grad abkühlen und eine Eiszeit auslösen. Der Autor wolle die neuen Ergebnisse auf der Tagung in Stockholm präsentieren, berichtete eine andere Zeitung. Schneider erschrak. Spontan hielt er einen Kurzvortrag für seine Kollegen. Auch auf die abschließende Pressekonferenz war er nicht vorbereitet. Schneider drückte sich in eine entlegene Ecke des Raumes, in dem die Stars der Klimaforschung vorne an einem Pult ihre Präsentationen hielten. Ihre erste Frage richteten die Reporter aber nach hinten: »Wann kommt die Eiszeit?« Die finale Abendsitzung in Wijk darüber, welche Klima-Theorie zu bevorzugen sei, brachte keine Entscheidung. Man habe sich nicht einigen können zwischen Erwärmung oder Kühlung, erzählte Tagungsleiter William Kollegg: »Wir endeten in einer Sackgasse.«

Zurück in New York traf Schneider auf einen nervösen Rasool, der unfreundliche Briefe von Forscherkollegen zu beantworten hatte, wegen der »unverantwortlichen Studie«, wie ein Absender schimpfte. »Du hast die Rechnungen gemacht, also erkläre sie auch«, brummte der Professor. Eine Einladung zum Vortrag beim NCAR in Boulder stand für Schneider auf dem Programm. Der Jungforscher hatte Angst vor einer Blamage und befürchtete, dass seine erfahrenen Kollegen ihn wegen seiner Eiszeit-Prognose in die Pfanne hauen würden. Das Gegenteil geschah: »Warum kommst du nicht zu uns?«, fragten sie ihn – Wissenschaftler wie er, die mit Computermodellen arbeiteten, waren gefragt. Die Antwort ergab sich von selbst, denn Schneider wurde entlassen, als er im NCAR-Büro bei William Kellogg saß: Das Telefon klingelte, der Chef seiner Fakultät, Bob Jastrow, wollte wissen, ob er zugegen sei. »Ja, er ist hier«, antwortete Kellogg. »Gut, behaltet ihn, ich habe ihn gerade gefeuert«, sagte Jastrow, der wütend war über einen nicht abgesprochenen Leserbrief Schneiders in der *New York Times*.

Kollegen neideten dem »Schneider Guy« seinen schnellen Ruhm. Nach der Veröffentlichung seiner Eiszeit-Studie fand er einen Zeitungsartikel über seine Arbeit am Schwarzen Brett seines Instituts, auf den jemand »BULLSHIT« geschrieben hatte. Auch die Nominierung für einen Forscherpreis wurde wegen seiner öffentlichen Auftritte zurückgezogen, klagte der junge Wissenschaftler einer erfahrenen Kollegin. »Wenn du die Hitze nicht erträgst, gehe aus der Küche«, schnappte sie. Schneider musste in seinen Anfangsjahren lernen, wie nervenzermürbend es sein kann, eine unbequeme Theorie zu vertreten. Der Gruppendruck – der »Peer Pressure« – in der Wissenschaft ist härter als die »Peer Review«, der Gutachterprozess. Doch bald sollte Schneider auf der anderen Seite stehen, auf der komfortablen Seite der Mehrheit – und mit Abweichlern wenig zimperlich umgehen.

Die Eiszeit-Theorie verfügte über mächtige Fürsprecher. Medienstar Paul Ehrlich, mit dem sich Schneider anfreundete, hatte in seinem kontroversen Buch *Die Bevölkerungsbombe* vor globaler Abkühlung und damit einhergehenden Hungersnöten gewarnt. Beide griffen Ergebnisse des Geologen Reid Bryson von der University of Wisconsin auf. Ihm war die Idee auf einer Flugreise über Indien gekommen, die er Anfang der 1960er-Jahre auf dem Weg zu einer Konferenz unternommen hatte. Bryson staunte, dass er trotz wolkenfreiem Himmel kaum je den Boden sehen konnte. Rauch von Feldbränden, grasenden Rinderherden und Abgase von Fabriken vernebelten die Luft. Gerne würde er widerlegt werden, schrieb er nach seiner Rückkehr, aber die Schwaden dürften auf Dauer zu einer globalen Abkühlung führen. »Das Problem ist zu wichtig, als dass es nur ein halbes Dutzend Teilzeitforscher untersuchen sollten«, meinte er. Tatsächlich arbeitete kaum jemand zu Aerosolen, sodass Bryson beschloss, selbst Rechnungen anzustellen. Schließlich warnte er angesichts der Luftverschmutzung vor dem »Menschen-

Vulkan«, der stärker als natürliche Vulkane für eine katastrophale Abkühlung sorgen werde. Der Trend schien dem Geologen recht zu geben, von 1940 bis 1970 war es weltweit kühler geworden. »Wissenschaftler warnen vor einer Eiszeit im 21. Jahrhundert«, titelte der *Boston Globe* bereits am 16. April 1970 unter Berufung auf den Atmosphärenforscher James Lodge Junior.

Die Karriere der Eiszeit-Warnung verlief wie Mahnungen vor Umweltkatastrophen typischerweise: Sie verselbständigte sich; Abgleiche mit dem Stand der Wissenschaft fanden selten statt. Zusammen mit seinem Freund Paul Ehrlich eroberte Schneider Talkshows und Zeitungen. Dabei hatte das Wissenschaftsmagazin *Nature* noch in einem Editorial im September 1971 das »Doomsday Syndrome« (»Weltuntergangssyndrom«) der Umweltforschung moniert. Auch Kollegen kritisierten Schneider: »Simple und voreilige Schätzungen« könnten großen Schaden anrichten, wenn es um weitreichende Entscheidungen geht, schrieb der Direktor der Atmosphärenforschung an der University of Maryland. Und im *Bulletin of the American Meteorological Society* urteilte der kanadische Klimatologe Kenneth Hare über Schneiders Thesen: »Das ist ein riskantes Spiel für einen jungen Forscher«, Wissenschaftler sollten sich aus Politik heraushalten.

Trotz der Kritik tagten 1972 Klimaforscher an der Brown University zur drohenden Eiszeit. Zum Abschluss verfassten sie einen Brief an US-Präsident Richard Nixon: Eine »ernste Abkühlung« sei zu erwarten. »Eine globale Verschlechterung des Klimas, um Faktoren größer, als die menschliche Zivilisation bislang erlebt hat, ist eine reale Möglichkeit und könnte tatsächlich sehr bald bevorstehen«, schrieben die Gelehrten. Die globale Abkühlung könne Eiszeittemperaturen binnen eines Jahrhunderts bringen. Nixons Regierung reagierte, indem sie ein Ad-hoc-Gremium zum Thema »Aktuelles Interglazial« einsetzte und eine entsprechende Kommission gründete. Der damalige Außenminister Henry Kissinger forderte 1974 die Weltorganisation für Meteorologie (WMO) auf, das Thema »dringend zu erforschen«. Auf ihrer Jahrestagung 1974 diskutierte die WMO die Gründung eines »Zwischenstaatlichen Ausschusses für Klimaänderungen«, der 1988 als IPCC, auch UN- oder Weltklimarat genannt, Wirklichkeit werden sollte. Die Eiszeit-Angst der 1970er-

Jahre schuf die Voraussetzungen dafür, dass die globale Erwärmung international auf die Agenda kam.

Auch der Auslandsgeheimdienst der USA nutzte die Krisenbeschwörungen – globale Risiken stärken die Institution. Die CIA erklärte, in den 1960er-Jahren habe ein Klimawandel begonnen, der Ernteausfälle und Hungersnöte nach sich ziehen werde. Nahrungssicherheit sei in »der neuen Klima-Ära nicht möglich« und Klima von nun an ein »kritischer Faktor«. Derartige Warnungen gehörten fortan zum festen Repertoire der US-Behörden. Das Verteidigungsministerium der Vereinigten Staaten prophezeite 2004 aufgrund der globalen Erwärmung für 2020 Dürren, Hunger und Ausschreitungen – die nicht eintrafen. 1974 versuchte die WMO sich auf eine Meinung über Klimafolgen durch industrielle Luftverschmutzung zu einigen, kam aber zu keinem Ergebnis. Die Fakten waren dürftig; noch Mitte der 1970er-Jahre wurden kaum 100 Studien pro Jahr zur Klimaforschung publiziert. Wenige sagten eine Eiszeit voraus.

Der Meteorologische Dienst Großbritanniens mahnte vor den »Untergangspropheten« und betonte, es gebe keinen akuten Grund zur Sorge. Deutsche Forscher hingegen wagten sich wie so häufig an die vorderste Alarmfront: »Selbst die optimistischsten Experten stellen eine substanzielle Wahrscheinlichkeit für erhebliche Ernteausfälle aufgrund des Klimawandels fest«, schrieben sie 1974 im »Bonn Statement«, in dem sie auf das Risiko einer Abkühlung aufmerksam machten. Würden keine Maßnahmen getroffen, drohe ein »Massensterben aufgrund von Hungersnöten, Anarchie und Gewalt«. Trotz aller Warnungen war das Interesse, die angebliche Bedrohung zu erforschen, gering. Dass der Glaube an eine Eiszeit kaum verfing, zeigte sich ein Jahr nach der Veröffentlichung des »Bonn Statement«, als dessen Vorsitzender, der Klimatologe Hermann Flohn, in einem zwölfseitigen Aufsatz vor einer globalen Erwärmung warnte.

Das gute Klima gehe zu Ende, warnte jedoch das *Time Magazine* angesichts der Eiszeit-Prognosen, die Menschheit werde es schwer haben, Nahrung anzubauen. Der *Spiegel* meldete 1974 eine »Katastrophe auf Raten«: »Bei Klimaforschern wächst die Überzeugung, dass etwas faul ist im umfassenden System des Weltwetters.« Eisberge seien »auf Höhe von Lissabon gesichtet« worden, »Missernten, Hungersnot und Wassermangel« häuften sich, und »eine neue große Eiszeit« stehe praktisch bevor. *Newsweek* zitierte Bryson mit seiner Ahnung, die Welt befinde sich auf dem Weg zurück zum Klima des Spätmittelalters mit seinen »bitteren Wintern«. »Wo hinziehen?«, fragte eine amerikanische TV-Dokumentation aus dem Jahr 1978. »Brutale Winter könnten normal werden überall in den USA – Klimaexperten glauben, die nächste Eiszeit ist auf dem Weg.« Auch die BBC-Sendung »The Weather Machine« warnte 1974 vor dem Kälteumschwung. »Doch es gibt eine Stimme der Hoffnung«, sagte der Moderator – die Kamera schwenkte auf den schwedischen Klimaforscher Bert Bolin, späterer Chef des UN-Klimarats. Schüchtern blickte er in die Kamera: »Wenn wir weiterhin Kohle verbrennen wie bisher, könnte der Planet in 50 Jahren einige Grad wärmer sein.«

Stephen Schneider schwenkte Ende der 1970er-Jahre zur Erwärmungsthese um, sein Computermodell hatte sich als unrealistisch erwiesen. Zuvor machte ihn sein Bestseller *The Genesis Strategy* berühmt, in dem er der Menschheit empfahl, Vorräte anzulegen, wie es Josef in der Genesis des Alten Testaments geraten hatte, um auf harte Zeiten vorbereitet zu sein. In der *New York Times* mahnte Schneider, »es wird kalt, Ernteausfälle und regionale Hungersnöte werden häufiger.« Die Menschheit solle sich nicht in »falscher Sicherheit« wiegen, »das Klima wird unberechenbar«. Er warnte vor »wissenschaftlichem Konservativismus« und davor, auf einen Konsens zu warten: Einigkeit sei ein »schlechter Weg, Wissenschaft zu betreiben«. 2001 hingegen, als Mahner vor einer globalen Erwärmung, pries Schneider den IPCC als Instrument, »der Gesellschaft zu helfen, herauszufinden, wo der derzeitige Konsens wirklich liegt«, um eine Verwirrung der Öffentlichkeit zu vermeiden.

Die Prominenz von Forschern hatte sich nach dem Zweiten Weltkrieg etabliert, als Physiker in den USA unter dem Eindruck atomarer Aufrüstung gefragte Autoren wurden. »Was ein Naturwissenschaftler zu fast jedem Thema zu sagen hat, wird für wichtiger gehalten, als was alle anderen sagen«, stellte der Anthropologe Robert Redfield fest. Der Insektenforscher und gute Freund Schneiders, Paul Ehrlich von der Stanford University, sollte zum Vorbild eines neuen Typus werden: des Untergangspropheten-Wissenschaftlers. In der Einleitung seines Buches *Die Bevölkerungsbombe* schrieb er: »Der Kampf um die Ernährung der gesamten Menschheit ist vorbei. Hunderte Millionen Menschen werden verhungern.« Sein Text ebnete den Weg für bestialische Eingriffe im Namen der Wissenschaft, Millionen Frauen in vielen Ländern mussten Sterilisation ertragen. Dass Ehrlichs Thesen später als falsch entlarvt wurden, hat ihm nicht geschadet, er ist weiterhin ein gefragter Redner an Universitäten und in den Medien. Sein Konzept sollte sich bewähren: Apokalyptische Fehlprognosen haben für ihre Vertreter keine Kehrseite.

Die Vereinten Nationen nutzten Wissenschaft als Autoritätsressource für die Premiere ihrer Umweltkonferenz 1972 in Stockholm. Tagungsleiter Maurice Strong wollte das Ergebnis der Klimatagung von Wijk aus dem Vorjahr verwerten, um die Überzeugungskraft des Gipfels zu erhöhen. Stockholm '72 wurde zur ersten Veranstaltung ihrer Art, die dem »Science First«-Prinzip gehorchte, ein Vorbild für spätere Klimakonferenzen, die sich mit dem UN-Klimarat als Quelle ihrer Autorität legitimieren sollten.

6. UN-Umweltkonferenz: Neue Bühne für Rivalen

Umweltschutz dient der Legitimitätsbeschaffung für Machtansprüche.

Schwermütige Klänge dröhnten durch die Straßen der schwedischen Hauptstadt, die Tausende Schaulustige säumten: Vom Tonband schallten Wal-Laute. Zuschauer des »Whale-in« – in Anlehnung an die populären »Sit-ins« – ahmten sie nach und verstärkten die Geräuschkulisse dadurch. Ein als Wal verkleideter Bus schlich durch die Stockholmer Innenstadt. Daneben sei ein Gedicht zu hören gewesen, wie ein Reporter der *New York Times* berichtete: »Scheinbar geschrieben von einem Wal, mit ausgedehnten Wehklagen und Stöhnen.« Der Leiter der ersten UN-Umweltkonferenz, die Anfang Juni 1972 stattfand, der ehemalige Erdöl-Unternehmer Maurice Strong, ergriff ein Mikrofon. Er forderte ein Moratorium für die internationale Waljagd. Mehr als 400 Nichtregierungsorganisationen (NGOs) hatten sich vor den Toren der Stadt versammelt. »Umwelt-Woodstock für die wohlhabende Jugend« nannten Delegierte die Tagung. Die schwedische Regierung hatte den Teilnehmern 200 Fahrräder zur Verfügung gestellt, im Blau und Weiß der Vereinten Nationen lackiert. Schon am zweiten Tag war die Hälfte verschwunden, viele in Hotelzimmern.

»Wir haben zehn Jahre, um die Katastrophe zu vermeiden«, rief Strong zum Auftakt. Der frühere Generalsekretär der Vereinten Nationen, U Thant, hatte es 1969 vorgemacht: Man habe noch zehn Jahre, um die Umweltprobleme und die Bevölkerungsexplosion zu lösen, ansonsten würden sie außer Kontrolle geraten, waren damals seine Worte. Kein Thema beschert den Vereinten Nationen mehr Einfluss als Umwelt und Klima. Aber alle Fristen, die man in der Vergangenheit auf derartigen Konferenzen verkündet hatte, erwiesen sich als falsch. 1982 erklärte der damalige UN-Umweltchef Mostafa

Tolba, es blieben noch 18 Jahre, bevor eine Katastrophe einsetze, die einem »nuklearen Holocaust« gleichkomme. 1989 warnte ein hochrangiger UN-Beamter, dass die Welt den Klimawandel bis 1999 in den Griff bekommen müsse, sonst werde er sich der menschlichen Kontrolle entziehen. Im Jahr 1990 forderte erneut Mostafa Tolba, die Staatengemeinschaft solle die globale Erwärmung vor 1995 beheben – andernfalls werde sie »den Klimakampf verlieren«. 2007 mahnte der Leiter des UN-Klimagremiums IPCC: 2012 sei es bereits »zu spät«. »Was wir in den nächsten zwei bis drei Jahren tun, wird unsere Zukunft bestimmen«, sagte er. 2019 verlautbarten die Vereinten Nationen, dass nur noch elf Jahre blieben, um das Klima zu reparieren. Den »Sechsten Sachstandsbericht des IPCC« im August 2021 bezeichnete ihr Generalsekretär, António Guterres, als »Alarmstufe Rot für die Menschheit«. Später sah er die Welt auf dem »Highway to Climate Hell«: »Die Ära der globalen Erwärmung ist vorbei, die Ära des globalen Kochens ist angebrochen«, warnte Guterres.

Warnungen verknüpfen die UN-Oberen stets mit einer Lösung: weiteren Konferenzen. Institutionen versuchen, den Missstand zu bewahren, den angeblich nur sie beseitigen können – so will es das »Shirky-Prinzip«. Die Vereinten Nationen machten Umweltschutz zu einem supranationalen Problem, das »Global Governance«, also internationaler Institutionen bedürfe, wie sie auch Maurice Strong gefordert hatte. Am 5. Juni 1972 rief er in der Königlichen Oper in Stockholm einen Wendepunkt aus: Die Tagung könne »eine Konferenz für die Zukunft der Menschheit werden« und einen »neuen Globalismus« einleiten. Tatsächlich geschah das Gegenteil: Die Welt teilte sich, und die Mehrheit der Staaten stand gegen den Westen. Mehrheitlich hatten sich die Nationen der sogenannten Dritten Welt schon 1964 zur Gruppe der 77, der G77, zusammengeschlossen. Sie wuchs mit der Zeit auf 134 Mitgliedstaaten an, nach Anzahl der Länder und Bevölkerung die größte Gruppe innerhalb der UN, aber der Name blieb hängen. China hatte sich ihren Statuten nicht unterworfen, fungierte aber als Anwalt der Entwicklungsländer bei den Vereinten Nationen, auch später auf den Klimatagungen. Umweltthemen wurden zum wichtigsten Hebel der Gegner des Westens. So forderte die chinesische Delegation in Stockholm, die USA

»zu verurteilen«. »Opfer-Staaten«, proklamierte ihr Leiter in seiner Rede, sollten »Kompensationen fordern« vom Westen wegen kolonialistischer Ausbeutung. Die Delegation der Vereinigten Staaten reagierte konfus. Sie forderte, die Rede des Chinesen abweichend vom Programm sofort kontern zu dürfen, doch die telefonische Abstimmung mit dem Außenministerium zu Hause in Washington zog sich hin, sodass die Erwiderung wiederholt verschoben werden musste. Auch eine eigens einberufene Pressekonferenz auf der Stockholmer Tagung sagten die USA ab. Als ihr Chefdelegierter schließlich am nächsten Tag in einer vagen Rede antwortete und die »Politisierung« des Umweltschutzes beklagte, waren die Chinesen abwesend.

Die Staaten des Warschauer Pakts hatten die Teilnahme an der Konferenz verweigert. Umwelt sei ein Problem der freien Marktwirtschaft, erklärten Vertreter der UdSSR zu diesem Anlass. Die Stockholmer Tagung bot eine Bühne für Anklagen gegen den Kapitalismus und gleichzeitig für Forderungen nach mehr Kapital: So machte die indische Premierministerin Indira Gandhi in ihrer Rede Profitstreben für Umweltzerstörung verantwortlich und dafür, dass Menschen arm blieben. Der Wohlstand des Westens sei um den Preis der Vorherrschaft anderer Länder errungen worden und »durch schiere Rücksichtslosigkeit« zustande gekommen. Die Menschheit müsse wieder eine Verbindung zur Natur herstellen. Gandhi forderte Unterstützung: »Ist denn nicht Armut der größte Umweltverschmutzer?«, fragte sie. Der pakistanische Ökonom Mahbub ul Haq ergänzte: »Die Dritte Welt ist nicht vordringlich besorgt über Lebensqualität, sondern über Leben an sich.« Industrialisierung habe dem Westen Reichtümer beschert, aber Umweltprobleme verursacht. Der Konflikt dauert bis heute an. Vor der UN-Klimakonferenz 2021 sagte der indische Umweltminister an den Westen gerichtet: »Wenn ihr wollt, dass wir keine Treibhausgase ausstoßen, dann bezahlt uns.«

Die Idee für die Stockholmer Tagung war von der schwedischen Diplomatin Inga Thorsson gekommen. Der Einfluss Europas schwand, es hatte seine Kolonien verloren sowie Macht an die Vereinigten Staaten und die Sowjetunion abgegeben; die Zukunft gehörte Asien und Afrika. Frankreich und Großbritannien mit ihren

Atombomben saßen immerhin als ständige Mitglieder im UN-Sicherheitsrat. Schweden und später Deutschland hievten das Umweltthema zusammen mit den Entwicklungsländern auf die UN-Bühne, da es »Soft Power« in Form von Regularien versprach. Der schwedische Ministerpräsident Olof Palme wollte sein Land als Vermittlungsmacht positionieren. In Stockholm polterte er gegen die USA wegen ihres andauenden Krieges in Vietnam, sie betrieben »ökologische Kriegsführung«. Auch die Bundesrepublik nutzte das Umweltthema. Obwohl sie noch kein Mitglied der Vereinten Nationen war, gelang es ihr über ihre Mittlerrolle zwischen Industriestaaten und Entwicklungsländern, einen Sitz im Lenkungsausschuss des neu gegründeten UN-Umweltprogramms zu ergattern. Seitdem leistet Deutschland großzügige Hilfszahlungen im Dienst der Natur und des Klimas.

Westliche Wachstumskritiker waren ebenfalls anwesend: Tagungsleiter Maurice Strong hatte sich im Büro der Rockefeller-Stiftung auf die Stockholmer Tagung vorbereitet; der Club of Rome mit seinem Weltbestseller *Die Grenzen des Wachstums* veranstaltete Vorträge auf der Konferenz; und auch das Aspen-Institut, eine amerikanische NGO, gefördert von der Ford-Stiftung, machte sich für die junge Umweltbewegung stark. Aspens Vorsitzender, Robert Anderson, hatte den ersten »Earth Day« 1970 mitfinanziert. Dort war man zu dem Schluss gekommen, dass »moderne Technologie, gierige Menschen und selbstgefällige Regierungen die Zukunft der Welt bedrohen«, und dass eine »fundamentale Revision der Organisation der Gesellschaft« erforderlich sei. Aspen hatte den Biomediziner Rene Dubos vom Rockefeller Institute beauftragt, den Bericht »Only One Earth« zu schreiben, eine Art Gründungstext für die globale Umweltagenda; sein Titel wurde zum Slogan der Veranstaltung.

Nach der Stockholmer Tagung ernannten die Vereinten Nationen Maurice Strong zum Direkter des neu gegründeten Umweltprogramms UNEP mit Sitz in Nairobi. Er bedankte sich beim Sierra Club, jenem einflussreichen Naturschutzverein in den USA: »Keine andere Organisation tat mehr, um UNEP den Weg zu bereiten.« Diese Gründung war einem geschickten Manöver Strongs zu verdanken: Er hatte die Erstellung der Konferenzagenda in die

Hände von Delegierten der Entwicklungsländer gelegt. Die Verquickung von Umweltschutz und Machtpolitik sorgte dafür, dass später auch Klimaschutz an die Interessenpolitik armer Länder gekoppelt war. Die Gründung des UN-Klimasekretariats samt Weltklimarat IPCC Ende der 1980er-Jahre kam auf das Betreiben UNEPs zustande.

7. Ölkrise: Rohstoff-Waffe gegen den Westen

Erfahrung der Abhängigkeit nährt Skepsis gegen fossile Energie.

An einer Tankstelle in Wallmerod im Westerwald in der Nähe der A3 zückte der Fahrer eines Mercedes 280 SE eine Pistole und richtete sie gegen den Tankwart. Der wollte lediglich 15 Liter ablassen, der Mann am Steuer wollte mehr. Dutzende Autos standen in einer Schlange hinter dem Mercedes. Andere Tankstellen gaben Treibstoff nur noch an Stammkunden. Benzin war kostbar 1973; die Ölkrise trieb die Preise. Am 6. Oktober des Jahres, dem jüdischen Feiertag Jom Kippur, hatten Ägypten und Syrien Israel angegriffen, doch scheiterten sie an der Unterstützung der USA. Aus Protest verhängten die arabischen Ölstaaten ein Lieferboykott und drosselten die Produktion. Die Erdölkrise 1973 stellte einen Wendepunkt dar, denn sie vergegenwärtigte der westlichen Welt ihre Abhängigkeit von den Lieferanten des schwarzen Goldes. »Eine Gallone Benzin – gut dreieinhalb Liter – bringt mehr als 400 Arbeitsstunden eines gesunden Erwachsenen«, fasste der Klimaforscher James Hansen das Energiedilemma zusammen. Fossile Energie, die der Menschheit zuvor einzigartigen Wohlstand ermöglicht hatte, geriet in Misskredit.

»Die Ölwaffe verhalf den Entwicklungsländern zu ihrem ersten wirtschaftlichen Sieg über die reichen Länder überhaupt«, kommentierte der damalige Ministerialdirektor im Bundesinnenministerium, Peter Menke-Glückert. Die sogenannte Dritte Welt sei sich der Tatsache bewusst geworden, wie stark der Westen von ihren Rohstoffen abhängt. »Wir stehen am Ende einer Epoche«, schrieb der FDP-Politiker 1975 in der Zeitschrift *Merkur*. Eine neue multipolare Ordnung werde den alten Industriestaaten »weltinnenpolitische Themen diktieren«. Bei den Vereinten Nationen setzten die Entwicklungsländer Forderungen durch. So meldeten auf der siebten UN-Generalversammlung im September 1975 nur die USA Vorbehalte gegen das Schlussdokument an, in dem eine Verdreifachung der Entwicklungshilfe in Aussicht gestellt wurde. »Wirksame Ressourcenpolitik kann es ohne realen Ressourcentransfer nicht geben«, rechtfertigte der deutsche Außenminister Hans-Dietrich Genscher auf dem FDP-Parteitag im Oktober 1975 die hohen Ausgaben. Deutschland müsse den Transfer »aus dem eigenen Sozialprodukt nehmen«.

Im Oktober 1974 lud UNEP-Chef Maurice Strong 30 Wissenschaftler und Angestellte der Vereinten Nationen nach Cocoyoc, einen mondänen Urlaubsort, zwei Autostunden südlich von Mexiko-Stadt. Die Teilnehmer sahen sich als Anwälte der Entwicklungsländer, wie sie in ihrer Abschlusserklärung betonten:

> *Der überwiegende Teil der Welt hat sich noch nicht von den besonderen historischen Konsequenzen von beinahe fünf Jahrhunderten kolonialer Eingriffe gelöst, welche ökonomische Macht überwiegend in den Händen einer kleinen Gruppe von Nationen konzentriert hat. [...] Knapp ein Viertel der Weltbevölkerung beherrscht noch heute drei Viertel des Welteinkommens der Investitionen, Dienstleistungen, Nahrungsmittelproduktion und mehr als 95 Prozent der Forschung und Technologie auf der Welt.*

Die Kräfte des Marktes könnten diese Ungleichheit nicht überwinden und machen Rohstoffe und Hilfsquellen nicht jenen verfügbar, die sie »zum nackten Überleben brauchen«. Der Kapitalismus schaffe Verschwendung und habe zur Ausbeutung armer Länder geführt.

Die Cocoyoc-Konferenz, der auch der Heidelberger Religionsphilosoph Georg Picht angehörte, entwarf eine »Blaupause für einen Weltsozialplan«, die eine »neue Weltordnung« begründen sollte. Strong schwebte ein »Weltlastenausgleich« vor, der von den Vereinten Nationen organisiert würde. Grundlage der UN-Vorhaben waren die wissenschaftlichen Berichte über Bevölkerungswachstum und Rohstoffknappheit des Club of Rome, die sich später als blamable Fehlprognosen erweisen sollten. Strong und seine Mitstreiter wollten einen Plan für die »Abkehr vom American Way of Life« entwerfen, mit »stationärem, ökologisch verträglichem Wachstum«.

FDP-Politiker Menke-Glückert kritisierte die Schlussfolgerungen der Cocoyoc-Tagung: »Dieses denunziatorische Klischee des bösen Weltkapitalismus, der die Wohlfahrt der armen Länder immer noch durch koloniale Praktiken behindert, liegt stillschweigend nicht nur Cocoyoc, sondern allen UN-Resolutionen zugrunde«, schrieb er 1975. Widerspruch komme allenfalls von den USA, ansonsten sei er selten geworden. Deutsche Diplomaten würden keine Kritik wagen und die westlichen Industrieländer insgesamt vor den Vereinten Nationen »vor allem ihr schlechtes Gewissen pflegen«.

II.
CO_2 wird Machtfrage

8. Erwärmung statt Eiszeit: Geniale Propheten

Im öffentlichen Überbietungsdiskurs erfährt bahnbrechende Wissenschaft ohne katastrophische Note selten Resonanz.

»Warum arbeitest du ausgerechnet an diesem Kram«, fragte James Hansen, Atmosphärenforscher am Goddard Institute for Space Studies (GISS) der NASA im New Yorker Stadtteil Manhattan, seinen vier Jahre jüngeren Kollegen Stephen Schneider. »Es ist ein unmögliches Problem mit so vielen Dimensionen, die sich nie ganz lösen lassen.« Hansen erforschte anhand von Computermodellen die Atmosphäre des Planeten. Als 22-Jähriger hatte er sein Studium in Mathematik und Physik mit Auszeichnung abgeschlossen. Schneider war in die damals noch junge Klimaforschung gegangen, weil »man nicht erst Hunderte Studien lesen musste, um loslegen zu können«. Nachdem er rund 20 Arbeiten gesichtet hatte, wähnte er sich eingearbeitet. Erste Zweifel an seiner Eiszeit-Prophezeiung waren ihm im September 1972 gekommen, als er in *Nature* eine, wie sich herausstellen sollte, hellsichtige Studie, las: »Menschengemachtes Kohlendioxid und der Treibhauseffekt«. John Sawyer vom britischen Met Office prognostizierte aufgrund der CO_2-Emissionen eine Erwärmung um 0,6 Grad Celsius bis Ende des Jahrhunderts – tatsächlich waren es 0,5 Grad bis zum Jahr 2000. Für diese Vorhersage hätte Sawyer eigentlich den Spitznamen »Pate der globalen Erwärmung« verdient, aber den erhielt stattdessen Wallace Broecker.

Das steigende CO_2-Niveau in der Atmosphäre werde »die Temperaturen im kommenden Jahrhundert über die Limits der vergangenen 1 000 Jahre treiben«, schrieb der Geochemiker 1975 im Journal *Science*, nach vier Jahrzehnten globaler Abkühlung. Broecker glaubte, natürliche Klimazyklen »maskierten« die Wirkung der Treibhausgase – jedoch nur vorübergehend. Wie sich herausstellen sollte, hemmten menschengemachte Aerosole die Erwärmung. Indizien entdeckten neuseeländische Forscher 1975 mit ihrer Beobachtung, dass sich weite Teile der Südhalbkugel erwärmt hatten, während der Norden der Erde kühler geworden war. Sie spekulierten, dass Abgaswolken das Klima auf der Nordhalbkugel künstlich abgekühlt haben könnten, weil es dort mehr Industrie als auf der Südhälfte des Planeten gab. Broeckers Prognose der bodennahen globalen Temperatur sollte sich als zutreffend erweisen. Zudem veröffentlichte er mehr als 500 Studien, war Pionier der Theorie des »Ozeanförderbands«, die beschreibt, wie Meeresströmungen wie der Golfstrom entstehen und vergehen – und er hatte Witz: »Du hast weltweit nur einen Datenpunkt«, raunzte er einen Kollegen, dessen Theorie er anzweifelte, auf einer Konferenz an. Dabei war ihm entfallen, dass er gerade selbst eine Studie in *Science* veröffentlicht hatte, die von nur einem Bohrkern auf globale Meeresströmungen verallgemeinerte. »Niemand hier würde von einem einzigen Ort in Grönland auf die Welt schließen, nicht wahr, Wally?«, konterte ein anderer. »Okay, ich habe es auch gemacht, aber er liegt falsch«, entgegnete Broecker.

Die Forscher beschäftigte nun vor allem eine Frage: Mensch oder Natur – warum ändert sich das Klima? 1976 kamen Geologen der Antwort ein gutes Stück näher. »Variationen der Erdumlaufbahn: Schrittmacher der Eiszeiten« hieß die wegweisende *Science*-Studie der Wissenschaftler James Hays, John Imbrie und Nicholas Shackleton, die erklärte, warum sich Warmzeiten und Eiszeiten abwechselten. Ihre Arbeit lüftete einige der größten Rätsel der Klimatologie. Hays, Imbrie und Shackleton hatten Bohrkerne aus der Tiefsee analysiert, Hunderte Meter lange Stangen aus Schlick, die wie ein geologisches Tagebuch Schicht für Schicht die Umweltbedingungen früher Zeiten offenbarten. Die Studie dokumentierte, dass Klimaschwankungen synchron zu Schwankungen der Umlaufbahn der Erde und rhythmischen Veränderungen ihrer Achse verliefen – damit bestätigte sie die Theorie des Mathematikers Milutin Milanković, der das Kommen und Gehen der Eiszeiten 1941 entsprechend erklärt hatte. Nun war klar: Das Klima der Erde schwankte zyklisch, ohne menschengemachte Treibhausgase.

Nochmals eskalierte die Sorge vor einer Abkühlung: In einem extrem kalten Januar 1977 rief Präsident Jimmy Carter den »Energienotfall« aus, die amerikanischen Medien spekulierten erneut über eine bevorstehende Eiszeit, und die stur vorgetragenen Mahnungen Wallace Broeckers vor einer globalen Erwärmung klangen plötzlich verlockend. Noch im selben Jahr warnte die National Academy of Sciences auf einer Pressekonferenz während eines außergewöhnlich heißen Julis, die Erde werde sich bald erwärmen. Die Zeitschrift *Business Week*, die 1976 noch ermittelt hatte, dass in der Klimaforschung die Mehrheit der Gelehrten zur Abkühlungsprognose tendierte, kam im Folgejahr zum gegenteiligen Ergebnis. Dass sich Medien ungern von einer liebgewordenen Apokalypse trennen mögen, bewies die *New York Times*: »Kein Ende in Sicht für den Abkühlungstrend«, schlagzeilte sie Anfang Januar 1978. Die *Los Angeles Times* warnte im selben Jahr vor einer »Kältephase, die von 2000 bis 2050 dauern könnte«. Reid Bryson fütterte die Medien weiterhin mit seiner Eiszeit-These. Er misstraute den Klimamodellen, die eine Erwärmung in Aussicht stellten, denn die zugrunde liegenden Simulationen bildeten seiner Ansicht nach das Klima der Vergangenheit nicht vertrauenswürdig nach. Ende der 1970er-Jahre brachte er sein Buch heraus, *Climates of Hunger*. »Klimatologen machen jetzt einen globalen Abkühlungstrend für wiederkehrende Dürren und Überschwemmungen verantwortlich, der massive Tragödien für die Menschheit auslösen könnte«, meldete die *Chicago Tribune* im November 1981.

Die Regierung der Vereinigten Staaten wollte Klarheit, also beauftragte sie 1977 die Jason Group, ein Gremium von rund 50 Wissenschaftlern, das seine Mitglieder selbst auswählte. In einem Ferienhaus am Cape Cod in Massachusetts kam die Elite zusammen, viele hatten für das lange Wochenende ihre Familie mitgebracht, unter ihnen die Klimamodellierer James Hansen und Syukuro Manabe, der im Jahr 2021 den Physiknobelpreis bekommen sollte. Das Resümee der Jason Group erwies sich als trefflich: Eine Verdopplung der CO_2-Menge in der Luft, so berichteten die Wissenschaftler, erhöht die globale Temperatur in Bodennähe um einen Wert zwischen 1,5 bis 4,5 Grad. Exakt diese Bandbreite der Schätzwerte findet sich noch vier Jahrzehnte später in den Berichten des UN-Klimarats. Ende der 1970er-Jahre glaubten Klimaforscher nicht so recht an ihre Ergebnisse. Großbritanniens führender Experte Hubert Lamb,

Gründungsdirektor des Klimaforschungszentrums an der späteren University of East Anglia und Freund von Guy Callendar, fremdelte mit der Erwärmungswarnung. Er vertrat die Ansicht, dass wärmeres Klima in der Geschichte besser gewesen sei für die Menschheit. Der Abkühlungstrend nach dem Zweiten Weltkrieg besorgte ihn. Lamb glaubte, die WMO unterschätze die natürlichen Schwankungen des Klimas.

Indes präsentierte die National Academy of Sciences in den USA 1979 den »Charney-Bericht«: Die fachliche Bewertung unter Leitung des namensstiftenden Meteorologen vom MIT, Jule Charney, war zu dem Ergebnis gelangt, dass eine deutliche Erwärmung bevorstand: Eine Verdoppelung der Menge an CO_2 in der Atmosphäre werde die Temperatur der Erde um circa drei Grad erhöhen – eine Größe, die noch heute als realistisch gilt. Politikern war dies nicht eindeutig genug: Solange es keine Einigkeit unter Forschern über den Trend gebe, werde »nichts passieren«, bekräftigte Tom Moss, der wissenschaftliche Berater des kalifornischen Demokraten George Brown. Ein weltweiter akademischer Konsens über den Klimawandel könne als »treibende Kraft« für politische Entscheidungen nützlich sein.

9. Polarisierung: Konservative Gegner der Klimaforschung

Vertrauen in Wissenschaft hängt von Stereotypen über die politischen Werte der Wissenschaftler ab.

»Welche Leistung braucht es, um eine Million Ökos zu stoppen?«, fragten euphorisierte Republikaner nach dem Wahlsieg Ronald Reagans 1981. Die Antwort: »Ein Watt.« James Watt, Reagans neuer Innenminister, inszenierte sich als Kämpfer gegen die Umweltbewegung: Umweltschutz, so schimpfte er im *Wall Street Journal*, sei ein »linker Kult, um Regierungen zu Fall zu bringen, an die ich glaube«. Das Bündnis von Linken und Ökos in den 1970er-Jahren hatte Konservative gegen die Umweltbewegung aufgebracht. Während die Demokratische Partei diese Gruppen als politische Ressource nutzte, verbündeten sich die Republikaner mit der Energieindustrie.

Anstatt aber wie erhofft die junge Klimabewegung lahmzulegen, wurde sie angestachelt. Umweltschützer, Wissenschaftler und linke Parteien rückten zusammen, sie nahmen das Klima auf die gemeinsame Agenda. Der Gründer des Umweltverbands Friends of the Earth, David Brower, und der vormalige republikanische Regierungschef von Delaware, Russell Peterson, warnten 1981: Die Politik der Reagan-Regierung drohe einen »neuen Trend« unter Naturschützern zu beschleunigen – weg von den Republikanern. Im selben Jahr meldeten zahlreiche Umweltverbände eine deutliche Steigerung ihrer Spendenbezüge. Sie nannten es den Reagan-Effekt.

Im Jahr 1976 hatte sich die Demokratische Partei in den USA des Themas angenommen. So konnte der kalifornische Politiker George Brown ein nationales Klimaprogramm durchsetzen. Die Reagan-Regierung hingegen torpedierte das Vorhaben. Ein Dorn im Auge war ihr eine Zweigstelle der NASA in New York, die keine Weltraumforschung mehr betrieb, wie es der ursprüngliche Auftrag der Behörde vorsah, sondern irdische Klimatologie – die Abteilung von

James Hansen. Nachdem die *New York Times* am 22. August 1981 auf ihrer Titelseite von einer neuen Studie Hansens berichtet hatte, blies man zum Angriff. »Studie zeigt: Erwärmungstrend könnte Meeresspiegel steigen lassen«, titelte die Zeitung – eine Provokation für die neue konservative Regierung. Der Artikel handelte von einer bedeutenden Arbeit, veröffentlicht im renommierten Wissenschaftsmagazin *Science*. Es war jene Analyse, auf die Pionier Guy Callendar vergeblich gewartet hatte. Hansen konnte zeigen, dass die globale Temperatur seit dem Ende des 19. Jahrhunderts gestiegen war, in Übereinstimmung mit den Modellsimulationen. Der Abkühlungstrend von den 1940er- bis in die 1970er-Jahre hatte sich umgekehrt. Ob die Erwärmung auf kohlendioxidhaltige Abgase des Menschen zurückgehe, lasse sich noch nicht feststellen, schrieb Hansen. Gleichwohl sorge das CO_2 für eine fortschreitende Aufheizung der Atmosphäre, so seine Einschätzung. Ob der Meeresspiegel im Gefolge steigen oder fallen werde, sei ebenfalls noch unklar; ein milderes Klima an den Polen könne für mehr Schneefall sorgen und die Gletscher dort vergrößern. Zudem diskutierte Hansen eine mögliche Katastrophe, die folgende Generationen von Klimamodellierern in Hunderten Studien immer wieder aufs Neue durchspielen sollten und die auf eine *Nature*-Publikation des Gletscherforschers John Mercer aus dem Jahr 1978 zurückgeht: Es sei möglich, dass das Abrutschen des Westantarktischen Eisschilds bei einer Verdopplung des atmosphärischen CO_2-Gehalts den Meeresspiegel im Zuge der Erwärmung um fünf bis sechs Meter heben werde. Hansen hatte dafür gesorgt, dass seine Studie Bekanntheit erlangte. Kurz zuvor war er bei Walter Sullivan, Wissenschaftsjournalist bei der *New York Times*, mit der Arbeit vorstellig geworden. Sullivans Artikel erschien auf der Titelseite: Der menschengemachte Treibhauseffekt befördere den Klimawandel. Eine Woche später kam das Blatt in einem Leitartikel zu dem Schluss, das Phänomen sei »nach wie vor zu ungewiss, um eine totale Umstellung der Energiepolitik zu rechtfertigen«. Hansens Studie habe gleichwohl »eine deutliche Warnung zum Ausdruck gebracht«. In Gefahr aber schwebte zunächst er selbst: Auf Geheiß der neuen Reagan-Regierung stoppte die NASA die Finanzierung seiner Zweigstelle in New York. Nur das Einschreiten der Umweltbehörde EPA rettete die Gruppe, fünf Stellen wurden jedoch gestrichen.

Ein junger Senator der Demokraten aus Tennessee, gut 20 Jahre später Vizepräsident, eilte zu Hilfe. Al Gore hatte sich vorgenommen, die Reagan-Regierung bei einer Anhörung im Repräsentantenhaus in Washington wegen des Klimathemas in die Mangel zu nehmen; 2007 sollte er für seine Aufklärung in Sachen globaler Erwärmung den Friedensnobelpreis bekommen. Sein Vater, Al Gore Senior, hatte sich als Manager einer Erdölfirma ein Vermögen erarbeitet und an seinen Sohn vererbt. Al Gore Junior stieg nach seiner Zeit in der Politik ebenfalls ins Energiegeschäft ein: 2004 gründete er die Firma Generation Investment Management, eine erfolgreiche Beratungsfirma für grüne Investitionen. Umweltthemen machte er zu seinem Steckenpferd. Anfang der 1980er-Jahre veranstaltete Gore Frühstücksseminare mit Forschern, in denen er Behördenleiter mit den Gedanken der Wissenschaftler vertraut machte, und konfrontierte die Republikaner regelmäßig bei Anhörungen. Doch Präsident Reagan schwenkte nicht ein und ließ sogar die Solarkollektoren auf dem Weißen Haus demontieren, die sein Vorgänger Jimmy Carter vorher dort angebracht hatte.

Die Polarisierung schritt voran. Bereits in den 1970er-Jahren hatte die amerikanische Wissenschaftsgesellschaft AAAS politisch gefärbte Resolutionen zur Geschlechtergerechtigkeit und dem Vietnamkrieg herausgegeben. Experten profilierten sich als Stichwortgeber für Interessengruppen, was Misstrauen schürte. In den USA begannen Gutachten-Schlachten ums Klima: Jede Partei holte sich die fachliche Meinung, die sie brauchte, um die Politik machen zu können, die sie wollte – so lief es auch in Deutschland: Mehr als die Hälfte der Bundestagsabgeordneten äußerten in einer Umfrage in den 1990er-Jahren, dass sie bewusst Forschungsergebnisse suchen, die ihren Standpunkt unterstützen. Zuerst veröffentlichte die US-Umweltbehörde EPA im Herbst 1983 ein Gutachten, das den kompletten Ausstieg aus der Kohleenergie bis zum Jahr 2000 als effektive Maßnahme gegen eine globale Erwärmung propagierte. Die *New York Times* berichtete auf ihrer Titelseite: »EPA-Report sieht Erderwärmung ab 1990« – was sich als korrekte Prognose erweisen sollte.

Drei Tage später folgte der Report der National Academy of Sciences, der sich auf die Ergebnisse des CO_2-Programms berief: Der lückenhafte Sachstand über eine von Kohlendioxid verursachte Erwärmung würde keine Maßnahmen zur Eindämmung fossiler Energien rechtfertigen, erklärte der Direktor der renommierten Scripps Institution of Oceanography, William Nierenberg. Die *New York Times* titelte daraufhin: »Widerstand gegen Eile wegen globaler Erwärmung.« Es seien noch 20 Jahre Zeit, bevor Maßnahmen ergriffen werden müssten, hatte Nierenberg der Zeitung gesagt.

Konservative fremdelten mit der Klimaforschung, die zunehmend einseitiger besetzt war: Eine Umfrage des Pew Research Center aus dem Jahr 2009 offenbarte, dass sich nur noch vier Prozent der Geowissenschaftler in den USA als Wähler der Republikaner bezeichneten. Eine Umfrage, veröffentlicht 2023 im Fachblatt *Nature Sustainability*, zeigte große Unterstützung für das Konzept »Degrowth«, auf Deutsch auch als »Postwachstum« bezeichnet, unter Klimaforschern – wobei sich vor allem solche aus wohlhabenden Ländern für die Reduzierung wirtschaftlicher Aktivität aussprachen. Naturwissenschaftler verfassten Bücher, in denen sie gegen Ungleichheit und für Staatsdirigismus schrieben. Selbst auf den UN-Klimabericht schlug die politische Präferenz durch: Im sechsten Sachstandsreport des IPCC 2022 standen Aufrufe zur Umverteilung, für Intersektionalität und Geschlechtergerechtigkeit, so als ob es sich dabei nicht um politische Forderungen, sondern um neutrale Fakten handelte. Solche Inhalte, kommentierte der Klimatologe Patrick Brown, bestätige Konservative in dem Glauben, dass die Klimaforschung ihr politischer Gegner sei. Mit der Auffassung ist er nicht allein: »Konservative neigen dazu, Wissenschaftlern zu misstrauen, wenn sie glauben, dass diese links sind, aber dieser Effekt wird erheblich verringert oder sogar umgekehrt, wenn Wissenschaftler als konservativer wahrgenommen werden«, fassen drei Forscher 2024 ihre Studie in *Science Communication* zusammen, in der sie die Haltung politischer Lager zu wissenschaftlichen Disziplinen ausgewertet haben. Am weitesten links stand in der Wahrnehmung von Befragten in den USA: die Klimaforschung.

10. Erste Klimakonferenz: Auf Konfrontationskurs

Versuche politischer Einflussnahme spalten die Wissenschaft in politische Lager.

Stephen Schneider schüttelte den Kopf, als er im Publikum auf der ersten Weltklimakonferenz Mitte Februar 1979 in Genf der Rede von John Mason lauschte, dem Chef des britischen Met Office. Vor der Tagung hatte er noch mit Mason über die Klimawirkung von CO_2 diskutiert. In seiner Rede jedoch ignorierte der Meteorologe die Belege für eine fortschreitende Erwärmung: Aktivitäten des Menschen könnten das Klima nicht maßgeblich ändern, rief Mason hinter dem Rednerpult stehend den 450 Gelehrten aus 60 Nationen zu, die in die Zentrale der WMO gereist waren. Die Atmosphäre der Erde sei es »gewohnt, jene eines Besseren zu belehren, die das nicht begreifen«, schob Mason nach, der neuen Wissenschaftsmoden stets skeptisch gegenüberstand. Mitte der 1970er-Jahre auf dem Höhepunkt der Eiszeit-Angst hatte er auch an dieser Katastrophenwarnung gezweifelt.

Schneider hob seinen Arm und meldete sich zu Wort: »John, im Winter ist es kalt, im Sommer warm – ist das nicht ein guter Beweis dafür, dass die Atmosphäre nicht so widerstandsfähig ist wie du behauptest, sondern auf Strahlung reagiert?« Mason kam auf die Unsicherheiten in den Forschungsergebnissen zu sprechen, insbesondere rügte er die Kalkulationen bezüglich der Kosten des Klimawandels. »Wie können Sie solche Rechnungen anstellen, wenn wir noch nicht mal wissen, welche Folgen eine Erwärmung überhaupt hätte?«, fragte er – und traf damit den bis heute wunden Punkt der Klimaforschung: Die Folgen für Umwelt und Gesellschaft sind weitaus schwieriger zu bestimmen als das Phänomen selbst. Schneider entgegnete, bei komplexen Systemen wie dem Klima seien eindeutige Resultate selten. Zwölf Jahre später brachten die Wissenschaftsphilosophen Silvio Funtowicz und Jerome Ravetz das Dilemma auf einen Begriff: Bei der Klimatologie handle es sich um »postnormale Wissenschaft«, schrieben sie 1991 in einem berühmten Aufsatz. Hohe Risiken fallen zusammen mit großen Unsicherheiten. Die Debatte zwischen Schneider und Mason offenbarte die Postnormalität ihrer Disziplin.

In der Abschlusserklärung der Genfer Konferenz wagte die WMO einen Coup: Sie warnte vor einem »menschengemachten Klimawandel«, den man »vorhersehen und verhindern« solle. Bis Ende des Jahrhunderts werde die Wirkung von CO_2 auf das Klima vermutlich nachweisbar sein, hieß es in dem Dokument. »Ich war erstaunt, dass das so rasch und so intensiv vor sich ging, nach den Diskussionen, die wir in den 1970er-Jahren hatten, die sehr kontrovers waren«, staunte der deutsche Klimaforscher Hermann Flohn. Auf der finalen Pressekonferenz zeigte sich jedoch, dass über die Prognose einer Erwärmung hinaus das meiste unsicher blieb: Die Wissenschaftler erwarteten zwar einen Klimawandel, wussten aber wenig über ihn, und ihre Stellungnahmen widersprachen sich teilweise: »Wir wissen nicht, ob CO_2 eine positive oder negative Wirkung haben wird«, sagte ein Forscher. Einerseits könne Kohlendioxid die Ernten verbessern, andererseits könne der Klimawandel gewaltigen Schaden anrichten.

»Nicht nur das Wetter, sondern das gesamte Klima scheint in Unordnung geraten«, meldete die Tagesschau in einem Bericht von der Genfer Tagung. Der *Spiegel* nutzte die Chance für eine neue Weltuntergangserzählung. Unter der Überschrift »Tod im Treibhaus« begann das Magazin Ende Februar 1979 mit einem Artikel über die WMO-Konferenz seine Reihe über die bevorstehende Klimakatastrophe. Alle paar Monate druckte das Blatt Texte zum Thema. Einige der Überschriften: »In 50 Jahren vorbei«, »Auf dem Weg in die Katastrophe«, »Die Erde wird ein öder Stern«, »Die Dürre wird kommen«, »Die Bombe« und erneut »Tod im Treibhaus« – »die zahlreichen wissenschaftlichen Ungewissheiten wurden bagatellisiert und anstelle dessen die Transformation von der Hypothese zur Katastrophe vollzogen«, kommentierte der Soziologe und Medienforscher Peter Weingart von der Universität Bielefeld Ende der 1990er-Jahre die Berichterstattung.

Das wichtigste Ereignis auf der Genfer Konferenz war an den Reportern trotz seiner politischen Brisanz vorbeigegangen. Die Delegierten der WMO hatten den Erwärmungsskeptiker Aksel Wiin-Nielsen zu ihrem neuen Präsidenten gewählt – die Mehrheit der Meteorologen dachte kritisch über die neue Aufregung vom menschengemachten Klimawandel. »Die dringliche Suche mancher Institute nach Bestätigung der erwarteten, CO_2-bedingten Erwärmung könnte etwas voreilig sein«, pflichtete Hubert Lamb bei. Es bedürfe mehr Forschung, bevor man zu konkreten Aussagen über den Einfluss von Kohlendioxid in der Lage sei, bekundete die WMO 1980 und gemahnte ihre Mitarbeiter zu »Vorsicht mit öffentlichen Stellungnahmen«.

11. Kalter Krieg ums Klima: Der verschollene Klimaforscher

Mit Eintritt in politische Händel riskieren Wissenschaftler im Ausnahmefall sogar die Verwicklung in Kriminalfälle.

Am 31. März 1985 verschwand der russische Klimaforscher Wladimir Alexandrow in Spanien und wurde nie wiedergesehen. Er galt als einer der international bekanntesten Wissenschaftler seines Landes mit besten fachlichen Kontakten im Westen. In den Monaten vor seinem Verschwinden hatte er bei befreundeten Kollegen in den Vereinigten Staaten gewohnt, mit denen er an seinem Spezialthema arbeitete: die Berechnung möglicher Klimafolgen eines Atomkriegs. Dazu hielt Alexandrow auch am 31. März 1985 einen Vortrag im spanischen Córdoba. Schon bei seiner Ankunft am Vortag geschah Sonderbares.

Am Flughafen wartete ein Fahrer, der ihn abholen sollte, mit einem Schild, auf dem Alexandrows Name stand. Als dieser sich dem Chauffeur näherte, gingen Mitarbeiter der russischen Botschaft dazwischen, begrüßten den Wissenschaftler und sagten, sie würden ihn in ihre Obhut nehmen. Dem Fahrer boten sie an, ihnen zu folgen und vor der Botschaft zu warten. Als der Forscher nach einer halben Stunde aus dem Gebäude kam, habe er sich seltsam benommen, erzählte der Chauffeur. Gerade ins Auto gestiegen, verlangte er sofort, in eine Bar gefahren zu werden – in irgendeine Bar. Nach zehn Minuten am Tresen sei ein kreidebleicher Alexandrow vollkommen betrunken zum Auto zurück getorkelt. Seine Kollegen in Córdoba, nachdem sie von seinem Zustand erfahren hatten, reagierten perplex – Alexandrow war ihnen nie mit Alkoholproblemen aufgefallen. Sie wunderten sich auch über den dicken Batzen an US-Dollar in seiner Brieftasche. Normalerweise erhielten sowjetische Wissenschaftler für Aufenthalte im Westen die lokale Währung, und sie mussten ihre Ausgaben nach ihrer Rückkehr genau abrechnen. Nach Ankunft in seinem Gästezimmer, das ihm die Stadt Córdoba zur Verfügung gestellt hatte, zog Alexandrow durch die Kneipen der Stadt, wo ihn die Polizei mitten in der Nacht vom Boden auflas. Sein Vortrag am nächsten Morgen um 10 Uhr enttäuschte die Zuhörer. Keine inhaltlichen Neuigkeiten und kurze, uninspirierte Antworten auf Nachfragen. Die Gedanken des Forschers kreisten anscheinend um das, was danach geschehen würde. Zu einer Pressekonferenz erschien er nicht, stattdessen soll er wieder in Bars gegangen sein.

Die Organisatoren der Konferenz stellten zwei Bedienstete der Stadt ab, um Alexandrow zur russischen Botschaft in Madrid zu fahren. Vorher riefen sie dort an, um über das rätselhafte Verhalten des Wissenschaftlers aufzuklären. »Dies könnte seinen Untergang bedeutet haben, den sowjetischen Behörden im Voraus mitzuteilen, dass es für sie ein Problem zu lösen gab«, schreibt der Journalist Andrew Revkin in einer Reportage 1986, in der er den Fall rekonstruiert. Auf der Autofahrt nach Madrid habe Alexandrow bei jedem Restaurant, das sie passierten, »Stopp!« gerufen, erzählten seine Gefährten. Aber sie hielten nicht an. In Madrid angekommen rief er »Flughafen!«, doch der Fahrer ignorierte den Wunsch – fatalerweise. Als Alexandrow die sowjetische Botschaft sah, versuchte er das Steuer herumzureißen und sei sogar gewalttätig geworden, berichteten die Begleiter. Als das Auto vor der Botschaft zum Stehen kam, sprang Alexandrow heraus, versuchte wegzulaufen, aber ein Botschaftsmitarbeiter fing ihn ein. Berichten zufolge soll der Forscher später seinen Koffer in ein Zimmer im Hotel Habana gebracht, dort aber nicht geschlafen haben, und später noch mit der Bitte um spanischen Wein im Bingo-Salon aufgetaucht sein. In jener Nacht des 31. März 1985 verliert sich die Spur von Wladimir Alexandrow für immer. Rezeptionisten des Hotels erzählten, Mitarbeiter der sowjetischen Botschaft seien kurz darauf erschienen, um das Gepäck des Wissenschaftlers abzuholen und die Rechnung zu bezahlen.

Drei Monate blieb alles geheim. Seine Kollegen hatten sich geeinigt, über die Ereignisse in Córdoba zu schweigen – für den Fall, dass Alexandrow zum Westen übergelaufen war oder sich versteckte, wollten sie ihn nicht gefährden. Später bereuten sie ihre Strategie, denn die Ereignisse blieben ungeklärt. Hätte schnelles Alarmschlagen und internationaler Druck ihn womöglich retten können? Später berichtete das Wissenschaftsmagazin *Nature* über den Fall, große Zeitungen griffen die Geschichte auf. Jetzt wurde spekuliert: War Alexandrow ein Spion? Für die USA? Oder für die UdSSR? Hatten die Russen ihn kaltgemacht? Konnte er Opfer eines Unfalls gewesen sein? Seine Leiche wurde nie gefunden. Im Herbst nach seinem Verschwinden erschien ein Buch in der Sowjetunion, das den Forschungsstand über die Klimafolgen eines Atomkriegs zusammenfasste. Alexandrows Name kam darin kein einziges Mal vor, seine Studien hingegen schon. Seine Witwe erhielt keine Unterstützung seitens der Regierung, sowjetische Wissenschaftler mussten Geld für sie sammeln. Besonders eine Frage trieb seine Freunde um: Was hatte Alexandrow so stark bedrückt, dass er sich in Córdoba ständig betrinken musste?

Die zwei Jahre vor den Ereignissen waren akademisch seine erfolgreichsten gewesen; seine Berechnungen zum Atomkrieg bescherten ihm international Renommee. Kurz vor der Konferenz in Córdoba hatte es jedoch Probleme gegeben. Im Reisepass des Forschers fand sich ein handschriftlicher Vermerk der amerikanischen Botschaft: »Kein direkter oder indirekter Zugriff auf Supercomputer in den Vereinigten Staaten erlaubt« – eine äußerst ungewöhnliche Maßnahme; die Sorge vor dem wissenschaftlichen Überflieger aus dem verfeindeten Block schien groß gewesen zu sein. Auch seine Studienergebnisse bereiteten Sorgen. So kritisierte ein Report des US-Verteidigungsministeriums die extremen Prognosen Alexandrows: Die Folgen nuklearer Explosionen hätten ihm zufolge die Welt in eine kleine Eiszeit stoßen können. Seine Kollegen berichteten, dass er im privaten Gespräch bereits auf Distanz zu seinen aufsehenerregenden Vorhersagen gegangen war. Offenbar befand er sich in einer Zwickmühle, denn die Kommunistische Partei bevorzugte die Prognose dramatischer Konsequenzen eines Atomkriegs, um den Westen damit unter Druck zu setzen. Ein politischer Konflikt hatte sich entwickelt – mit der Klimaforschung mittendrin.

Schon vorher, im Juni 1982, waren die renommierten Atmosphärenforscher Paul Crutzen und John Birks in einer Studie für die Schwedische Akademie der Wissenschaften zu dem Schluss gekommen, ein nuklearer Schlagabtausch würde die Atmosphäre auf Jahre derart verdunkeln, dass ein Massenaussterben wie beim Einschlag eines Riesenmeteoriten zu befürchten wäre. Die Klimamodellierungen zum Atomkrieg dienten als politische Waffe sowohl im Streit zwischen den USA und der UdSSR als auch innerhalb der USA. Sowjetunion und Friedensaktivisten nutzten die Warnungen vor einem »Nuklearen Winter« gleichermaßen als Argument für Abrüstung. Die Sowjets wollten die sich verstärkende militärische Überlegenheit der Amerikaner mit einer bombastischen Drohkulisse bremsen. Funktionalisierte die UdSSR die Friedensbewegung im Westen? Konnte womöglich auch die Klimaforschung mit ihren Modellen zum nützlichen Idioten des Gegners geworden sein?

Manche betrieben das Geschäft der Sowjetunion. Obwohl ihre Modellierungen wenig verlässlich waren, gingen Wissenschaftler damit in die Offensive. Der Rockefeller Family Fund gewann den weltberühmten Fernsehstar und Physiker Carl Sagan dafür, Aufsätze über die dramatischen Folgen eines Nuklearen Winters zu veröffentlichen. Dieser war, wie die meisten seiner im linken Milieu verhafteten Kollegen in der Klimaforschung, ein Gegner der Reagan-Regierung, die massive Aufrüstung plante. Pünktlich zu einer Konferenz der Friedensbewegung in Washington 1983 veröffentlichte Sagan ein mahnendes Resümee auf Grundlage von Modellierungen eines Nuklearen Winters. Die Liste der an der Tagung beteiligten NGOs liest sich wie die der Klimaproteste zehn Jahre später: Friends of the Earth, der Environmental Defense Fund, die International Union for the Conservation of Nature und 28 andere nahmen teil. Im Beirat der Konferenz saß der Klimaforscher Bert Bolin, der erster Vorsitzender des IPCC werden sollte, zusammen mit Vertretern der Sowjetunion. Große Medien griffen Sagans Berechnungen auf und malten die Apokalypse eines Nuklearen Winters in grellen Bildern. »Es besteht die reale Gefahr eines Aussterbens der Menschheit«, teilte Sagan mit, dessen Berechnungen im Wissenschaftsmagazin *Science* erschienen waren.

Der Physiker Russell Seitz kritisierte die Studie: Er warf Sagan vor, sein Modell gezielt so eingestellt zu haben, dass es einen besonders gravierenden Nuklearen Winter auswarf. Große Mengen

Ruß in der Atmosphäre, die das Sonnenlicht nach einem Atomkrieg angeblich blockieren würden, seien in die Simulation geschmuggelt worden, schrieb Seitz. Diese hätten sich nicht aus der Programmierung heraus »von selbst« im Modell gebildet, sondern gingen auf eine vorsätzliche Manipulation zurück. Deshalb sei der errechnete Abkühlungseffekt unglaubwürdig. Die Abrüstungsaktivisten hingegen sahen in Seitz' Kritik die erste Attacke »von rechts« gegen die Klimaforschung. Die Polarisierung nahm die Debatte über die globale Erwärmung vorweg: Wissenschaftler, die sich für ein politisches Ziel vereinnahmen hatten lassen, konterten Kritik nicht sachlich, sondern interessengeleitet, und Forschungsergebnisse wurden nach ihrer diskursiven Nützlichkeit selektiert.

Ganz so festgefahren wie in der heutigen Debatte waren die Lager bei der Auseinandersetzung um den Nuklearen Winter noch nicht: Stephen Schneider, bekennender Linker und führender Klimawarner, scherte in Sachen Atomkrieg aus. Ein Nuklearer Winter könne so gut wie ausgeschlossen werden, schrieb er. Sagans Modell sei unrealistisch, es habe nicht einmal Wind, Jahreszeiten oder Geografie berücksichtigt. Letztlich handle es sich dabei um Fiktion. Schneiders Widerworte brachten ihm persönliche Probleme, er klagte über »eines der unangenehmsten Kapitel meines Lebens«. Nach der Eiszeit-Theorie schlüpfte er erneut in die Rolle des Häretikers: Frostig seien seine Kollegen ihm begegnet, erzählte er. Man habe sich auf Alexandrows Ergebnisse berufen, die ebenfalls einen katastrophalen Nuklearen Winter vorhersagten. Schneider bat Sagan, mit dem er gut bekannt war, unter vier Augen, »Abstand von dem Thema zu halten, damit sie nicht in einen öffentlichen Disput geraten«.

Doch die Zeitungen berichteten bereits über den »Forscherstreit«. Schneider schrieb einen Leserbrief an die *Detroit News*, um festzustellen, dass die Unstimmigkeiten mit Carl Sagan »übertrieben« dargestellt worden waren. Dennoch mündete die Kontroverse in einem Schlagabtausch im Magazin *Foreign Affairs*, wo die beiden jeweils in eigenen Artikeln ihre Argumente darlegten. »Zutiefst schmerzhaft« sei der Disput für ihn gewesen, erzählte Schneider. Auch wissenschaftliche Debatten werden von sozialen Kräften beherrscht (Kapitel 34). Forscher in einer schwächeren Position als Schneider hätten die öffentliche Konfrontation kaum gewagt. Seine Standfestigkeit wurde belohnt: 1988 stellte das renommierte Wissenschaftsmagazin *Nature* in einem Editorial die Unzulänglichkeit von Sagans Simulationen fest. Angesichts des bevorstehenden Ende des Kalten Krieges aber sei »die Frage nach einem Nuklearen Winter in gewisser Weise irrelevant geworden«.

Unausgesprochen blieb die politische Ebene. Dass Carl Sagan und seine Mitstreiter das Geschäft der Sowjetunion betrieben hätten, wie ihre Kritiker ihnen vorwarfen, behauptete 2009 auch das Buch *Comrade J: The Untold Secrets of Russia's Master Spy in America After the End of the Cold War*, das den sowjetischen Spion Sergei Tretjakow zitiert: Der KGB habe den Mythos des Nuklearen Winters inszeniert, um Friedensdemonstrationen in der Bundesrepublik Deutschland zu provozieren. Dazu sollen Wissenschaftler der UdSSR Anfang der 1980er-Jahre ihre Simulationsergebnisse über die Folgen eines Atomkriegs an Friedensaktivisten im Westen geschickt haben, wohlwissend, dass diese »lächerlich« waren. Die Schwedische Akademie der Wissenschaften sei jedoch auf die Anregung angesprungen, woraufhin Crutzen und Birks 1982 im Magazin der Akademie ihren wegweisenden Aufsatz publizierten, der das Thema wissenschaftlich auf die Agenda setzte.

Die Verbindung zwischen Klima und Atomkrieg barg Vorteile für die Forscher in den USA: Es eröffnete ihnen einen Ausweg aus den Budgetkürzungen im Energieministerium, welche die Reagan-Regierung zuvor erzwungen hatte. Sie mussten nur ein bisschen tricksen: Für Modellierungen im Kontext eines nuklearen Schlagabtauschs konnten die Wissenschaftler Geld beim Verteidigungsministerium anfragen und auf diese Weise die Sparmaßnahmen umgehen. Mittel für Klimaforschung hatte die neue Regierung zwar radikal gekürzt, das Verteidigungsbudget jedoch parallel aufgestockt.

Der Wissenschaftshistoriker Lawrence Badash zog 2001 eine Bilanz der Fehde. Klimaforscher, die versucht hatten, mit ihren Ergebnissen den politischen Gegner, also die regierenden Republikaner, in die Defensive zu drängen, erreichten das genaue Gegenteil. »Naive Logik sollte dazu führen, dass die Regierung der USA den wissenschaftlichen Rat akzeptiert und die strategische Politik entsprechend ändert, indem sie das Nukleararsenal deutlich reduziert«, schreibt Badash. Das Gegenteil trat ein: »Es war das Genie des Weißen Hauses unter Reagan, den Nuklearen Winter zu kooptieren und zu behaupten, man würde diese Katastrophe verhindern, indem man die Aufrüstung fortsetze.« Badash folgert: »Wissenschaftler verfehlten damit ihr Ziel des politischen Handelns.« Die Sowjetunion kapitulierte vor der Aufrüstung der Vereinigten Staaten, und die Studien über die Folgen eines nuklearen Schlagabtauschs gerieten in Vergessenheit. Wladimir Alexandrow aber blieb in Erinnerung. Sein Verschwinden verdeutlichte auf grausame Weise die voranschreitende Politisierung der Klimaforschung.

12. Medien als Adjutanten: Wie die Atomlobby die Klimakatastrophe in Deutschland populär gemacht hat

Mit der Entfaltung von Katastrophenszenarien gewinnen Lobbyisten das Interesse der Öffentlichkeit.

Anfang Januar 1986 meldete sich ein Mitarbeiter der Deutschen Physikalischen Gesellschaft (DPG) beim *Spiegel*. Man werde in Kürze die Warnung vor einer Klimakatastrophe veröffentlichen, ob das Magazin nicht vorab berichten wolle? Also referierte der *Spiegel* am 20. Januar unter der Neuauflage der Überschrift »Tod im Treibhaus« die Gruselprognosen des Wissenschaftsverbands über die Folgen eines menschengemachten Klimawandels. Zwei Tage später lud die DPG zur Pressekonferenz, darüber berichtete das ARD-Magazin Panorama am 28. Januar 1986: »Im Hinterzimmer eines Bonner Hotels wurde am vergangenen Mittwoch eine Schreckensnachricht veröffentlicht«. Die Sendung zeigte Journalisten, die vor Kaffeetassen um einen Konferenztisch saßen. »Wir Physiker im Arbeitskreis Energie der Deutschen Physikalischen Gesellschaft haben einen Aufruf zur Verhinderung einer drohenden weltweiten Klimakatastrophe veröffentlicht«, sagte Paul Heinloth am Lichtbild-Projektor stehend und erläuterte die Ursache: Kohlendioxid aus Kohle, Öl und Gas. Die Erde werde so warm wie nie zuvor seit Menschengedenken, die globale Temperatur steige dabei um 5, vielleicht um 15 Grad, mahnte Heinloth. »Die Folge«, erläuterte der Panorama-Kommentar: »Tod für Millionen«. In ein bis zwei Jahrzehnten sei es für Gegenmaßnahmen zu spät. »Wenn wir nicht wollen, dass Norddeutschland im Meer versinkt und der Süden zur Steppe wird, dann müssen wir jetzt etwas tun, sofort.«

Die Physiker hatten schon länger versucht, das Thema globale Erwärmung zu forcieren. »Es geht um das Schicksal unserer Kinder und Enkel auf der ganzen Erde«, schrieb Hermann Flohn 1981 in den *Physikalischen Blättern*, dem Magazin der DPG. Bedroht sei »die

Bevölkerung der Erde als Ganzes«. Der Bau von Atomkraftwerken könne die Klimakatastrophe verhindern, gab die DPG zu verstehen – wenig verwunderlich, denn zahlreiche ihrer Mitglieder arbeiteten in dieser Branche. »Die wollten hinter jeder Flussbiegung ein Kernkraftwerk«, witzelte der Klimaforscher Hartmut Graßl vom Max-Planck-Institut für Meteorologie (MPI-M) in Hamburg. Es kam zum Eklat: Die Mitglieder der Deutschen Meteorologischen Gesellschaft beschwerten sich bei der DPG, dass die Physiker die Klimakatastrophe an sich gerissen hätten: »Wenn ihr schon über unseren Fachbereich schreibt, nehmt doch wenigstens zwei Meteorologen dazu.« Der Physikerverband fragte Graßl und seinen Kollegen Christian Schönwiese von der Universität Frankfurt. Sie machten sich daran, eine neue Version der DPG-Klimabroschüre für die Bundesregierung zu schreiben; im Dezember schickten sie das Schriftstück ab. Doch anstatt der Veröffentlichung erhielt Graßl einen Monat später eine Einladung nach Bonn, wo man ihm eröffnete, dass seine Broschüre einstweilen nicht erscheinen können werde. Später erfuhr er, dass die Sorge bestand, vor der Bundestagswahl 1987 eine Klimadebatte anzufachen. Also erschien der neunseitige Text danach. Die bayerische Landesregierung griff ihn im Bundesrat auf und forderte einen Klimabeirat für Deutschland. Auch sie führte einen Ausbau der Kernkraft im Schilde. Ministerpräsident Franz Josef Strauß von der CSU sagte in einer Fernsehsendung drei Tage vor der Bundestagswahl 1987: »Wer mehr Kohle verbrennen will, ist ein Verbrecher an unseren bioklimatischen Verhältnissen und an der nächsten Generation.« Seine Widersacher waren die Grünen, die 1987 ihr »Umbaukonzept für die heimische Steinkohle« vorgestellt hatten, das die klimaschädliche Kohleförderung sichern sollte, um aus klimafreundlicher Kernkraft auszusteigen. »Für ökologische Kohletechnologie statt Atomkraft« lautete ihre Parole.

Nachdem im April 1986 ein alter sowjetischer Meiler in Tschernobyl havariert war, kämpften die Kernkraft-Befürworter in Deutschland einen aussichtlosen Kampf. Von der Kampagne der Physiker überdauerte lediglich ihr Klima-Alarmismus. Über der Schlagzeile »Die Klimakatastrophe« auf dem *Spiegel*-Titelblatt im August 1986 stand der Kölner Dom im Meerwasser. »Im Sommer 2040 ragen die

Wolkenkratzer New Yorks weit vor der Küste wie Riffs aus der See. Überflutet, vom Meer verschluckt, sind längst auch Hamburg und Hongkong, London, Kairo, Kopenhagen und Rom«, dichtete das Magazin. »Vermutlich schon in ein bis zwei Jahrzehnten« werde der Klimawandel gefährliche Folgen für die Erdbevölkerung zeitigen, zitierte man die DPG. Der Medienforscher Peter Weingart sah darin eine entscheidende Weichenstellung: »Die Katastrophenwarnung von 1986 hat Zweifel an der These vom anthropogenen Klimawandel faktisch ausgeschlossen«, erklärte er, »und der Ausschließungsprozess vollzog sich vor allem unter Bezug auf die wissenschaftliche Autorität.«

Im Jahr 1987 setzte die Bundesregierung die parlamentarische Enquête-Kommission »Vorsorge zum Schutz der Erdatmosphäre« ein. Sie empfahl, den CO_2-Ausstoß in Deutschland bis 2005 um 25 bis 30 Prozent zu senken. Es zeichne sich ab, dass

> *die zu erwartenden Änderungen der Erdatmosphäre und des Klimas gravierende Folgen für die menschlichen Lebensbedingungen und für die Biosphäre insgesamt nach sich ziehen werden, die durch Vorsorgemaßnahmen nur noch teilweise verhindert werden können.*

Der Deutschen Forschungsgemeinschaft (DFG) ging das zu schnell. Das Resümee ihres siebenjährigen Programms »Physikalische Grundlagen des Klimas und Klimamodelle« fiel 1988 zurückhaltend aus: Die Aufmerksamkeit für das Thema anthropogener Klimawandel komme verfrüht, solange das Zusammenwirken wenigstens der wichtigsten Faktoren nicht verstanden würde.

Politiker waren bereits vorgeprescht: Die britische Premierministerin Margret Thatcher mahnte ab 1988 vor globaler Erwärmung aufgrund menschengemachter Abgase. Dies erleichterte ihr den Kampf gegen den heimischen Kohlebergbau, mit dem sie die Gewerkschaften in Großbritannien schwächen wollte, die Thatcher zuvor als »Feind im Inneren« identifiziert hatte. Später kritisierte sie die Debatte um die Erwärmung: »Das neue Dogma des Klimawandels«, schrieb sie 2003, »ist durch die linksgerichteten Regierungsschichten geschwappt«.

13. Villach-Treffen ’85: Der Wow-Effekt

Die Aufwertung, ein Menschheitsproblem lösen zu sollen, mobilisiert Wissenschaftler.

Am 16. September 1987 feierten die Vereinten Nationen in Montreal einen ihrer größten Erfolge: Sie beschlossen das Abkommen zur Rettung der Ozonschicht, das Verbote bestimmter chemischer Substanzen vorsah. Nun glaubte UNEP-Chef Mostafa Tolba zu wissen, wie sich das Klima auf die Agenda hieven ließe – er plante, das Ozonloch-Drehbuch für den Klimawandel zu kopieren: Im ersten Schritt identifizieren Wissenschaftler ein Umweltproblem, im zweiten verhandelt die Weltgemeinschaft konkrete Ziele, im dritten sorgen politische Kampagnen für die Zustimmung der Staaten, und schließlich verabschieden die UN eine Konvention. »Auch das Klima wurde als Politik geboren«, sagte Peter Usher, Tolbas Berater. Doch das Schema der Ozonloch-Bekämpfung täuschte, denn der Klimawandel stellt ein komplexeres Problem dar: Fluorkohlenwasserstoffe hatten sich verbieten lassen, weil sie leicht zu ersetzen waren, ähnlich wie bei anderen Verschmutzungsproblemen, etwa Saurem Regen oder Smog. Fossile Energien hingegen, die Treiber der globalen Erwärmung, bilden die Grundlage für Weltwirtschaft und Wohlstand.

Tolba folgte dennoch seinem Plan, er wollte die Klimaforscher hinter sich bringen. Die Bahn schien frei: Erwärmungsskeptiker Aksel Wiin-Nielsen hatte sein Amt 1983 nach nur einer Amtszeit aufgegeben. Tolbas UNEP und die neue WMO-Führung beraumten für Anfang Oktober 1985 eine Tagung im österreichischen Villach an, die den Durchbruch bringen sollte. Nun vertrat der Klimawandel-Enthusiast Jim Bruce die Weltmeteorologiebehörde: »Ich fühle eine große Dringlichkeit bei diesem Thema«, rief er den Teilnehmern aus 29 Ländern emotional während seiner Begrüßungsrede in Villach zu. »Wir müssen nun die meisten Zweifel beilegen, was den Treibhauseffekt angeht«, verkündete Tolba in seiner Ansprache. Eine Woche, vom 9. bis zum 15. Oktober 1985, diskutierten 89 Wissenschaftler in Villach – unter ihnen Bert Bolin, Syukuro Manabe und Roger Revelle.

Einen »Wow-Effekt« habe die Tagung ausgelöst, schwärmte die Klimaforscherin Jill Jäger – als gehöre man einer Gruppe an, die ein Menschheitsproblem lösen müsse. Eigentlich hatten UNEP und WMO versprochen, dass aktuelle Studien die wissenschaftliche Grundlage aller Entscheidungen bilden sollten. Das Konsensdokument von Villach aber lieferte verschärfte Formulierungen: So bestehen nur »geringe Zweifel«, dass die erwartete Erwärmung »tiefgreifende Effekte auf Ökosysteme, Landwirtschaft, Wasserressourcen und Meereis haben wird«, hieß es plötzlich. Tolba schaffte es, den Wissenschaftlern politische Forderungen abzuringen: Regierungen seien dazu angehalten, die Ergebnisse hinsichtlich der Kontrolle von Abgasen in ihr Kalkül einzubeziehen und ihre Bevölkerung über den Klimawandel zu informieren, heißt es in dem Papier. »Wissenschaftler und Politiker sollten eine aktive Zusammenarbeit beginnen, um die Effektivität alternativer Politik und Anpassungen zu erörtern.«

Zufrieden fuhren der UNEP-Chef und sein WMO-Kollege Bruce nach Hause und begannen mit der Umsetzung der Villach-Forderungen – sie brachten den UN-Klimarat IPCC auf den Weg. Zunächst gründeten die Organisationen gemeinsam die Beratergruppe zu Treibhausgasen (AGGG), der neben fünf weiteren Personen auch Bert Bolin angehörte. Dieser konnte die Rockefeller-Stiftung und den Environmental Defense Fund mit dem Klimaforscher Michael Oppenheimer für die Finanzierung weiterer Konferenzen in Villach und im italienischen Bellagio 1987 gewinnen. Die Tagungen sollten Folgen der zu erwartenden Erwärmung sowie mögliche Gegenmaßnahmen erörtern. Auch politische Abgeordnete für die Europäische Kommission und die EPA nahmen teil. Eine »signifikante Reduzierung der Nutzung fossiler Energien« und dafür notwendige internationale Regulierungsmechanismen schrieben die Forscher als Empfehlung in ihr Abschlusspapier. Ansonsten drohe die globale Durchschnittstemperatur um 0,3 Grad pro Jahrzehnt zu steigen.

Die Geschichte der Klimaforschung ist von Männern dominiert, aber bei der Geburt des IPCC hat eine Frau geholfen. Es war ein kurzer Moment im Mai 1987 auf dem Kongress der WMO in Genf. Gladys Ramothwa, eine Delegierte Botswanas, stand am Podium und soll leidenschaftlich gesprochen haben, so die anderen Teilnehmer später. Häufig werde sie von ihrer Regierung wegen des Klimawandels gefragt: Ob die Berichte über die Erwärmung stimmten? Ob man etwas dagegen unternehmen könne? Oft habe sie keine befriedigende Antwort, weil sie lediglich mit einzelnen Studien vertraut sei. Wäre es folglich nicht sinnvoll, den Wissensstand über den Klimawandel zusammenzufassen, sodass sie und andere in ihrer Position angemessen auf die Fragen der Entscheidungsträger reagieren können? Delegierte anderer Entwicklungsländer pflichteten ihr bei.

Der Weg war frei für das »Intergovernmental Panel on Climate Change«, also den »Zwischenstaatlichen Ausschuss für Klimaänderungen«, auch UN- oder Weltklimarat genannt. UNEP feierte die IPCC-Gründung als Erfolg, da sie über wenig feste Finanzzusagen verfügte. Mit dem Ausschuss gewann auch das Umweltprogramm an Bedeutung.

Der erste Vorsitzende des Weltklimarats, Bert Bolin, hatte bereits 30 Jahre zuvor Verantwortung übernehmen müssen. Damals wurde er zum Chef des Internationalen Meteorologischen Instituts in Stockholm ernannt, nachdem sein Mentor Carl-Gustaf Rossby, einer der Urväter der modernen Klimaforschung, unerwartet verstorben war. Seit seiner Kindheit hatte Bolin Wetteraufzeichnungen gefertigt, motiviert von seinem Vater, einem Lehrer und studierten Meteorologen. Mit 17 Jahren begann er sein Studium und zog aus seinem Elternhaus, einem Vorort von Stockholm, nach Uppsala im Norden Schwedens. Nach einem Forschungsaufenthalt in den USA kehrte er in die Hauptstadt zurück. Seit seiner Jugend war Bolin mit dem schwedischen Regierungschef Olof Palme befreundet, dem Gastgeber der UN-Umweltkonferenz 1972 in Stockholm – und im Zuge der ersten Ölkrise im Folgejahr ein Gegner fossiler Energien. Deshalb wollte der Ministerpräsident Kernkraft in Schweden ausbauen. Die Bolin-Palme-Verbindung ist ein beliebter Diskussionsgegenstand unter Klimaskeptikern und entsprechend ausgeschmückt worden: Der Klimaforscher habe seinem Präsidenten-Schulfreund unter die Arme gegriffen, um die politisch motivierte Abkehr von fossilen Energien zu rechtfertigen, lautet ein Gerücht.

14. Gründung des Weltklimarats: Ausgetrickste USA

Organisiertes Wissen ist die letzte Berufungsinstanz im Kampf um die Zustimmung des Publikums.

Irena Sendler war 29 Jahre alt, als ihre Heimat Warschau im Zweiten Weltkrieg von deutschen Truppen besetzt wurde. Die Krankenschwester führte Hygienekontrollen im Jüdischen Ghetto durch, wo Hunderttausende Menschen auf engem Raum lebten und hungerten; permanent drohten Seuchen auszubrechen. Sendler schmuggelte Essen und Medikamente. 1942 begannen die Nazis, die Bewohner in Konzentrationslager zu verschleppen. Versteckt in Säcken, Mänteln und Autos schaffte Sendler täglich Kinder aus dem Ghetto, die, mit neuen Identitäten versehen, in Klöster und Waisenhäuser gelangten. Damit sie nach dem Krieg ihre Familien wiederfinden konnten, hatte Sendler jeweils die Namen – neue und alte – in einer Tabelle notiert. Rund 2500 Kinder befreite sie zusammen mit Helferinnen aus dem Ghetto. 1943 wurde sie verraten, die Nazis verhafteten und folterten sie; man brach ihr Arme und Beine. Doch sie verriet weder die Kinder noch ihre Helferinnen. Sendler wurde zum Tode verurteilt, aber konnte entkommen, weil ihre Freunde einen SS-Schergen bestachen, der sie auf dem Weg zur Vollstreckung niederschlug und am Wegesrand liegen ließ. Um die Kinder mit ihren Familien nach dem Krieg zusammenzuführen, hatte sie vorgesorgt und die Namensliste vor ihrer Festnahme unter einem Baum vergraben.

Nach dem Krieg tat sie sich schwer in ihrer Heimat. Die Leute ächteten sie, weil sie Juden geholfen hatte. 2007 endlich, ein Jahr vor ihrem Tod, schien ihr doch noch Ehre zuteil zu werden: Sendler wurde für den Friedensnobelpreis vorgeschlagen. Aber nicht sie, die unter Einsatz ihres Lebens 2500 Kindern gerettet hatte, bekam den Preis, sondern ein reicher Politiker, der gerade mit einem Lichtbildvortrag um die Welt gereist war: Al Gore, ehemaliger Präsidentschaftskandidat der Vereinigten Staaten, warnte zu dieser Zeit in einer dramatischen Vorlesung vor dem Klimawandel. Den Friedensnobelpreis 2007 erhielten er und ein Gremium von Wissenschaftlern, das Sachstandsberichte verfasste: der Weltklimarat IPCC. Zur Begründung erklärte des Nobelpreiskomitee: »Durch die wissenschaftlichen Berichte, die der IPCC in den letzten zwei Jahrzehnten herausgegeben hat, wurde ein immer breiterer informierter Konsens über den Zusammenhang zwischen menschlichen Aktivitäten und der globalen Erwärmung erzielt.« Für Irena Sendler blieb es die letzte Chance auf den Friedensnobelpreis – sie starb fünf Monate nach der Verleihung.

Im Anschluss an die Verkündung des Nobelpreiskomitees am 12. Oktober lud Al Gore zu einer spontanen Pressekonferenz nach Palo Alto in der Nähe von San Francisco, wo er gerade die Umweltorganisation Alliance for Climate Protection besucht hatte. Er bat Stephen Schneider hinzu, der an der dortigen Stanford University arbeitete. Nach einer kurzen Ansprache an die dicht gedrängte Menge aus Journalisten und Kameras übergab Gore ihm das Wort und eilte aus dem Raum. Schneider schwärmte von der Arbeit des IPCC, mit jedem Bericht sei das Klimaproblem deutlicher geworden. Aber kaum jemand hörte noch zu. Die meisten Medienvertreter waren Gore hinterhergehetzt.

Etwa 20 Jahre zuvor, als die Gründung des Weltklimarats gerade eingefädelt wurde, trafen sich Bert Bolin und Stephen Schneider auf einer Tagung in den USA: »Ich finde, der IPCC ist eine schreckliche Idee«, sagte Schneider dem designierten Chef Bolin. »Warum das?«, fragte der. Regierungen werden den Report nutzen, immer wieder auf Zeit zu spielen, um keine politischen Maßnahmen gegen den Klimawandel erwägen zu müssen, glaubte Schneider. Bolin konterte seine Bedenken: »Wird Klimapolitik möglich sein ohne internationalen Konsens? Brauchen wir nicht eine wissenschaftliche Gruppe, der die Politik in den meisten Ländern vertraut?« Dem Wort einer von der Weltgemeinschaft legitimierten Institution werde sich kein Staat entziehen können. 30 Jahre später bilanziert der Klimadebattenforscher Mike Hulme von der Cambridge University: »Andere Fachbereiche beneiden die Klimaforschung um den UN-Klimarat, dessen Berichte einzigartige Autorität ausstrahlen.«

US-Präsident Ronald Reagan und sein Kabinett sträubten sich, sie wollten keiner UN-Institution zustimmen, der sich die Vereinigten Staaten unterwerfen müssen. Al Gore bescheinigte der Regierung einen »Angriff der Zivilisation auf die globale Umwelt«. Dass die USA der Gründung des IPCC zustimmten, gelang mit einem Trick: Die amtierende Reagan-Regierung bekämpfte die Klimaforschung, aber ein Widerstandsnest hatte sich halten können: das National Climate Program (NCP); Wissenschaftler nannten es einen »Außenposten in Feindesland«. Das NCP machte der Regierung einen vergifteten Vorschlag: Ein UN-Klimarat unterliege politischem Einfluss; durch eine Beteiligung erhielten die USA also Einfluss auf die internationale Klimaforschung. Die Regierung Reagan ließ sich überzeugen – und verlor damit Kontrolle, denn der IPCC entwickelte eigene Macht.

Aber beim Weltklimarat geht es nicht nur um Wissenschaft, das verrät schon die Geschichte mit Irena Sendler und dem Nobelpreis: Der IPCC hatte nicht in der Kategorie Physik, sondern Frieden gewonnen. Die große »Zusammenfassung für Entscheidungsträger« in jedem Sachstandsbericht – nur sie wird für gewöhnlich von der Öffentlichkeit wahrgenommen – untersteht politischer Einmischung: Delegierte der Regierungen feilschen dabei um jedes Wort. Wissenschaftler sollen in geheimen Verhandlungen dafür sorgen, dass in den Zusammenfassungen kein Wort geschrieben steht, das nicht durch die Berichte gedeckt ist. Auch die Selektion der Ergebnisse (Kapitel 25) und die Auswahl der Experten bieten Spielraum für politische Einflussnahme: Die Klimaforscher, die als Leitautoren den Bericht erstellen, werden von den Regierungen ihrer Staaten nominiert, zumeist von den Umweltministerien, und schließlich vom IPCC ausgewählt, der wiederum von UNEP und WMO getragen wird. Über die Selektion der Wissenschaftler können politische Akteure bestimmte Interpretationen des Sachstands betonen oder abschwächen. »Deshalb war meine Rolle im IPCC anfangs minimal«, schreibt Stephen Schneider in seiner Biografie. Die konservativen Entscheidungsträger unter Reagan hatten ihn bei der Auswahl übergangen. »Meine gut bekannte Kritik an der Regierung platzierte mich nicht gerade oben auf ihrer Liste.«

Das Wissenschaftsmagazin *Nature* forderte 1995, den zweiten und dritten Teil der Klimaberichte abzuschaffen – vergeblich: Erwies sich der erste Abschnitt über die physikalische Basis des Klimawandels noch als robust, lud der Rest, der von Auswirkungen und möglichen Gegenmaßnahmen handelt, zu Zweifeln an dessen Wissenschaftlichkeit ein. Während der erste Teil überwiegend auf unabhängig begutachteten Forschungsergebnissen fußt, verweisen die Teile zwei und drei häufig auf sogenannte Graue Literatur, also auf Berichte, die den üblichen Standards nicht genügen. Bert Bolin zweifelte an der Fähigkeit seines Ausschusses, entsprechende Ratschläge geben zu können: Die Interaktionen der menschlichen Gesellschaft seien »noch komplexer« als die natürliche Umwelt, das Wort »Vorhersage« irreführend und die Möglichkeiten der Klimaforschung »eher limitiert«, schrieb er 2007 in seiner Biografie. Das *Nature*-Editorial hatte geurteilt: »Der IPCC ist beides, eine quasi-richterliche Organisation und eine, die Regierungen wachrütteln soll.«

III.
Das wichtigste Thema der Welt

15. »Global Warming Has Begun«: Der Sündenfall

Wissenschaftler stehen vor dem Dilemma, für ihre Warnungen Aufmerksamkeit generieren und zugleich seriös bleiben zu müssen.

Um Politiker von der globalen Erwärmung zu überzeugen, wollten die Vertreter der Demokratischen Partei nichts dem Zufall überlassen. Ein Senator aus Colorado, Tim Wirth, bereitete das Manöver vor. Nachdem er sich dem Klimathema einige Jahre gewidmet hatte, erkannte er im Sommer 1988 seine Chance: Hitze und Dürre plagten die Vereinigten Staaten. Besonders betroffen waren die Hauptstadt Washington, D.C. und die dort ansässigen Politiker. Wirth erzählte von seinem Trick: Sein Team hatte beim Nationalen Wetterdienst den voraussichtlichen Höhepunkt der Hitzewelle erfragt und beabsichtigte genau in diese Zeit eine Rede des NASA-Klimaforschers James Hansen im Senat zu legen. Um den Eindruck zu verstärken, seien vor dem Auftritt die Fenster des sonst klimatisierten Raums geöffnet worden, in dem die Anhörung stattfinden sollte. Der Plan ging auf: Als Hansen am 23. Juni 1988 seine Rede hielt, herrschten in Washington, D.C. fast 40 Grad im Schatten. Die Klimaanlagen im Raum seien nicht gegen die Hitze angekommen, berichtete Wirth. Politiker und Journalisten im Raum schwitzten, litten unter dem Wetter. Dann begann Hansen seine Rede, die nur drei Minuten dauerte, aber die Welt verändern sollte. Die *New York Times* titelte am nächsten Tag: »Global Warming Has Begun«.

Hansen verkündete Dramatisches: Das Jahr 1988 sei das heißeste seit Beginn der Messungen. Wir sähen uns mit einer schnell voranschreitenden globalen Erwärmung konfrontiert, die noch mehr Extremwetter zur Folge haben werde. Daran seien »mit 99-prozentiger Sicherheit« Abgase des Menschen Schuld, die den natürlichen Treibhauseffekt verstärken. Hansen hatte bei seiner Präsentation ein bisschen gemogelt: Er präsentierte eine steigende Temperaturkurve, an deren Ende der extrem warme Jahresanfang 1988 herausragte – eine Schummelei: Denn das dramatische Ende der Linie bestand aus Monatswerten und nicht aus statistisch geglätteten Jahresdaten wie der Rest. Schwerer aber wog, dass Hansen sich mit seinen Ausführungen gegen den Stand der Forschung stellte; eine seither bewährte Strategie: Wissenschaftlich zweifelhafte Extremszenarien bringen Aufmerksamkeit. Hansen genügte seine improvisierte Temperaturkurve, um den Einfluss des Menschen zu behaupten.

Klimaforscher reagierten pikiert, fanden aber kaum Gehör: Unter dem Titel »Hansen gegen die Welt in Sachen Treibhaus-Gefahr« berichtete *Science* Anfang 1989 von einer Tagung, auf der Hansens Vortrag hart attackiert wurde. Das Vertrauen in seine Theorie liege bei nahe Null, zitierte das Blatt den renommierten Klimatologen Michael Schlesinger. Sein Kollege Tim Barnett wurde noch deutlicher: »Zu sagen, wir hätten das Treibhaus-Signal gesehen, ist lächerlich.« Er ahnte bereits, was sich später als korrekt erweisen sollte: Den Einfluss des Menschen in den Klimadaten zu entdecken sei »ein schwieriges Problem«. Auch der erste IPCC-Report, der zwei Jahre nach dem Senatsauftritt erschien, widersprach Hansen: »Die beobachtete Erwärmung ist von gleicher Größe wie natürliche Klimaschwankungen«, heißt es dort 1990 – für ein Menschensignal fehlten noch Beweise, und diese zu entdecken könne Jahrzehnte dauern. Die globale Temperatur war erst seit 1977 wieder gestiegen, nach Dekaden der Abkühlung. An die Öffentlichkeit zu gehen mit der alarmierenden Warnung vor einem menschengemachten Klimawandel »erschien uns ein bisschen voreilig«, sagte der Klimatologe William Ruddiman. Hansen geriet in eine Außenseiterrolle. Zwar stand er mit seiner Sorge vor einer menschengemachten Erwärmung nicht allein da – sein Kollege Wallace Broecker bekannte etwa zu dieser Zeit, dass er den Treibhauseffekt früher eher »für ein Cocktail-Party-Thema« gehalten habe, ihn mittlerweile jedoch als »eine Bedrohung für Menschen und Tiere« ansehe –, doch war Hansen weitergegangen, hatte vermeintliche Beweise präsentiert und damit das Misstrauen der anderen Forscher erweckt. Der Wissenschaftsstar sei auf Fachtagungen oft nur noch erschienen, um seinen Vortrag zu halten, und dann umgehend geflüchtet, ohne an den Debatten teilzunehmen, so erzählen es Zeitzeugen.

Für Hansen spricht, dass die seither gemessene Erwärmung einigermaßen mit seiner Prognose übereinstimmt; sein Freund Stephen Schneider sagte ihm eine »physikalische Intuition« nach. Zwar wusste er von der miesen Qualität seiner Klimamodelle und seiner Argumentation, aber er ahnte, dass die physikalische Treibhauswirkung des sich künstlich anreichernden Kohlendioxids gravierende Folgen haben wird. Gleichzeitig bedeutete seine Rede gewissermaßen einen Sündenfall. Hansen hatte mit Grafiken getrickst, um seine »Intuition« vermeintlich zu unterfüttern, und sich über den Stand der Forschung hinweggesetzt – eigentlich Tabus für einen seriösen Wissenschaftler. Zwar mag er aus Sorge vorgeprescht sein, doch war er auch getrieben von der Auseinandersetzung mit den Republikanern. Hansen hatte sich von der Demokratischen Partei einspannen lassen; er stieg zum Medienstar auf, eine Rolle, die er seither mit Engagement ausfüllt. Interessengruppen griffen seinen angeblichen Beweis für die menschengemachte globale Erwärmung auf und nutzten ihn in eigener Sache. Die seröse Klimaforschung hatte am 23. Juni 1988 die Deutungshoheit über ihre eigenen Daten verloren und war zum Spielball von Politikern und Lobbys geworden. »Wir müssen das Thema globale Erwärmung weitertreiben«, fasste Tim Wirth die Maxime der Demokratischen Partei in den USA zusammen: »Selbst wenn die Theorie falsch ist, tun wir das Richtige hinsichtlich der Wirtschafts- und Umweltpolitik.« Damit meinte er den Ausstieg aus fossiler Energie.

16. CO_2-Woodstock: Die NGO-Industrie entdeckt das Klima

Das politische Vakuum am Ende des Kalten Krieges öffnete Aufmerksamkeitsressourcen.

Kaum war die Tagung »Changing Atmosphere Conference« in Toronto Ende Juni 1988 beendet, reagierten die Kinostars. Das Ende des Kalten Krieges zeichnete sich ab, entsprechend war die Nachfrage nach Friedensapellen von Hollywood-Schauspielern zurückgegangen. Meryl Streep und Barbra Streisand meldeten sich dafür mit dringlichen Warnungen vor einer Klimakatastrophe. Robert Redford lud Aktivisten und Prominente unter dem Motto »Glasnost for Global Warming« auf seine Ranch. Politiker setzten einen drauf: Den Klimawandel zu ignorieren bezeichnete Al Gore, damals Senator des US-Bundesstaats Tennessee, als »Kristallnacht der Ökologie«. »Wissenschaftler mögen uneinig sein, aber wir können Mutter Erde weinen hören«, klagte die Kongressabgeordnete Claudine Schneider von den Republikanern.

Die Stimmung auf der Tagung in Toronto hatte die Fachwelt überrascht: Ein »CO_2-Woodstock« bestaunte Stephen Schneider, als er zusammen mit rund 300 anderen Wissenschaftlern und Entscheidungsträgern anreiste. NGO-Aktivisten hatten die Konferenz gekapert. Einige ihrer Vertreter fragten den Klimaforscher Michael Oppenheimer vom Environmental Defense Fund, wie sie Druck aufbauen könnten. »Bringt ein Ziel ins Spiel«, lautete seine Antwort. Die Aktivisten dachten sich eines aus: Um 20 Prozent sollen alle Staaten ihren Kohlendioxidausstoß bis 2005 reduzieren, um einer gefährlichen Erwärmung entgegenzusteuern. So lautete entsprechend die Forderung der Umweltverbände in Toronto. »Ich war beunruhigt, dass niemand wirklich durchgerechnet hatte, was die Reduzierung um 20 Prozent bedeutet«, monierte Stephen Schneider, obwohl eigentlich ein Freund eindringlicher Mahnungen vor

Klimaveränderungen. Er habe »die Radikalen auf der Konferenz mit seinen Zweifeln konfrontiert«, berichtete er: »Sie waren bestürzt.« Auch Bert Bolin fühlte, dass etwas schiefgelaufen war auf der Tagung: »Den CO_2-Ausstoß bis 2005 um 20 Prozent zu reduzieren, erschien mir als unrealistische Ad-hoc-Forderung«, kritisierte er. In seiner Biografie aus dem Jahr 2007 verweist er auf den Sachstand der Forschung 1988: »Dass die Luft sich wirklich um 0,2 bis 0,5 Grad pro Jahrzehnt erwärmen würde, war von der Wissenschaft nicht akzeptiert.«

Vergeblich versuchten die Präsidenten der britischen und der australischen Meteorologiebehörden, den rund 6 000 Wörter langen, alarmistischen Entwurf einer Abschlusserklärung zu verhindern, den der kanadische UN-Botschafter vorgeschlagen hatte. Die Meteorologen John Zillman and John Houghton warfen Kanada vor, das Klimathema für Machtpolitik missbrauchen zu wollen: Nicht mehr wissenschaftliche Beweise und Argumente würden die Teilnehmer leiten, vielmehr habe sie »die politische Agenda der Kanadier erfasst wie eine Flut, geboren in der nordamerikanischen Dürre«. Damit meinten sie das ungewöhnliche Sommerwetter, welches auch James Hansens Rede vor dem Senat begleitet hatte. Und so warnte das Abschlussdokument von Toronto 1988: »Die Menschheit führt ein unbeabsichtigtes, unkontrollierbares globales Experiment durch, dessen Konsequenzen nur von einem nuklearen Weltkrieg übertroffen werden könnten.«

NGOs änderten ihr Geschäftsfeld. Der Kalte Krieg ging zu Ende, sodass die Union of Concerned Scientists (»Vereinigung besorgter Wissenschaftler«), die bislang für militärische Abrüstung gekämpft hatte, 1989 im Klimawandel ihr neues Steckenpferd entdeckte. Die globale Erwärmung stelle eine noch größere Gefahr dar als ein Atomkrieg, hieß es aus den Reihen der Organisation. Bei Greenpeace und Friends of the Earth, die sich bislang vor allem gegen Kernkraft eingesetzt hatten, beschwor der Kampf für klimafreundliche »Öko-Energien« ein neues Gut-Böse-Schema herauf. 1990 erschien bei Oxford University Press das 576 Seiten dicke Buch *Global Warming: The Greenpeace Report*. Die NGO hatte etliche Wissenschaftler für Beiträge gewinnen können, darunter auch Stephen Schneider.

Nach der Veröffentlichung suchte der IPCC-Vorsitzende, Bert Bolin, das Gespräch mit den Herausgebern, um auf wissenschaftliche Unstimmigkeiten in dem Bericht aufmerksam zu machen – »ohne zufriedenstellendes Ergebnis«, wie er klagte. Greenpeace hatte mehr Einfluss auf manche Delegierte im Klimarat als die Wissenschaft, schreibt Bolin in seiner Biografie – er staunte: »Tatsächlich wurden Äußerungen von Umweltverbänden im Plenum des Klimarats häufiger zitiert als dessen eigener Report.«

Klimakonferenzen gewannen an Popularität. Anfang 1989 warnte der Abschlussbericht einer Tagung in Neu-Delhi: »Die globale Erwärmung ist die größte Krise, mit der die Menschheit je konfrontiert war«. Kurz darauf unterzeichneten 24 Regierungen, darunter die Bundesrepublik Deutschland, eine Erklärung auf einer Konferenz in Den Haag, zu der die Ministerpräsidenten Frankreichs, der Niederlande und Norwegens geladen hatten: Menschliches Leben sei wegen des Klimawandels unmittelbar bedroht. Am Commonwealth-Tag 1989 sprach die britische Königin: »Wir hören zum Beispiel von der Möglichkeit radikaler Klimaveränderungen, die unter anderem zu einem Anstieg des Meeresspiegels führen, mit allem, was das für kleine Inseln und tief liegende Regionen bedeuten würde.« Die maltesische Regierung brachte eine Resolution in die Generalversammlung der Vereinten Nationen ein zur Erhaltung des Klimas als gemeinsames Erbe der Menschheit. Anfang 1990 einigten sich die Umweltminister der Europäischen Gemeinschaft (EG) auf das Ziel, den CO_2-Ausstoß bis zum Jahr 2000 zu stabilisieren, was erreicht werden konnte, weil die deutschen Emissionen wegen des Abbaus der DDR-Industrie erheblich sanken. Die EG forderte den IPCC auf, seinen Sachstandsbericht »so bald wie möglich« vorzulegen.

Der skeptische Klimaforscher Richard Lindzen vom Massachusetts Institute of Technology, ein führender Vertreter seines Fachs, misstraute den Plänen – er witterte finanzielle Interessen: »Die Möglichkeit, Billionen von Dollar für die Neuausrichtung unseres Energiesektors zu vergeben, bedeutet, dass es Empfänger dieser Billionen von Dollar gibt«, sagte Lindzen – und fügte hinzu: »Und diese Empfänger müssen nur ein paar Prozent dieser Billionen von Dollar teilen, um die Kampagnen dieser Politiker über viele Wahlzyklen hinweg zu unterstützen.«

17. Eklat an der Ostsee: Ringen um Deutungshoheit

Das entscheidende Dokument des UN-Klimarats IPCC liegt in der Hand von Politikern.

Kinderchöre zelebrierten die Verabschiedung des historischen Dokuments, die kurz bevorzustehen schien. Stolz präsentierte Bert Bolin im August 1990 im nordschwedischen Sundsvall an der Ostsee seinen Leitautoren den ersten UN-Klimareport. Doch Stunden, nachdem die feierlichen Gesänge verstummt waren, kam es zum Eklat. Um 5 Uhr morgens ballten sich Delegierte am Podium und redeten aufeinander ein. Die Teilnehmer Brasiliens und Mexikos verweigerten der »Zusammenfassung für Entscheidungsträger« des IPCC-Reports die Zustimmung – dem Teil des Dokuments, an dem Politiker aktiv mitarbeiten und der die größte öffentliche Resonanz erfährt. Diese muss stets einstimmig verabschiedet werden. Brasilien und Mexiko forderten die Festschreibung größeren Einflusses für Entwicklungsländer beim IPCC. Ihr Vorstoß ließ den Delegierten in Sundsvall keine Wahl: In den frühen Morgenstunden ergänzten sie das Vorwort des Reports um einen Hinweis: Die ökonomische Lücke zwischen Industrie- und Entwicklungsländern solle durch Hilfestellungen »bei Klimathemen« verkleinert werden. Die Vereinten Nationen konnten den Bericht nach dem Protest dennoch nicht im Namen aller Staaten verabschieden, sondern mussten ein Dementi hinzufügen: Der Bericht reflektiere nicht die Haltungen sämtlicher Regierungen, hieß es im Vorwort. »Politisch inspiriert« sei die Formulierung gewesen, klagte Bert Bolin.

Der erste IPCC-Bericht blieb hinter der Alarmrhetorik der vorangegangen Klimatagungen zurück. Er sagte eine fortschreitende Erwärmung voraus, ausgelöst durch die andauernde Emission menschengemachter Treibhausgase. Der globale Temperaturanstieg wurde dabei leicht überschätzt, wie sich im Nachhinein feststellen lässt. Auch die Szenarien zum Meeresspiegel bis 2100 lagen etwas höher als aktuelle Berechnungen. Mit Ausnahme intensiverer Schauer bekundete der erste Report Unklarheit darüber, ob sich die Wettervariabilität in Zukunft ändern werde, gleichwohl diskutierte er Großrisiken wie das Abschmelzen des westantarktischen Eises. Noch aber fehle ein klarer Nachweis des menschlichen Einflusses: »Die beobachtete Erwärmung ist von gleicher Größe wie natürliche Klimaschwankungen.« Der endgültige Beweis sei womöglich erst Mitte des 21. Jahrhunderts möglich, vor dem Jahr 2000 sei dieser »unwahrscheinlich«. Bei der Entdeckung des Menschensignals handle es sich aber nur um eine Frage des »Wann« und nicht des »Ob«, erläuterte IPCC-Leitautor John Houghton. Ein besseres Verständnis der vergangenen Schwankungen sei »unerlässlich, um zuverlässig abschätzen zu können, in welchem Ausmaß die Erwärmung im letzten Jahrhundert und die zukünftige Erwärmung auf Treibhausgase zurückzuführen sind«.

»Die meisten Wissenschaftler sind noch lange nicht bereit zu verkünden, dass die Treibhauserwärmung angekommen ist, da die im letzten Jahrzehnt beobachtete Erwärmung auch Teil einer natürlichen Klimaveränderung sein könnte«, resümierte die *New York Times*. Die Gelehrten grübelten über die entscheidende Frage: Wie lässt sich eine von Treibhausgasen verursachte Erwärmung des Klimas erkennen und von einer natürlichen unterscheiden? Die Zeitung erläuterte Versuche, einen »Fingerabdruck« des Menschen im Klimasystem zu finden. »Aber das Treibhaus-Signal, falls es tatsächlich vorhanden ist, wirkt sich im globalen Maßstab immer noch so gering aus, dass es durch das Rauschen der vielen anderen Faktoren, die das Klima beeinflussen, verdeckt wird«, hieß es in dem Artikel. »Diese anderen Faktoren, sagen die Klimatologen, könnten durchaus die Ursache für die allgemeine globale Erwärmung sein, die im letzten Jahrzehnt beobachtet wurde.«

Bert Bolin sah kein Problem in den Meinungsverschiedenheiten, denn er hielt die IPCC-Berichte im Gegensatz zu den Politikern nicht für Konsensdokumente: »Ich hatte die Arbeitsgruppen immer wieder darauf hingewiesen, dass es nicht unbedingt darum geht, eine Einigung zu erzielen, sondern bei Bedarf unterschiedliche Ansichten aufzuzeigen«, erinnert er sich. Seine differenzierte Stimme drang kaum durch. Der britische Geograph Martin Parry, später Hauptautor des Reports, behauptete 1990, dass 2030 gravierende Hungersnöte drohen würden, obwohl sich das anhand der Physik nicht belegen ließ. Eine globale Erwärmung um 5 Grad Celsius bis Mitte des 21. Jahrhunderts erwartete dagegen Stephen Schneider laut der Nachrichtenagentur AP – und überschätzte das Tempo des Temperaturanstiegs damit um das Fünffache.

Als wichtigstes Element hatten die IPCC-Forscher die Wolken erkannt. Ihre Wirkung auf das Klima hängt von ihrer Höhe, Größe, Dichte, Zusammensetzung und der Größe ihrer Tröpfchen ab. Sollten sich im Zuge der Erwärmung vermehrt Schönwetterwolken bilden, würden diese wie Sonnenschirme Schatten spenden und die Erde abkühlen. Eine Zunahme der niedrigen Bewölkung um vier Prozent könne einen Temperaturanstieg von zwei bis drei Grad ausgleichen, zeigte 1984 eine viel zitierte Studie im *Bulletin of the American Meteorological Society*; eine Vermehrung von Wolken in großer Höhe hingegen würde wie ein Deckel für Strahlung die Erwärmung noch verstärken. Klimamodelle lieferten vollkommen unterschiedliche Ergebnisse, je nachdem wie sie die Entwicklung der Bewölkung simulierten. 1989 hatten Wissenschaftler in *Science* geschrieben, der Kühleffekt der Wolken überwiege. Ein Jahr später berichteten Forscher derselben Gruppe in *Physics Today*, dass sie eigentlich nicht verstünden, warum der Kühleffekt dominieren sollte. Die Wissenschaftler versteckten ihr Unwissen nicht; der erste Klimareport war ein Dokument der Ratlosigkeit: Wolken könnten »ein positives oder negatives Feedback haben, je nach Klimamodell«, schrieben sie – und räumten ausdrücklich ein: Die zugrunde liegende Physik sei kaum verstanden. In den 2020er-Jahren kam der IPCC zu einem ähnlichen Urteil.

Maurice Strong, Leiter der UN-Umweltkonferenz 1972 und später Generalsekretär des Erdgipfels 1992 in Rio, bezeichnete nach der Veröffentlichung des ersten UN-Klimaberichts die globale Erwärmung als »größte Bedrohung aller Zeiten für die Sicherheit auf der Welt«. Man müsse Maßnahmen ergreifen, bevor die wissenschaftlichen Beweise endgültig vorliegen: »Es ist nicht möglich, auf die

Obduktion des Planeten Erde zu warten, um unsere Diagnose zu bestätigen.« Der französische Premierminister Michel Rocard erklärte, »das Überleben unseres Planeten steht auf dem Spiel«. Und die britische Premierministerin Margret Thatcher mahnte: »Wir dürfen keine Zeit und Energie damit verschwenden, den IPCC-Bericht anzufechten.«

18. Erdgipfel ’92: Die neue Weltordnung

Klimakonferenzen verleiten zu moralisch aufgeladenem Konformismus, der eilfertige Versprechen gebiert.

Die zwölfjährige Severn Cullis-Suzuki war mehr als 8 000 Kilometer aus ihrem Heimatort in Kanada angereist, um im Juni 1992 am »Erdgipfel« in Rio de Janeiro als Vertreterin der Environmental Children’s Organization eine Rede zu halten, die sie als »Mädchen, das die Welt zum Schweigen brachte« berühmt machen sollte. »Ich kämpfe für meine Zukunft, ich spreche hier für die folgenden Generationen«, rief die Tochter des Biologieprofessors, Showmasters und Aktivisten David Suzuki den Delegierten zu. Sie gab vor, im Namen der Umwelt zu sprechen: »Wenn Ihr nicht wisst, wie man sie repariert, bitte hört auf, sie kaputt zu machen!« 27 Jahre später nutzte die schwedische Schülerin Greta Thunberg ebenfalls die Bühne der Vereinten Nationen: »Ihr habt meine Träume und Kindheit gestohlen mit euren leeren Worten«, schrie die 16-Jährige die UN-Delegierten an. »Wie könnt ihr es wagen?« Als »Pedophrasty« bezeichnet der Wissenschaftsautor Nassim Taleb die Strategie, Kinder Argumente vortragen zu lassen, um seine Gegner »wie Arschlöcher aussehen zu lassen«. Gegenüber ihnen sei man schließlich wehrlos, und kindliches Leid hebe jede Skepsis auf: »Niemand bringt es übers Herz, ihre Authentizität oder sie selbst als Quelle der Berichterstattung in Frage zu stellen.«

Die beiden Kinder ließen den mächtigsten Menschen der Welt aussehen wie einen rücksichtlosen Haudrauf. »Über den American Way of Life wird nicht verhandelt«, entgegnete US-Präsident George Bush Senior 1992 den Forderungen Suzukis auf dem »Erdgipfel« von Rio; »Ich kämpfe für amerikanische Jobs«, erwiderte später Donald Trump auf die Äußerungen Thunbergs; die Pläne der Umweltschützer gefährdeten »Millionen Arbeitsplätze«. Der Unterschied:

Trump kündigte unmittelbar nach seiner Wahl zum Präsidenten den Austritt der Vereinigten Staaten aus dem Pariser Abkommen an, dessen Verhandlungen George Bush Senior 1992 mit inszeniert hatte. »Jene, die glauben, wir seien machtlos, etwas gegen den Treibhauseffekt zu tun, vergessen den Weißes-Haus-Effekt«, hatte er während seiner Kandidatur im Herbst 1988 erklärt. »Als Präsident werde ich mich der Sache annehmen.« Bush Senior erklärte sich zum »Umwelt-Kandidaten«. Im Amt verschärfte er das Umweltgesetz, den »Clean Air Act«, und stockte die Mittel für die Klimaforschung auf.

Bush Senior stand unter Druck. Die UN hatten einen Ausschuss beauftragt, Wege zu beschreiben, wie die Welt »nachhaltiger« und »gerechter« werden könnte: Die Brundtland-Kommission, benannt nach ihrer Vorsitzenden, der norwegischen Ministerpräsidentin Gro Harlem Brundtland, kritisierte das westliche Wirtschaftsmodell. Ihre Mitglieder aus Entwicklungsländern und der politischen Linken des Westens empfahlen den Vereinten Nationen eine Neuauflage der Stockholmer Umweltkonferenz zu ihrem 20. Jubiläum. Nachdem Brasilien Interesse angemeldet hatte, zog der »Erdgipfel« im Juni 1992 nach Rio – und geriet zum Showdown der neuen Weltordnung: Süd gegen Nord.

In Rio beschwerten sich die Müllsammler. Die Teilnehmer ignorierten die Recycling-Schilder an den 160 Behältern, die im Konferenzzentrum aufgestellt worden waren: »Ich würde ihm nicht zutrauen, den Planeten zu retten«, murrte ein Gebäudewart, als ein australischer Ökologe ein großes Stück Pizza in einen Mülleimer für wiederverwertbares Material warf, berichtete die *Financial Times*. Dass es auf der Konferenz eher um ökonomische Interessen ging, verriet ein Vorstoß der Entwicklungsländer: Anstatt wie vorgesehen »Umwelt und Entwicklung« zur Maxime des »Erdgipfels« zu erklären, setzten sie »Entwicklung und Umwelt« durch.

Linke Politiker zeigten sich begeistert: »Der Kalte Krieg stoppte diesseits von Rio, und etwas Neues, Anderes, sehr Spannendes und sicherlich enorm Herausforderndes passierte jenseits«, jubelte der US-Politiker Tim Wirth von der Demokratischen Partei, der die globale Erwärmung vier Jahre zuvor mit der Anhörung von James Hansen auf die Agenda getrickst hatte. Al Gore ergänzte: »Die Aufgabe, die Umwelt der Erde zu retten, wird zum zentralen Organisationsprinzip in der Welt nach dem Kalten Krieg.« Der Ost-West-Konflikt war zu Ende, der Nord-Süd-Konflikt brach sich bahn: »Es geht darum, die Macht zu teilen«, sagte Rizali Ismail, Malaysias UN-Botschafter anlässlich der Rio-Konferenz. »Als es Ost gegen West war, wurden unsere Entwicklungsbedürfnisse ignoriert, es sei denn, man war eine Marionette der Sowjetunion oder der USA.« Die Verhältnisse sollten sich ändern: »Jetzt, wo die Umwelt viele Menschen in komfortablen Paradiesgegenden ernsthaft verängstigt, nimmt man uns zum ersten Mal ernst«, erklärte Ismail. Fidel Castro, der Präsident Kubas, gab in seiner Rede auf dem »Erdgipfel« die Richtung vor: »Es muss gesagt werden, dass die Konsumgesellschaften die Hauptverantwortlichen sind für die Umweltzerstörung.« Ob »aus dem Kalten Krieg ein ökologischer Krieg wird?«, fragte die Tagesschau Anfang Juni 1992 in einem Bericht zur Rio-Konferenz.

Der pakistanische Ökonom Mahbubul Haq schlug vor, dass die Industrieländer in den nächsten zehn Jahren eine »Friedensdividende« von geschätzt 1200 Milliarden US-Dollar ausschütten sollen. Sie hätten »die Atmosphäre mit Gasen gesättigt, das Klima verändert mit katastrophalen Folgen, unter denen wir bereits zu leiden beginnen«. Die »Agenda 21«, das Resümee von Rio, mahnt schon in der Präambel: »Die Menschheit steht an einem entscheidenden Moment der Geschichte.« Unser aller Überleben stehe auf dem Spiel, verkündete auch UN-Generalsekretär Boutros Boutros-Ghali.

In Wirklichkeit hatte das vom Westen getriebene Wirtschaftswachstum samt dem damit einhergehenden technologischen Fortschritt mehr Menschen als je zuvor aus der Armut befreit – Tendenz rasant steigend. In dieser neuen Ära des Wohlstands waren Hungersnöte bald nur noch politisch verursacht anstatt Ausdruck von tatsächlicher Knappheit, die Ernten eilten von Rekord zu Rekord, die Lebenserwartung weltweit verdoppelte sich, auch medizinische Versorgung, Bildung und Wasserzugänge erreichten selbst in armen Ländern nie vorher dagewesene Niveaus – trotz wachsender Weltbevölkerung. Doch »den Staaten des Südens fällt es schwer, ihr Misstrauen gegenüber dem Norden zu überwinden«, befand der tschechoslowakische Präsident Vaclav Havel.

Die Europäer hatten sich für Rio in eine gute Verhandlungsposition gebracht: Der US-Delegierte Clayton Yeutter berichtete von einem Gespräch mit einem hochrangigen europäischen Diplomaten vor der Konferenz. Er fragte ihn, ob seine Regierung bereit sei, die Verpflichtungen zu akzeptieren, welche die Entwicklungsländer forderten. »Selbstverständlich«, habe der Europäer geantwortet. »Aber ist sie auch in der Lage, diese Versprechen zu erfüllen?«, hakte Yeutter nach. »Natürlich nicht«, gab der europäische Kollege zurück. Die Entwicklungsländer forderten Schadensersatz für »vergangene und künftige Schäden des Klimawandels« – ein strittiges Vorhaben: »Der IPCC war nicht in der Lage festzustellen, welche Länder stärker bedroht sind vom Klimawandel«, erklärte dessen Vorsitzender, Bert Bolin. Der Druck auf die Wissenschaftler nahm zu: »Hitzige Debatten« habe man sich um Verteilungsgerechtigkeit geliefert. NGOs sprangen den armen Staaten zu Hilfe. Die Tagesschau meldete aus Rio: Greenpeace habe »Aufklärungsarbeit geleistet«. Bolin indes klagte, bei den Beratungen sei »nicht immer klar gewesen«, ob es sich um Delegierte oder Aktivisten gehandelt habe. »Eine Polarisierung der Sichtweisen zum Klimathema war eindeutig auf dem Weg«, sagte der Klimaforscher.

Bundeskanzler Helmut Kohl versprach zur Rio-Konferenz eine Aufstockung der deutschen Entwicklungshilfe um fast das Doppelte. »In den kommenden Jahren müssen weitere Schritte zur Reduzierung der Treibhausgase folgen«, mahnte er.

Eine folgenreiche Unterschrift leistete Bush Senior in Rio: Er billigte die Klimarahmenkonvention der UN und damit den Plan, eine gefährliche menschengemachte Erwärmung abzuwenden. »Das war kein Marshallplan für Entwicklungsländer«, beeilte sich der Verhandlungsleiter der Vereinigten Staaten, William Reilly, mitzuteilen. Die Tagesschau am 11. Juni 1992 kommentierte: »Zu den großen Enttäuschungen von Rio gehört ohne Zweifel die schwache Klimakonvention.« Das Gegenteil traf zu: Die United Nations Frameworks Convention on Climate Change (UNFCCC), unterzeichnet von 193 Ländern, war der eigentliche Durchbruch bei der Konferenz – mit gravierenden Folgen bis heute.

19. Frankenstein-Syndrom: Wissenschaft, zum Liefern verdammt

Die UN-Klimarahmenkonvention zwängt die Klimaforschung in ein Vorgaben-Korsett.

Klimaforscher spürten den Druck – die Vereinten Nationen wollten Ergebnisse sehen. In Artikel 2 ihrer Klimarahmenkonvention hatten die UN ihr endgültiges Ziel als »Stabilisierung der Treibhausgaskonzentrationen in der Atmosphäre auf einem Niveau, das die gefährliche anthropogene Störung des Klimasystems verhindern kann« verankert. Der IPCC war der UNFCCC unterstellt. Ihm oblag nun der Nachweis, dass der Klimawandel menschengemacht und gefährlich ist. Doch Bert Bolin stemmte sich gegen politische Vereinnahmung. Der Beleg für das Menschensignal im Klimageschehen stehe aus, hatte der IPCC mitgeteilt und versucht, sich von seiner Mutterorganisation abzusetzen. Der Vorsitzende der UNFCCC aber, Raúll Estrada-Oyuela, drängte auf ein Treffen. Im November 1993 setzte er sich mit Bolin in New York zusammen. »Estrada-Oyuela war natürlich ungeduldig wegen der späten Fertigstellung des zweiten Klimareports, er hat sich eine präzisere Interpretation von Artikel 2 der Rahmenkonvention erwartet auf der Basis der Ergebnisse des Klimareports«, schreibt Bolin in seiner Biografie.

»Interessanterweise geht es im politischen Diskurs zu keinem Zeitpunkt um die Möglichkeit, dass anthropogener Klimawandel zumindest regional auch positive Auswirkungen haben könnte«, kommentierte der Soziologe Peter Weingart Ende der 1990er-Jahre. In Deutschland sei der Diskurs besonders einseitig verlaufen: »Die politische Option, das Risiko des Klimawandels einzugehen, um dann die möglichen negativen Folgen abzufedern oder mit Kompensationszahlungen darauf zu reagieren, wurde diskursiv ausgeschlossen«, fügte er hinzu. Die Wissenschaft sah sich übergangen. Klaus Hasselmann, damals Direktor des Max-Planck-Instituts für Meteorologie in Hamburg, stellte 1992 in einem Interview fest: »Kein Mensch weiß im Augenblick, was drei Grad Klimaänderung tatsächlich bedeuten. Der eine sagt: eine riesige Katastrophe. Der andere sagt: Ist doch gar nicht so schlimm, dann können wir ein bisschen öfter baden gehen.«

Estrada-Oyuela erhöhte den Druck auf seinen Klimarat. In einer Rede vor der Royal Geographical Society im Frühjahr 1994 sagte er: »Als ich dem IPCC-Büro vor einem Jahr den Sinn der Klimarahmenkonvention erklärte, hatte ich das Gefühl, der IPCC litt an einer Art Frankenstein-Syndrom« – als lehnte er sich gegen seinen Schöpfer auf. »Der IPCC«, klagte der UN-Gesandte, »hat sein eigenes Arbeitsprogramm, er kann Produkte nicht liefern wie vom Kunden bestellt«. Der Leiter des zweiten Klimareports, John Houghton, erwiderte die Kritik im *New Scientist*: Sorgfalt brauche Zeit, schrieb er. »Die vergangenen vier Jahre Arbeit haben unterstrichen und bestätigt, was wir 1990 meinten«, erklärte Houghton. In Briefen mit Estrada-Oyuela stritt Bolin darüber, »ob die Geschwindigkeit der internationalen Klimaverhandlungen bestimmt wurde von der strikten Prozedur des IPCC oder von politischen Faktoren«. Er staunte über die »Transformation des Klimathemas zu einem UN-Thema«, und fragte sich: »Wie also sollte mit Artikel 2 der Klimarahmenkonvention verfahren werden?« Bolin bremste die Erwartungen: »Wenig Neues« werde der zweite IPCC-Bericht enthalten, schwante dem Vorsitzenden – für Konventionschef Estrada-Oyuela klangen seine Worte wie eine Drohung.

Die UN-Klimarahmenkonvention schwächte den Westen, indem sie die Vereinten Nationen in zwei Gruppen teilte: Die alten Industrienationen zeichneten als Gruppe der »Annex 2« für die globale Erwärmung verantwortlich und verpflichteten sich zu unbestimmten Klimaschutzmaßnahmen. Dazu gehörten auch die ehemals kommunistischen Staaten des Ostens. Den Ländern der zweiten Gruppe »Annex 1«, von denen es fast fünfmal mehr gab, wurde zugestanden, industrielle Entwicklung aufzuholen, mehr Energie verbrauchen und Kohlendioxid erzeugen zu dürfen. Dabei fanden sich schon in den 1990er-Jahren zahlreiche Annex-1-Länder unter den Spitzenreitern der CO_2-Emissionen pro Einwohner. Die Zweiteilung der Welt wurde in der Konvention festgeschrieben. Das Übereinkommen sah keinen Mechanismus vor, der Staaten ab einem gewissen Punkt dazu zwingen würde, die Gruppe zu wechseln. Nur Malta musste dies 2004 tun – es war der Europäischen Union beigetreten.

Der Klimapolitik-Experte Roger Pielke Junior zog eine kritische Bilanz und bezeichnete das UNFCCC als »neokoloniales Relikt«. Das UN-Klimasekretariat verewige und fördere eine Spaltung zwischen den reichen Nationen und dem Rest. »Dieser Ansatz wird niemals funktionieren, schon gar nicht, wenn man versucht, einen globalen Konsens über den sofortigen Ausstieg aus fossilen Brennstoffen zu erreichen.«

20. Bedrohte Geschäftsmodelle: Angriff der Skeptiker

Industrielobbys versuchen den Klimadiskurs zu ihren Gunsten zu wenden.

Seine Berater drückten dem neuen US-Präsidenten George Bush Senior in seinem ersten Regierungsjahr 1989 einen Bericht in die Hand. Die Sonne sei es, die das Klima ändere, und nicht die Treibhausgase, hieß es in der Studie. Sie stammte vom George C. Marshall Institute (GMI), das Spitzenforscher aufbieten konnte, die dem neuen Klima-Alarm misstrauten. Industrieverbände finanzierten das GMI mit Hunderttausenden US-Dollar pro Jahr. Die Vorhersagen eines gefährlichen Klimawandels verstanden sie als Alarmsignal – allerdings für ihr Geschäftsmodell. Sie wollten verhindern, dass Erdöl, Kohle und Gas in Verruf geraten. Die Bush-Regierung vertraute auf GMI-Direktor William Nierenberg und machte ihn zum Berater des Präsidenten. Der Physiker gehörte zur älteren Klimaforscher-Generation, die seit den 1960er-Jahren mit dem konservativen Verteidigungsministerium verbunden war, nicht wie die jüngere, die der linken Umweltschutzbewegung nahestand. Dem GMI lagen keine robusten Belege für seine Sonnentheorie vor, die man dem Präsidenten angedient hatte. Am Anfang von Nachforschungen habe stets das gewünschte Ergebnis gestanden, die Argumente seien nachträglich angepasst worden, schrieb der ehemalige Direktor des Instituts, Matthew Crawford, 2009 in der *New York Times*. Acht Jahre zuvor war er dort kurzzeitig beschäftigt gewesen, bevor er rasch wieder zurücktrat.

Bush Senior hatte die Industrievertreter aufgeschreckt. »Die USA fühlen sich dem IPCC stark verpflichtet«, sagte der Präsident im Februar 1990 in seiner Eröffnungsrede in einer Sitzung des UN-Klimarats. »Eine starke Wirtschaft erlaubt die Verpflichtung zum Umweltschutz«, erklärte er den Anwesenden. Zusammen mit dem Chef der zuständigen Behörde, William Reilly, deutete Bush progressive Klimapolitik an. »Ein Problem ist, dass wir einen Umweltschützer haben, der die EPA leitet«, soll der republikanische Haushaltsdirektor Richard Darman Ende der 1980er-Jahre gesagt haben. »Das größere Problem aber ist, dass wir einen Umweltschützer da drin haben« – er zeigte auf das Weiße Haus. Bushs Außenminister James Baker hatte angekündigt, den Klimawandel auf G7-Konferenzen besprechen zu wollen. Industriemanager waren alarmiert.

Im Jahr 1989 gründeten Mineralölkonzerne und Autohersteller die Global Climate Coalition (GCC) unter dem Slogan: »Gute Wissenschaft muss Grundlage der Politik sein.« Die GCC setzte allein von 1994 bis 1996 mehr als zwei Millionen US-Dollar für ihre Kampagnen ein, vergleichbare Organisationen brachten ähnliche Summen auf – die Lobbyisten wussten um ihre Verwundbarkeit. Der Journalist Andrew Revkin enthüllte Dokumente der GCC aus dem Jahr 1995, die bestätigten, dass die Sonnentheorie und andere klimaskeptische Hypothesen von der GCC selbst als wenig glaubwürdig eingeschätzt wurden. In Übereinstimmung mit dem UN-Klimarat schrieb die Lobbyorganisation in internen Dossiers: Jene Theorien »bieten keine überzeugenden Argumente dafür, warum die Temperaturen zu steigen scheinen«, dagegen sei der Klimawandel eine »potenzielle Gefahr«. Dennoch blieben GCC, GMI und andere Industrielobbyisten bei ihrer Methode, durch Betonung etwaiger Unklarheiten in Klimastudien Zweifel an den Erkenntnissen der Wissenschaft zu säen, in der Hoffnung, dadurch politische Maßnahmen gegen den Ausstoß von Treibhausgasen verhindern zu können.

Ein öffentlich gewordener Brief aus dem Vorstand eines amerikanischen Betreibers von Kohlekraftwerken fasst die Strategie der Skeptiker-Lobby in klare Worte: »Wir glauben, dass es nötig ist, Wissenschaftler zu unterstützen, die aufstehen wollen gegen die Alarmisten«, schrieb Stanley Lewandowski von der Intermountain Rural Electric Association, die hohe Geldbeträge an skeptische Organisationen überwies. Der Journalist Fred Pearce enthüllte 1998 den Plan des American Petroleum Institute, ein Team »unabhängiger Wissenschaftler« zu rekrutieren, um die globale Erwärmung als zweifelhafte Angelegenheit darzustellen und dadurch zu verhindern, dass die USA 1997 das Kyoto-Protokoll unterzeichnen – womit sie auch Erfolg hatten. »Als die Klimadebatte im Sommer 1988 in Gang kam, hatten wir das Gefühl, Stellung beziehen zu müssen«, vermerkt das Kohleunternehmen Western Fuels in seinem Jahresbericht 1994. »Es wurden Klimaforscher angesprochen, die der anscheinend allgemein anerkannten Möglichkeit einer Klimaveränderung weitgehend kritisch gegenüberstehen«. So gewann man den skeptischen Meteorologen Pat Michaels als Autor für das von Western Fuels finanzierte Magazin *World Climate Review*. Die Lobbyarbeit zeigte Wirkung: 1994 schloss die US-Regierung unter Bush Senior das traditionsreiche Amt für Technologie-Folgenabschätzung (OTA), um den Einfluss der als zunehmend aufdringlich empfundenen Wissenschaftler zurückzudrängen.

Vor allem Journalisten konservativer Medien in den USA sahen sich verpflichtet, skeptische Stimmen im Sinne einer ausgewogenen Berichterstattung zu publizieren. Manche tappten in die »False-Balance«-Falle trügerischer Ausgewogenheit: Zeitungsaufmacher, Bücher und Filme mit Außenseiter-Theorien fanden ihr Publikum, das entweder nicht an den menschengemachten Klimawandel glauben wollte oder einfach neugierig war auf die vermeintliche Entlarvung der breiten Lehrmeinung. »Die Presse bemüht sich zu Recht, wissenschaftliche Auseinandersetzungen aufzugreifen«, erkannte Bolin. Aber die »zunehmende Polarisierung« spiegle nicht die Debatten der Wissenschaftler wider. Stephen Schneider schimpfte Ende Mai 1992 im *Boston Globe*: »Es ist journalistisch unverantwortlich, beide Seiten darzustellen, als ob es hier um Ausgewogenheit ginge.« Die Beweislage zur globalen Erwärmung sei so klar, »dass man anfängt, ärgerlich zu werden über jene, die die Unsicherheiten übertreiben.« Immer häufiger konfrontierten Journalisten und Politiker Bolin mit den Aufsätzen der Skeptikerverbände, so auch bei UN-Klimaverhandlungen 1996 in Genf. Geduldig wiederholte der Forscher seine Kritik: Die Einschätzungen der Gegenseite seien »nicht derselben sorgfältigen Überprüfung unterzogen worden wie wissenschaftliche Studien«.

Anfang der 1990er-Jahre hätte man allerdings auch viele Klimaforscher als Skeptiker bezeichnen können, wenngleich ohne ideologische Absicht. Eine Befragung des Marktforschungsinstituts Gallup von 400 Experten ergab 1991, dass die Mehrheit eine Erwärmung von mehr als zwei Grad in den folgenden 50 bis 100 Jahren für wenig wahrscheinlich hielt; lediglich 22 Prozent der Befragten schrieben dem Szenario eine Chance von mehr als 70 Prozent zu. 66 Prozent glaubten, menschengemachter Klimawandel sei dabei, sich zu entfalten, aber nur 41 Prozent sagten, es gebe ausreichend wissenschaftliche Belege für die These. Eine schweigende Mehrheit befremdete die Diskussion um ihr Fachgebiet. Damals war »auf den unteren Ebenen des Wissenschaftsbetriebs der Großteil der Klimaforschung völlig unbeeindruckt vom öffentlichen Lärm über die drohende Klimakatastrophe«, dokumentieren der Ethnologe Werner Krauß und der Klimaforscher Hans von Storch in ihrem Buch *Die Klimafalle.* Die Experten sollen abgewunken haben, »bei den neuesten Statements der Institutsleiter oder anderer prominenter Forscher« angesichts der »Eitelkeiten einiger weniger«.

Mit fortschreitendem Wissen über den Klimawandel passten die Skeptiker ihre Argumente an; nicht zu haltende Positionen ließen sie hinter sich und bauten die Barrikaden etwas abseits der Front. Erst lautete ihre Maxime: »Das Klima ändert sich nicht«, dann: »Das Klima ändert sich, aber der Mensch ist nicht schuld«, und schließlich: »Der Mensch ändert das Klima, aber es macht nichts.« Reinhard Böhm, ein Vater der Klimaforschung in Österreich, traf auf einer Konferenz 2005 in Utrecht den bekannten Skeptiker Fred Singer. Beide freuten sich, jeweils mit einem gebürtigen Wiener ins Gespräch zu kommen. Singer zeigte Böhm das Buch, das er gerade im Antiquariat erworben hatte: *Sprechen Sie Wienerisch – von Adaxl bis Zwutschkerl?* Der scharfsinnige Physiker Singer hatte in der Vergangenheit zu vielen wissenschaftlichen Fragen mit politischer Brisanz die Position des Zweiflers eingenommen: zu Saurem Regen, Passivrauchen, Nuklearem Winter, radioaktivem Abfall und zur Ozonschicht. In der Klimadebatte schloss er sich bereits Anfang der 1990er-Jahre der GCC an. Als Singer und Böhm bei ihrer Begegnung in Utrecht aufs Klima zu sprechen kamen, ereignete sich etwas, das typisch ist im Umgang mit Skeptikern: Singer war für die Behauptung bekannt, den Temperaturmessungen sei nicht zu trauen. Böhms Forschergruppe aber hatte nun mit Luftdruckdaten im Alpenraum auf elegante Weise die Erwärmung bestätigt – ganz ohne Thermometer. Der Grundgedanke ist einfach: Bei Erwärmung dehnen sich tiefer gelegene Luftschichten aus, in den Alpen wird dadurch Luft nach oben verdrängt. Auf den Gipfeln der Berge sollte folglich der Luftdruck tendenziell steigen, im Tal abnehmen. Böhms Team konnte Datenreihen bis zurück ins 19. Jahrhundert auswerten, ihr Ergebnis bestätigte die Erwartung: Der Luftdruck auf den Gipfeln war gestiegen. »Damit haben wir für den Raum Mitteleuropa nun einen von direkten Temperaturmessungen völlig unabhängigen Beweis dafür, dass die Erwärmung seit den 1880er-Jahren real existiert«, strahlte Böhm. Singer brauchte nur wenige Sekunden für einen Konter: Ob ihm das Ergebnis auch für andere Weltgegenden vorliege, fragte er listig, wohl wissend, dass es verlässliche Luftdruckdaten in unterschiedlichen Höhen am gleichen Ort kaum irgendwo gab. »So verwandelte sich unser Argument in einen wenig spektakulären Punktsieg«, erzählte Böhm später. »Zwar gab es darüber hinaus zahlreiche hinreichend abgesicherte Befunde für die Realität der Erwärmung«, ergänzte der Forscher, aber Singer interessierte sich dafür kaum – er hatte vom Erfolg Böhms ablenken können, damit war er zufrieden.

Bis 1996 beschränkte sich der Erfolg der Skeptiker auf die USA. Ein *Spiegel*-Reporter fragte Ende 1995 in Boston den Bestseller-Autor und Umweltjournalisten Ross Gelbspan, warum die deutsche Kohleindustrie die Skeptiker-Lobby finanziell unterstütze, obwohl deren Botschaften in Europa doch gar nicht ankommen. »Weil sie ein unmittelbares Interesse hat am Ausgang der Debatte«, antwortete Gelbspan. Der Interviewer hakte nach: Aber außerhalb der Vereinigten Staaten werde der Klimawandel doch gar nicht infrage gestellt, behauptete er. Das war gerade im Begriff sich zu ändern: Im März 1996 gab die neu gegründete Skeptiker-Lobby »European Science and Environmental Forum« (ESEF) gleichzeitig Pressekonferenzen in London und Genf. Zur gleichen Zeit gingen die UN-Verhandlungen in die entscheidende Phase, 1997 sollte in der japanischen Stadt Kyoto ein Weltklimavertrag zur Beschränkung der CO_2-Emissionen geschlossen werden. Die Skeptiker-Lobby tourte 1996 und 1997 durch Europa und steckte mit ihren Stellungnahmen auch Journalisten an: »Ist der Treibhauseffekt wirklich auf menschlichen Einfluss zurückzuführen? Zweifel sind angebracht« titelte etwa die *Zeit* im Juli 1997. Die »Medien kommentieren die Lage so, als wären sie nicht an der Dramatisierung beteiligt gewesen«, bemerkte Soziologe Peter Weingart. Verspätet hatten Journalisten Klimaforscher auf die Unsicherheiten ihrer Ergebnisse angesprochen, nun schlugen sie um ins andere Extrem: »Vor der nächsten UN-Klimakonferenz in Kyoto ist den Meteorologen die Katastrophe abhandengekommen«, spottete die *Zeit*. »Der Weltuntergang fällt aus«, verkündete der *Spiegel* im Dezember 1997. »Manche meiner Kollegen haben sich in der Vergangenheit zu weit aus dem Fenster gehängt«, zitierte das Magazin den Klimaforscher Christian Schönwiese. »Jetzt kippt die Stimmung. Die Leute trauen unseren Vorhersagen nicht mehr.« Auch das Schmelzen der Antarktis stand auf einmal infrage: Die Erwärmung führe dazu, dass mehr Wasser verdunstet, von dem ein Teil dann in der Antarktis als zusätzlicher Schnee vom Himmel fällt; dadurch wachse der südpolare Eispanzer, statt aufzutauen, hieß es nun. »Leider steht der Quatsch von den schmelzenden Polkappen sogar schon in Schulbüchern«, klagte Schönwiese.

Klimaskepsis in Europa sollte nur eine kurze Episode Ende der 1990er-Jahre sein. Ihre deutschen Vertreter »waren bald wieder marginalisiert«, konstatiert der Soziologe Hans Peter Peters vom Forschungszentrum Jülich, der die Klimaberichterstattung hierzulande analysiert hat. »Skeptische Medienkommunikation blieb marginal«, bestätigt sein Kollege Weingart. Die Vermittlungsstrategie führender Klimaforscher wie Stephen Schneider und James Hansen lässt sich dagegen als Erfolg deuten: »Das propagierte Klimaproblem wurde von den Medien ernst genommen«, resümiert Peters. Er bilanzierte 2005 sogar eine »starke Co-Orientierung von Wissenschaft und Journalismus bei der Berichterstattung über den Klimawandel«.

21. Forscher-Triumph über Skeptiker: Die Überwindung des Trotz-Positivismus

Wissenschaftler, die sich keiner kulturellen Gruppe unterwerfen, vermögen sich dem politischen Grabenkampf zu entziehen.

Wer verstehen will, warum die Klimadebatte so giftig geworden ist, muss zurückgehen in das Washington, D.C. der 1990er-Jahre, als die amerikanische Politik gerade diverse Wissenschaftler zwecks Befragung einbestellt hatte. Dana Rohrabacher, der die Republikanische Partei seit 1989 im Repräsentantenhaus vertrat und derartige Anhörungen leitete, ließ dabei Skeptiker-Lobbyisten gegen Klimaforscher antreten. Für den Politiker und seine Parteifreunde stand das Ergebnis der Verhandlungen schon im Voraus fest: Die globale Erwärmung sei ein Hirngespinst; die geladenen Skeptiker dienten als Stichwortgeber.

Am 16. November 1995 holte Rohrabacher zu einem besonderen Schlag aus, denn er stellte das »Global Change Research Program«, das größte staatliche Klimaforschungsprogramm, mit einem Etat von 1,2 Milliarden US-Dollar, zur Disposition. »Viele von uns halten diesen Eifer für ökologischen Fanatismus«, rief er zum Auftakt der Anhörung in den Saal. Die darauffolgende Antwort des geladenen Forschers Jerry Mahlman vom Geophysical Fluid Dynamics Laboratory in Princeton gehört zu den Sternstunden der Klimaforschung.

Mahlman ignorierte die Provokationen Rohrabachers und ließ sich nicht zu einem Trotz-Positivismus hinreißen, der später zur Selbstverständlichkeit werden sollte, wenn Wissenschaftler glauben, Skepsis mit vermeintlicher Eindeutigkeit kontern zu müssen. Anstatt gebetsmühlenartig die Ergebnisse der Forschung anzupreisen, eröffnete er mit der Feststellung, dass die Einschätzungen des IPCC die am wenigsten umstrittenen Aussagen zum Klimawandel seien: »Die beobachtete Erwärmung im letzten Jahrhundert ist nicht eindeutig auf den Treibhauseffekt zurückzuführen, okay?«, sagte er. »Es gibt alternative Erklärungen. Meiner Meinung nach gibt es praktisch keine glaubwürdigen Gegenhypothesen. Daher kann ich nicht mit absoluter Sicherheit sagen, dass der beobachtete Rekord ein Spiegelbild der aktuellen Treibhauserwärmung ist«, kommentierte Mahlman den globalen Temperaturanstieg.

Rohrabacher wähnte sich dem Sieg nahe, glaubte womöglich, er hätte soeben die Theorie des menschengemachten Klimawandels widerlegt – und forderte sein Gegenüber auf: »Wiederholen Sie diese letzte Aussage.« Mahlman wiederholte:

> *Ich kann nicht mit absoluter Sicherheit sagen, dass die beobachtete Temperaturänderung im letzten Jahrhundert auf die vom Menschen verursachte Treibhauserwärmung zurückzuführen ist. Ich kann das nicht sagen. Ich sage nur, dass es keine plausible Hypothese gibt, die auch nur annähernd so glaubwürdig ist.*

Der Republikaner bemerkte, dass sich daraus doch kein Sieg für ihn ableiten ließe: »Sie sagen also, dass es höchst wahrscheinlich ist, dass …« Mahlman antwortete: »Ja, tatsächlich«, und betonte die Lücken in den Ergebnissen: »Keine der Unsicherheiten, die ich diskutieren werde, kann die aktuellen Bedenken hinsichtlich der Treibhauserwärmung beseitigen. Dieses Problem ist sehr real und wird uns noch sehr lange begleiten.« Schließlich riet er, Wissenschaft und Politik zu trennen: »Ich als Physiker gebe keine persönliche Meinung dazu ab, was die Gesellschaft gegen die vorhergesagten Klimaveränderungen tun sollte. Gesellschaftliche Maßnahmen als Reaktion auf die Treibhauserwärmung erfordern Werturteile, die über den Rahmen der Klimawissenschaft hinausgehen.«

Selbst im Fall absoluter Sicherheit der Erkenntnisse zum menschengemachten Klimawandel könnten Forscher Politikern kaum weiterhelfen, versicherte er. Gesetzgebung sei keine naturwissenschaftliche Frage. Dann ging er noch auf seinen Lobby-Kontrahenten bei der Anhörung ein, auf Patrick Michaels:

> *Selbst wenn wir unendlich weise und Patrick Michaels und ich in allen Punkten einer Meinung wären und wir wüssten, wie das Klimasystem funktioniert und wie es ist, könnten wir diese Informa-*

tionen für Sie auf den Tisch legen, und Sie hätten immer noch ein klägliches Problem, wie Sie als Gesellschaft und als Planet damit umgehen sollen.

»Tatsächlich würde ich Ihre Skepsis ermutigen, sobald Sie hören, dass die Vorhersage eines Klimaforschers von einer politischen Stellungnahme begleitet wird«, ergänzte er.

Mahlmans Aussage hatte die Wissenschaft über den politischen Grabenkampf erhoben und es geschafft, nüchtern auf die Strahlkraft eines Erkenntnisprozesses zu setzen, der ohne politischen Überbau bestehen und für sich glänzen kann. Vielleicht markierte der 16. November 1995 einen Wendepunkt in der Klimaforschung, denn bereits die Aussagen von Mahlmans Kollegen Robert Watson an jenem Tag zeigten, wie es von nun an weitergehen sollte: Wissenschaftler fühlten sich zunehmend genötigt, die Robustheit ihrer Ergebnisse positivistisch zu übertreiben und sie als apodiktische Warnungen hinzustellen. Watson, der 1997 Vorsitzender des Weltklimarats werden sollte, tat sich schwer, denn Rohrabacher provozierte ihn bewusst. Der Politiker berief sich auf die Skeptiker-Lobbyisten, die zuvor referiert hatten: »Ich muss Ihnen sagen, dass ich dessen Argumentation vernichtend für Sie fand«, fieselte Rohrabacher, als es um die Dokumentation des globalen Temperaturanstiegs ging, die der Vorredner bestritten hatte.

Watson musste den Forschungsstand gegenüber einem politisch motivierten Lobbyisten verteidigen, dem die Wahrheit egal war, der aber die Sympathie des Ausschussvorsitzenden genoss. Er antwortete beherrscht, aber apodiktisch: Ein Drittel der Waldgebiete werde verloren gehen, das ergebe sich »aus einem komplexen forstökologischen Modell« – obwohl weder Simulation noch Wissensstand zum Thema ausreichend gesichert waren. Ähnlich heikel äußerte er sich mit Prognosen zur Wüstenbildung und zum Verlust von Weideland.

Rohrabacher lobte zum Schluss die Skeptiker für ihre Beiträge. »Ich habe etwas gelernt«, bedankte sich der Vorsitzende. Gemäß Beschluss wurde der Etat für Klimaforschung um ein Drittel gekürzt. Ironischerweise hatten die Skeptiker in den Anhörungen wiederholt auf Datenmangel hingewiesen. Der ließe sich jedoch nur mit intensiverer Forschung beheben – wofür höhere Etats nötig gewesen wären. »Meiner Ansicht nach ist diese Art von Klimaforschung ein Fass ohne Boden«, hielt Rohrabacher in seiner Abschlusserklärung fest. Darin berichtete er von seinen Erinnerungen an kalte Winter, die ihn dankbar gemacht hätten für die globale Erwärmung. Dennoch sei diese wahrscheinlich nur »liberales Partygeschwätz«. Die Stellungnahmen der Klimaforscher flossen nicht in seine Erwägungen ein.

Nach Jahren der untergriffigen Attacken gab sich 2003 selbst Jerry Mahlman dem Sarkasmus hin: Nach einer Ansprache des republikanischen Senators James Inhofe Ende Juli im Senat, der den Klimawandel als »größten Schwindel der Geschichte« bezeichnet hatte, frotzelte der Wissenschaftler: »Daraus macht man normalerweise Monty-Python-Sketche.«

IV.
Auf der Suche nach dem Menschensignal

22. Gefährliche Nähe: »Noble Cause Corruption«

Wissenschaftler, die für ein ethisch legitimiertes Ziel ihre Neutralität aufgeben, setzen ihre Glaubwürdigkeit aufs Spiel.

Der Umweltkonzern Greenpeace versandte im August 1997 im Namen britischer Klimaforscher einen Leserbrief an die Zeitung *The Times*, den ihre Kollegen unterschreiben sollten: »Dear XY«, begann eine leitende Wissenschaftlerin von Greenpeace ihre Anfrage, »die letzte Version des Briefes an die *Times* ist angehängt [...] Könnten Sie uns bitte wissen lassen, ob Sie zustimmen?« Auch im Namen des WWF riefen Klimaforscher im Oktober 1997 anlässlich der Kyoto-Konferenz Hunderte Kollegen per E-Mail zur Unterzeichnung eines Appells an die Politiker auf. Der Paläoklimatologe Tom Wigley sträubte sich: Politische Aufrufe seien ähnlich »unehrenhaft« wie die Propaganda der Skeptiker-Lobby, schrieb er am 25. November 1997 in einer E-Mail; persönliche Ansichten dürften nicht mit wissenschaftlichen Fakten vermischt werden. »Noble Cause Corruption« (»Korruption aus edlem Grund«), bezeichnet das Verhalten, für hehre Ziele unethische Mittel einzusetzen.

Dabei war die Skeptikerbewegung gerade im Begriff, an Einfluss zu verlieren. Energieunternehmen begannen mit dem »Greenwashing«, mit dem sie versuchten, ihren Produkten einen umweltfreundlichen Anstrich zu verleihen. Der Erdöl-Riese BP trat 1997 aus der GCC aus und bezeichnete den Klimawandel offiziell als »Problem«. »Die Wissenschaft hatte eine Warnung ausgesprochen, die Medien haben sie verstärkt, und die Politik hat reagiert«, resümiert Peter Weingart. Gleichzeitig näherten sich Forschung und NGOs einander an. Die Wissenschaftler belieferten die Umweltverbände mit Klimaszenarien: Beispielsweise schickten australische und britische Forscher dem WWF auf Anfrage pessimistische Prognosedaten. Ende Juli 1999 fragten Aktivisten der Organisation per E-Mail bei

Wissenschaftlern an, ob sie ihre Warnungen »verstärken« könnten. Die Gelehrten signalisierten Verständnis für das Anliegen: Ein australischer Klimatologe bezeichnete in einer Nachricht vom 28. Juli 1999 an Kollegen die Aussicht, dass sich in einer Umweltschutzbroschüre Daten finden könnten, denen zufolge der Klimawandel in »weiten Teilen der Welt einen zu vernachlässigenden Effekt« habe, als »sehr beunruhigend«. Auch deutsche Wissenschaftler vom Potsdam-Institut für Klimafolgenforschung (PIK) verfassten 2001 ein gemeinsames Positionspapier mit dem Umweltverband WWF. Das Wuppertal-Institut war Vorreiter gewesen: Es hatte Mitte der 1990er-Jahre gemeinsam mit dem BUND Empfehlungen für eine Klimaschutzstrategie erarbeitet und lieferte später Studien für Greenpeace.

Vergleichbar wenig Berührungsängste empfand der Weltklimarat. So schrieb der langjährige IPCC-Chef Rajendra Pachauri für Greenpeace, ebenso war der Sprung des dort beschäftigten, 23-jährigen Aktivisten Richard Klein zum Leitautor des UN-Klimareports keine Ausnahme (Kapitel 25). Auch anderen gelang der Wechsel: Malte Meinshausen ging, nachdem er für diverse Umweltverbände gearbeitet hatte, zum PIK und wurde außerdem Leitautor beim IPCC; ähnlich der Klimaanalytiker Bill Hare, der von Greenpeace zum PIK gewechselt war. Michael Oppenheimer, ein weiterer IPCC-Leitautor, Klimaforscher an der Princeton University und aktiv beim Umweltverband Environmental Defense Fund, übernahm zudem 2010 die Chefredaktion der einflussreichen Fachzeitschrift *Climate Change*, die zahlreiche Studien im UN-Klimareport platzierte. Den Posten bekam er von Stephen Schneider, der sich wie etliche andere Klimaforscher dem Climate Witness Science Advisory Panel des WWF angeschlossen hatte; darunter noch mehr IPCC-Leitautoren, beispielsweise Andreas Fischlin und Guy Midgley, die eine zweifelhafte Prognose zum Artensterben in den vierten Klimabericht schleusten. Der IPCC rekrutierte auch direkt aus den Umweltorganisationen: Sven Teske war zunächst Energieexperte bei Greenpeace gewesen, später hievte er als Leitautor ein dort entwickeltes Szenario in den Report, das der IPCC in einer Mitteilung als eines der Hauptergebnisse herausstellte. Seine These, dass »fast 80 Prozent der Energie bis 2050 aus alternativen Quellen stammen könnte«, machte weltweit Schlagzeilen.

Naturwissenschaftler nutzten die politische Relevanz des Themas: »Viele Dissertationen in der Ozeanografie, der Meteorologie oder der Geografie beanspruchten nun, im Zeichen des Klimawandels zu stehen, selbst wenn der Zusammenhang nur sehr vage war; auch die Sozialwissenschaften folgten ihnen«, berichten von Storch und Krauß in *Die Klimafalle*. Die Forschungsinstitute haben »schnell die Zeichen der Zeit erkannt«: »Sie richteten Pressebüros ein, um die Signifikanz der eigenen Arbeiten für Klimawissen und Klimapolitik zu beanspruchen und zu dokumentieren«, erklären die Autoren. »Schreibe ›Climate Change‹ auf deinen Antrag, und du kriegst ihn durch«, feixten junge Forscher. »Climate Change – der Begriff, den man fächer- und sprachübergreifend geprägt hat – öffnet den Wissenschaftlern mittlerweile weltweit die Türen zur Politik und zu den Fördermitteln«, kündete die *FAZ* im Januar 1997. Aus dem Nischenthema Meteorologie war der bedeutendste Forschungsbereich der Naturwissenschaften geworden.

23. »Bäume sind mir wichtig«: Deutschland will Klima-Musterschüler sein

Die mächtigste Umweltbewegung der Welt schuf einen Resonanzraum, der grüne Versprechen belobigte.

Bundeskanzler Helmut Kohl besuchte 1990 die parlamentarische Enquête-Kommission »Vorsorge zum Schutz der Erdatmosphäre«, berufen von seiner Regierung, um die Themen Ozonschicht und Klimawandel zu besetzen. Der Beirat hatte empfohlen, den CO_2-Ausstoß in Deutschland bis 2005 um 25 bis 30 Prozent zu senken. Nun plante Kohl die Kommission aufzulösen, doch ihre Mitglieder protestierten, sie forderten vom Kanzler, eine dauerhafte Regierungsberatung zu Umweltthemen einzurichten. Nachdem sie auf ihn eingeredet hatten, stimmte er zu: »Meine Herren, Bäume sind mir wichtig«, sprach der Kanzler. 1992 nahm der Wissenschaftliche Beirat Globale Umweltveränderungen (WBGU) seine Arbeit auf. Auf dessen erster Sitzung mahnte Kohls Bundesminister für Bildung und Forschung, Heinz Riesenhuber, die Mitglieder: »Meine Damen und Herren, Sie haben die Aufgabe, die unbekannten Ozonlöcher zu entdecken.«

Für die UN-Klimaverhandlungen im März 1995, die Kohl nach Berlin geholt hatte, beauftragte der Kanzler den WBGU damit, ein Gutachten zur globalen Erwärmung zu verfassen. In Hektik schrieben die elf Räte, dann übergaben sie ihr Resümee an Bundesumweltministerin Angela Merkel. Würde weiterhin so viel Treibhausgas wie bisher in die Luft gelangen, »wäre ein Gegensteuern in rund 25 Jahren nicht mehr möglich«, zitierte die Tagesschau am 17. März 1995 aus dem Dokument. 2020 lief die Fälligkeit der Warnung ab, doch pro Jahr ist weitaus mehr Treibhausgas in die Luft gelangt als vom WBGU vorgegeben. Merkel gefiel das Gutachten: »Das mit dem Fenster finde ich ganz witzig«, lobte sie ihren Beirat 1995 für seinen Vorschlag der »Toleranzfenster«, die das akzeptable Kohlendioxidbudget eines Landes illustrieren sollen. Auch die »2-Grad-

Leitplanke« liebte die Ministerin. Beide Metaphern stammten vom WBGU-Vize Hans Joachim Schellnhuber, dem Direktor des jungen PIK, den sein Kollege Hartmut Graßl eine »Ideengebärmaschine« nannte. »Noch 1,3 Grad bis zur Klimakatastrophe«, meldete die *taz* nach der Vorstellung des Gutachtens im März 1995, das 2 Grad als »Leitplanke« der internationalen Klimapolitik anmahnte. »Das war eine Verkürzung des Denkansatzes«, kommentierte Schellnhuber, »doch zugleich erwies sich diese Zuspitzung als außerordentlich wirkmächtig«. Das 2-Grad-Ziel machte Karriere – es wurde von der EU und den Vereinten Nationen übernommen.

Auch aus Hamburg – vom Max-Planck-Institut für Meteorologie – hatte die Bundesregierung Rückenwind für die UN-Konferenz organisiert. Ein paar Tage vor der Tagung musste der Direktor des MPI-M, Klaus Hasselmann, im Seminarraum 1729, der sich im 17. Stock des braunen Uni-Hochhauses in Hamburg-Eimsbüttel befindet, zu einer Pressekonferenz antreten. Gerne hätte er wie sonst seine Kollegen vorgeschickt. »Überlass das Massenmediale doch lieber den anderen, das kannst du doch gar nicht«, riet ihm seine Frau Susanne, ebenfalls Wissenschaftlerin. »Ich finde es immer anstrengend und mühevoll, die Denkweise des Wissenschaftlers und unsere Forschungsergebnisse umzusetzen in eine Sprache, die die Öffentlichkeit versteht«, sagte Hasselmann 1992. Normalerweise delegierte er Gespräche mit der Presse an seine Mitarbeiter Mojib Latif oder Hartmut Graßl, die gerne mit Journalisten redeten: »Ich war froh, dass wir die beiden hatten, das Klimaproblem wurde ja immer stärker nachgefragt«, merkte er an. »Mojib wirkte bei jedem Statement so, als ob er es zum ersten Mal sagte, so begeistert war er dabei – er hat es immer sehr dramatisch dargestellt, und indisches Aussehen mit Hamburger Dialekt, sehr schön.« Auch Graßl gefiel die öffentliche Debatte, er saß in Gremien und erzählte gerne ausufernd von Treffen mit Politikerberühmtheiten. Als es einem Kollegen einmal zu viel wurde, frotzelte der: »Und Hitler kannten Sie wohl auch?«, woraufhin Graßl trocken erwiderte: »Ja, der kam in meinen Heimatort, als ich drei Jahre alt war, und ich musste ihm zuwinken.« Später wurde er Kodirektor am Institut in Hamburg und 1995 gleichzeitig Direktor des Weltklimaforschungsprogramms bei der WMO in Genf.

Doch diesmal konnte Hasselmann seine Mitarbeiter nicht vorschicken, der Bundesminister für Bildung und Forschung hatte seine Anwesenheit angekündigt, also musste der Chef selber ran. »Ohne Abgase des Menschen«, nuschelte er, so als säße er beim Frühstück mit seiner Frau, lasse sich der globale Temperaturanstieg kaum noch erklären. »Man kann in den natürlichen Schwankungen, die wir sehen, den menschlichen Anteil mit 95 Prozent Wahrscheinlichkeit nachweisen.« Mit einer Sicherheit von »95 Prozent« habe man am MPI-M den »Fingerabdruck des Menschen« entdeckt, erklärte Hasselmann – also mit einer Irrtumswahrscheinlichkeit von nur 5 Prozent. Die Schlagzeilen lauteten daraufhin: »95 Prozent der Erwärmung ist menschengemacht.« Ein MPI-Forscher witzelte: »Da lechzen die Medien jahrelang nach dem Beweis für die Schuld des Menschen am Klimawandel, und dann vermurksen sie die entscheidende Meldung.« Bewiesen war ein Einfluss auf die globale Erwärmung damit nicht, denn das ist unmöglich. Im Sinne eines Indizienprozesses aber sei eine Mitschuld des Menschen am Klimawandel mit hoher Wahrscheinlichkeit geklärt, erläuterte Hasselmann. Bis Ende des 21. Jahrhunderts drohte eine Erwärmung von drei Grad im globalen Durchschnitt, über den Kontinenten mehr. Gelänge es, die CO_2-Emissionen auf die Hälfte zu reduzieren, ließe sich die Temperatursteigerung unter einem Grad halten.

Für ein paar Wochen entflammte das Thema Klima die Medien, Journalisten befragten Wissenschaftler: »Entscheidend ist, dass mit hoher Wahrscheinlichkeit dieses Signal da ist«, kommentierte Christian Schönwiese, Professor für Klimaforschung in Frankfurt am Main. »Und da gebe ich Herrn Hasselmann recht: Man sieht also eine gewisse menschgemachte Erwärmung, auch in den Daten.« Das reiche »eigentlich aus, um jetzt Maßnahmen zu ergreifen«. Sein Schweizer Kollege Hans Oeschger, ein Pionier der Klimaforschung, stimmte zu: »Ich sehe nichts, was uns jetzt zwingen könnte zu glauben, dass nicht eine globale Erwärmung passiert.« Doch noch lag keine wissenschaftliche Veröffentlichung vor, die das Menschensignal dokumentiert hätte, nur eine Pressekonferenz Hasselmanns. Das sollte die Klimaforschung in erhebliche Probleme stürzen (Kapitel 25).

Die Bundesregierung aber nutzte den wissenschaftlichen Rückhalt. Als Gastgeber der ersten UN-Klimakonferenz, die im März 1995 in Berlin stattfand, kündigte Bundeskanzler Helmut Kohl in seiner Rede an, Deutschland werde den CO_2-Ausstoß bis 2005 um ein Viertel gegenüber 1990 senken – ein Vorhaben, an dem das Land knapp scheitern sollte, obwohl die abgasintensive Pleiteindustrie der DDR in den 1990er-Jahren abgewickelt worden war, was den Großteil der Einsparungen erklärte. Das Engagement zahlte sich aus: Die Vereinten Nationen legten ihr Klimasekretariat nach Bonn, Deutschland wurde Klima-Kapitale.

Umweltministerin Angela Merkel, Leiterin der Konferenz, verhaspelte sich bei ihrer Rede vor Aktivisten im Berliner Kongresszentrum. Dreimal versuchte sie das englische Wort »Unanimity«, also Einstimmigkeit, über die Lippen zu bringen, doch sie scheiterte auch im dritten Versuch. »You know what I mean«, kapitulierte Merkel – und erntete Beifall. So nett wie ihr gegenüber waren die Aktivisten zu anderen Politikern nicht: Demonstranten stürmten mit wütenden Parolen den Verhandlungsraum, und der amerikanische Delegationsleiter Rafe Pomerance erntete Protestrufe während seiner Rede. Merkels Erfolgsrezept bestehe im Gegenteil der Strategie ihres Vorgängers Klaus Töpfer, beobachteten Journalisten: Anstatt durch große Ankündigungen entsprechend große Erwartungen zu wecken, stapelte sie tief. »Kohls neue Umweltchefin präsentiert sich bewusst als Lernende, und niemand stört sich daran«, schrieb der *Spiegel*, der Merkel vor einem Solar-Rasenmäher präsentierte und ihren »mädchenhaften Augenaufschlag« bewunderte. Töpfers Schatten werde sie nicht loswerden, glaubten die Autoren. »Warum reden Sie nicht häufiger über Visionen?«, wollten Aktivisten auf der Berliner Konferenz von Merkel wissen. Sie zögerte mit ihrer Antwort: »Ich weiß manchmal nicht, ob Visionen das sind, was Politiker machen sollten. Politiker sollten nichts versprechen, was sie nicht halten können«, gab sie schließlich zurück. Wieder erntete sie Applaus. Auf den Vorwurf, die Deutschen mögen erst mal ihre eigenen Klimaziele ernst nehmen, bevor sie anderen Ländern Verpflichtungen auferlegten, gab Merkel sich nachdenklich: »Es gibt da ein Glaubwürdigkeitsproblem«, gestand sie.

In Berlin legte sich die Staatengemeinschaft darauf fest, die Emissionen bis zum Jahr 2000 auf den Stand von 1990 zu reduzieren. Zudem fasste sie mit dem »Berliner Mandat« den Plan, sich 1997 auf ein Klimaabkommen zu einigen. Der Chefverhandler der Vereinigten Staaten zeigte sich pessimistisch: Das Thema sei zu Hause »nicht auf dem Radar«, er selbst befinde sich in einer »sehr frustrierenden Position«, sagte Tim Wirth von der Demokratischen Partei. Bei den Klimaverhandlungen in Berlin konnte er wenig anbieten, in den USA gab es trotz des Vizepräsidenten Al Gore keine Mehrheiten für international bindende Klimaschutzmaßnahmen. Klimaforscher fremdelten mit der Bonner Tagung: Nachdem Umweltministerin Merkel die globale Erwärmung für eine Zunahme von Extremwetterereignissen verantwortlich gemacht hatte, wunderte sich IPCC-Chef Bert Bolin: »Die Belege für die Behauptung waren sehr dünn gesät.«

24. Windige Werbung: Immer-schlimmer-ismus

Wirtschaftsbranchen nutzen die mediale Neigung zur Katastrophisierung.

Die Versicherungsmanager schmiedeten einen Plan. Im März 1995, zwei Tage vor Beginn der UN-Klimaverhandlungen in Berlin, trafen sie sich mit den Vertretern von Banken, Umweltverbänden und Firmen der Solarenergiebranche, um die globale Erwärmung als Geschäftsfeld auszuloten. Anlässlich der Tagung durfte sich die Munich Re, die damals noch Münchener Rück hieß, im *Spiegel* als »erstes Opfer des Treibhauseffekts« bezeichnen, weil die Versicherungsbranche nach eigenen Angaben von »sich dramatisch zuspitzenden« Unwettern getroffen werde. »Unsere Gewissheit wächst«, zitierte das Magazin, dass die Erwärmung der Erdatmosphäre »längst« Häufigkeit und Stärke von Naturkatastrophen beeinflusse. Die Versicherer hatten aus ihrer Absicht keinen Hehl gemacht, wie die Moderatorin der Schweizer Tagesschau am 6. November 1990 berichtete: »Die Politiker mögen sich vielleicht uneins sein, ob eine Klimakatastrophe droht oder nicht. Die Schweizerische Rückversicherungsgesellschaft jedenfalls stellt sich schon heute darauf ein«, sagte die Sprecherin und ergänzte: »Die Risiken der Rückversicherer sind rapide gestiegen. Die Schweizerische Rückversicherungsgesellschaft hat daher angekündigt, sie werde bei der Erneuerung ihrer Verträge eine massive Erhöhung der Prämien anstreben.« Ein gutes Geschäft.

Gerade hatte der erste UN-Klimabericht festgehalten, dass ein menschlicher Einfluss noch nicht eindeutig belegt werden könne, da meldeten Versicherungen schon klimawandelbedingte Verluste. »Es gibt klare wissenschaftliche Beweise, dass die Rekordsummen an Versicherungsschäden durch Umweltkatastrophen kein Zufall waren«, erklärte 1994 der Chef der Schweizer Rückversicherungsgesellschaft – und das, obwohl das Thema auch im zweiten UN-Klimabericht 1996 unerwähnt blieb und sich bis heute, in den frühen 2020er-Jahren, kein derartiges Signal hat belegen lassen (Kapitel 31). Doch elegant vermarktete ein Verantwortlicher des Versicherungsriesen Lloyd's of London im März 1995 den Sachverhalt: Forscher hätten ihm gesagt, »wir können die globale Erwärmung nicht beweisen, aber wenn wir es können, wird es sehr schwierig für Sie.« Die 14 größten Unternehmen der Branche unterschrieben 1995 eine gemeinsame Erklärung zum Klimaschutz. »Die globale Erwärmung bringt die Versicherer ins Schwitzen«, kommentierte die *Financial Times* im selben Jahr, anscheinend ohne zu bedenken, dass diese von größerem Risikobewusstsein profitieren. Die Munich Re schrieb in ihrem Geschäftsbericht 2002: »Das Klima kommt uns teuer.« Die Versicherungen hatten zunächst Glück gehabt mit dem Wetter.

Acht Orkane zogen Anfang der 1990er-Jahre über Mitteleuropa und pfiffen damit ein stürmisches Jahrzehnt an. Menschen starben bei Unwettern, Milliardenschäden entstanden. »Orkanserien wie Anfang 1990 oder 1993 können bei weiter steigenden Wintertemperaturen in Europa zum Normalfall werden«, warnte der *Spiegel* 1995. Die Windgeschwindigkeiten würden zunehmen und sich Stürme von bislang unbekannter Stärke zusammenbrauen. Als Kronzeuge fungierte der Klimaexperte der Münchener Rück. »Die Lage hat sich dramatisch zugespitzt«, zitierte ihn das Magazin. Der Treibhauseffekt treibe die »irdische Windmaschine immer stärker an«. Seit Anfang des Jahrzehnts machten Sturmschäden »in bis dahin ungekannten Größenordnungen« der Branche zu schaffen. Für den Versicherungsmeteorologen Gerhard Berz, ebenfalls von der Münchner Rück, seien »die neuerdings immer häufiger heranbrandenden Unwetter erst die Vorboten einer wirklich katastrophalen Entwicklung«. Studenten der Geowissenschaften hingegen vermittelte man in den 1990er-Jahren als Klimagrundwissen zwei Tatsachen, die der These von den zunehmenden Stürmen in gemäßigten Breiten widersprechen: Erstens heizen sich die Pole im Zuge der globalen Erwärmung am schnellsten auf, wodurch das Temperaturgefälle zu niedrigen Breiten schrumpft, was wiederum dem Wind Energie entzieht; zweitens waren kalte Zeiten in der Erdgeschichte stürmischer als warme.

Die Sturm-Aktivität in Deutschland ließ im Laufe des Jahrzehnts nach, nur Orkan »Lothar« sorgte 1999 für größere Unruhe. Statistiken, die bis 1881 zurückgehen, offenbaren, dass sich die Häufigkeit und Intensität von Starkwinden auch vorher nicht gesteigert hatte. Eine Studie resümiert: »Die Zunahme von Stürmen in ganz Nordeuropa in den 1960er- bis 1990er-Jahren löste in der Öffentlichkeit Besorgnis aus. Dies verringerte sich, als die Sturmstärke Mitte der 1990er-Jahre nachließ«. Statistiken in den 2000er-Jahren belegen gar einen Abwärtstrend bei der durchschnittlichen Windgeschwindigkeit in Deutschland. Doch die wissenschaftlichen Daten änderten den öffentlichen Diskurs nicht: »Wie der Klimawandel immer mehr Killer-Stürme produziert«, titelte der *Spiegel* im Juli 2002. Das Magazin zitierte in einem anderen Artikel im selben Monat den damaligen UNEP-Chef Klaus Töpfer: »Niemand kann heute noch einen Zusammenhang zwischen dem Klimawandel und vermehrt auftretenden Stürmen leugnen.«

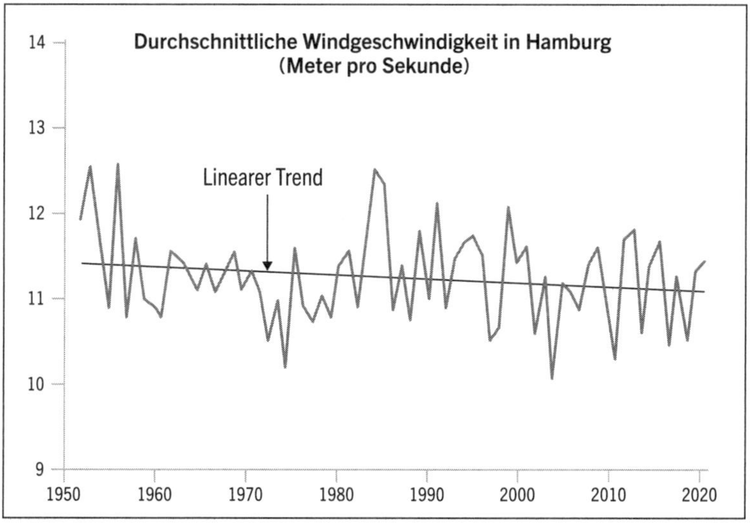

Quelle: Deutscher Wetterdienst

Doch auch andere Wetterextreme mussten herhalten. Anlässlich von Flusshochwassern in Süddeutschland 2005 berief sich der *Spie-*

gel erneut auf die Munich Re: »Wenn man sich die Datenbank der Münchner Rück ansieht, ist die Sache an und für sich klar«, schrieb das Blatt. »In den Jahren zwischen 1950 und 1959 gab es weltweit 13 große wetterbedingte Katastrophen, zwischen 1990 und 1999 waren es 74.« Massive Niederschläge und Stürme häuften sich. 18 Jahre später die gleiche Botschaft: »Fünfmal so viele Naturkatastrophen wie in den Siebzigerjahren«, titelte das Magazin 2023. Diese Berichte, wie Tausende andere, gehen auf Zahlen des Centre for Research on the Epidemiology of Disasters (CRED) in Belgien zurück, das in seiner Emergency Events Database (EM-DAT) Daten über Naturkatastrophen sammelt. Die zugehörigen Grafiken zeigen einen deutlichen Anstieg – allerdings dokumentieren sie nicht die tatsächliche Häufigkeit derartiger Ereignisse, sondern lediglich ihre gemeldete Zahl. Früher trafen nur spärlich Berichte ein. Für die gesamte Sowjetunion beispielsweise weist die Datenbank in den 60 Jahren von 1920 bis 1980 lediglich fünf Wetterkatastrophen aus, danach häufen sich die Meldungen. Allein von 1981 bis 1983 registrierte EM-DAT in drei Jahren sieben Desaster innerhalb der UdSSR. Ein ähnliches Bild zeigt sich auch bei Erdbeben und Vulkanausbrüchen, die nicht mit dem Klimawandel zusammenhängen: Zunächst gab es kaum Meldungen, erst seit den 1980er-Jahren nehmen sie zu. Die Anzahl der Ereignisse steigt deshalb unweigerlich in Abhängigkeit vom Betrachtungszeitraum. »Es wäre irreführend, den Aufwärtstrend bei Wetterkatastrophen und deren Auswirkungen im Wesentlichen durch den Klimawandel zu rechtfertigen«, hieß es bereits 2007 im CRED-Report. Erst seit der Jahrtausendwende seien die EM-Daten verlässlich, denn mittlerweile kommen selbst aus abgelegenen Regionen Belege in Form von Handyfotos. Seither zeigen die Grafiken einen Rückgang der Häufigkeit von Wetterkatastrophen – was die Wissenschaftler in Belgien der Öffentlichkeit nur schwer vermitteln können. »Auch heute noch zitieren uns Leute, die sagen, dass die EM-DAT-Datenbank zeigt, dass Katastrophen in alarmierender Weise zunehmen«, monierte CRED-Forscherin Debarati Guha-Sapir 2020. »Wir haben auf unseren Pressekonferenzen gesagt, dass es keinen Anstieg gegeben hat«, betonte sie. »Wir bekommen Hassmails, weil unsere Daten nicht zeigen, dass

Katastrophen zunehmen«, erzählte Guha-Sapir. »Niemand will gute Nachrichten.«

Dabei ist das Risiko für Verwüstungen aufgrund von Wetterextremen gestiegen. Zum einen gibt es wegen des Klimawandels mehr Hitze und mancherorts mehr Starkregen. Vor allem aber hat die Angriffsfläche zugenommen: Die globale Wirtschaftsleistung ist seit 1990 um mehr als 400 Prozent gewachsen, entsprechend mehr Besitz steht herum. Außerdem hat sich die Weltbevölkerung seit den 1980er-Jahren um drei Milliarden Menschen erhöht, ein Wetterereignis trifft also weitaus mehr oder größere Siedlungen als früher und kann folglich mehr Schäden anrichten. Die höheren Kosten der Versicherungen gehen auf Inflation und das Wachstum der Ortschaften zurück. Den Wertzuwachs einberechnet sind Unwetter nicht zerstörerischer als früher. Das zeigt die um Kaufkraftverlust und Wirtschaftswachstum bereinigte Statistik der Versicherungsschäden von Wetterextremen; und so stand es 2014 auch im zweiten Teil des fünften UN-Klimaberichts auf Seite 680, an dem ein Forscher der Munich Re in leitender Funktion beteiligt war. Es gebe keine Hinweise darauf, dass Schäden durch Wetterkatastrophen bezogen auf die Wirtschaftsleistung zugenommen hätten, hatte der Umweltforscher Roger Pielke Junior von der University of Colorado in Boulder, der seit den 1990er-Jahren die Entwicklung von Extremwetter erforscht, immer wieder betont (Kapitel 31). Es lasse sich sogar ein abnehmender Trend erkennen, ein Einfluss des Klimawandels dagegen nicht.

Tatsächlich ist die Wahrscheinlichkeit, wegen einer Wetterkatastrophe zu sterben, selbst im Vergleich zu früher um mehr als 95 Prozent gesunken – und das trotz der seit Beginn des 20. Jahrhunderts vierfach größeren Weltbevölkerung. Mit besseren Vorhersagen, Bauweisen und Infrastruktur haben auch Entwicklungsländer ihre Anfälligkeit massiv reduzieren können. 2019 veröffentlichten Forscher im Medizin-Fachblatt *The Lancet* eine Studie, der zufolge mit Ausnahme von Hitzewellen sämtliche Arten von Wetterkatastrophen mittlerweile glimpflicher verlaufen als früher. Ob Stürme, Fluten, Kälte oder Dürre – die Zahl der Toten durch Extremwetter ist im Verhältnis zur Bevölkerung zurückgegangen, ebenso die normalisierten

Schäden. In armen Ländern sei die Entwicklung besonders positiv verlaufen, berichten die Forscher – trotz globaler Erwärmung.

Doch die Fakten drangen nicht durch: »Naturkatastrophen: 2017 war das bislang teuerste Jahr für Versicherungen«, titelte der *Spiegel* 2018. Man werde sich an derartige Größenordnungen gewöhnen müssen, zitierte man dort erneut den Rückversicherer Munich Re, der von höheren Risiken profitiert: »Wir haben eine neue Normalität«, stellte das Unternehmen fest, es gebe mehr Unwetter. »Der Klimawandel hat uns in den letzten 20 Jahren in der Rückversicherung nicht unerwartet stark getroffen«, erklärte 2018 der Chef der Hannover Rück, des weltweit drittgrößten Rückversicherers, der Deutschen Presseagentur. Er vergaß das Geschäftliche nicht: »Damit kann auch die Preisgestaltung für das Naturkatastrophenrisiko graduell angepasst werden«, sagte er. »Es ist leicht, es auf die Medien zu schieben«, schrieb Richard Betts, leitender Wissenschaftler am Met Office in Großbritannien 2010 auf BBC News. Wenn ihn ein Journalist fragt, ob ein Extremwetter auf den Klimawandel zurückzuführen sei, und er verneint, rufe dieser einfach andere Forscher an, bis einer das antwortet, was er hören will. Das Überdrehen liefere Munition an jene, welche die Wissenschaft diskreditieren wollen, kommentierte Betts. Klimaforscher müssten verantwortungsbewusster mit der Kommunikation ihrer Arbeit umgehen.

Auf Nachfrage räumen auch Versicherungsmanager ein, dass sie die steigenden Schäden nicht auf den Klimawandel schieben können. Im März 2014 bilanzierte Warren Buffet, Eigentümer des fünftgrößten Rückversicherers, Berkshire Hathaway, die globale Erwärmung habe bislang »keine Wirkung« auf die Branche, und das werde sich einstweilen auch nicht ändern. Wenig später erklärte der damalige Außenminister der USA, John Kerry, der Klimawandel gehe mit »unglaublichen« finanziellen Folgen für die Versicherungen einher. Auf diese Weise beflügelt, blicken die Unternehmen optimistisch in die Zukunft, wie *Reinsurance News* im Februar 2021 berichtete: Jahre mit hohen Katastrophenschäden schüren einen »weit verbreiteten Optimismus hinsichtlich verbesserter Preise«, insbesondere im gewerblichen Versicherungsgeschäft und in der Rückversicherung.

Das Ritual hat sich eingespielt. »Der Klimawandel fordert immer mehr Tribut«, knüpfte 2023 ein Mitglied des Vorstands der Munich Re an seine Vorgänger an. »Die Zahlen zu Naturkatastrophen für das Jahr 2022 werden von Ereignissen dominiert, die nach neuesten Forschungsergebnissen intensiver sind oder häufiger auftreten.« Die Klimaexpertin beim *Spiegel* sekundierte: »Zahlen von Munich Re sind DER Indikator für die Folgen der Klimakrise«, schrieb sie auf Twitter. Andere Medien ergänzten: »Naturkatastrophen werden stärker und häufiger«, meldete etwa das *Handelsblatt*. »Stürme, Hitze, Dürre werden häufiger«, berichtete die Deutsche Presseagentur. Setze man Anpassungsmaßnahmen nicht konsequent um, könne es »allein infolge der Klimaschäden innerhalb der nächsten zehn Jahre zu einer Verdopplung der Prämien« kommen, erklärte der Hauptgeschäftsführer des Gesamtverbandes der Deutschen Versicherungswirtschaft (GDV). Betroffen seien Hausbesitzer und Mieter. Jeder Versicherer müsse prüfen, ob er steigende Extremwetterschäden langfristig weiter absichern könne. Die *Süddeutsche Zeitung* warnte: »Rückversicherer: Die Welt wird stürmischer«.

25. Überfrachtete Klimaforschung: Der Knacks

Das Risiko einer politisch relevanten Aufwertung der Wissenschaft zeigt sich, wenn die eingeforderte Relevanz nicht bedient wird.

Alles schien perfekt, als der UN-Klimarat seinem Sekretariat endlich das erwünschte Ergebnis lieferte. Am 27. Juli 1995 versammelte sich eine Abordnung aus zwölf Wissenschaftlern der Arbeitsgruppe 1 in North Carolina in den USA. Ihr Chef, John Houghton, hielt den 800-Seiten starken ersten Teil des Berichts hoch: »Das Winzige, das wir noch brauchen, ist eine zusammenfassende These«, sagte er den Autoren, die im November gemeinsam mit den Delegierten aus der Politik die Zusammenfassung des IPCC-Reports beschließen sollten. Bald fand die Gruppe eine Zeile, die wie von Houghton erwünscht das Werk pointiert zusammenfasste: »Die abgestimmte Beweislage deutet darauf hin, dass ein menschlicher Einfluss auf das globale Klima erkennbar ist« (»The balance of evidence suggests that there is a discernible human influence on global climate«). Endlich konnte der UN-Klimarat das lang ersehnte Menschensignal präsentieren. Der Satz sei zuvor von den Forschern ohne Gegenstimme demokratisch gewählt worden, erzählt Hartmut Graßl. Nach dem Ende einer Sitzung, so erinnert er sich, sagte sein Kollege Larry Gates: »Das wird die Politiker bewegen.« Die Aussage schrieb der IPCC bei seinen Verhandlungen Ende November 1995 in den neuen Klimabericht – der Beweis für die menschengemachte Erwärmung schien erbracht. Bald stellte sich heraus: Der Rat hatte die Botschaft erzwungen. Skeptiker sprachen vom »Tag, an dem die Klimaforschung starb«.

Der ehemalige Präsident der National Academy of Sciences in den USA, der Physiker Frederick Seitz, erhob im *Wall Street Journal* Anklage: In mehr als 60 Jahren als Mitglied der amerikanischen wissenschaftlichen Gemeinschaft habe er noch nie eine »beunruhigendere Korruption des wissenschaftlichen Begutachtungsprozesses«

erlebt. Obwohl in Madrid nur die Zusammenfassung des Klimaberichts verhandelt werden sollte, sei auch der Inhalt des Hauptteils geändert und ein entscheidender Satz gestrichen worden: »Keine der oben genannten Studien hat klare Beweise dafür erbracht, dass wir die beobachteten Klimaveränderungen auf die spezifische Ursache des Anstiegs der Treibhausgase zurückführen können« – so der Text in der ursprünglichen Version. Die Aussage, das Menschensignal sei entdeckt worden, habe man nachträglich in den Report geschmuggelt.

Houghton wies die Schuld von sich: In Madrid seien zwar Änderungen im betreffenden Kapitel 8 gemacht worden, die Autoren hätten jedoch – unter strikter Einhaltung der IPCC-Regeln – auf Vorschläge aus den Verhandlungen reagiert. Der Hauptautor des Kapitels, der Klimaforscher Ben Santer, erläuterte sein Vorgehen in einem Leserbrief an das *Wall Street Journal*, unterzeichnet von 40 weiteren Wissenschaftlern. Man bestritt Verfahrensfehler, räumte aber ein, auf Geheiß von Politikern eingegriffen zu haben. Ein Vertreter der US-Regierung hatte am 15. November 1995 an Houghton geschrieben: Es sei »unerlässlich, dass die Verfasser des Kapitels dazu bewegt werden, ihren Text nach einer Erörterung in Madrid in geeigneter Weise zu ändern«. Santer und seine Kollegen hatten also recht damit, dass sie sich an Maßgaben gehalten hatten; doch auch Seitz war im Recht damit, dass die Politik das letzte Wort hatte über den IPCC-Bericht. Der Weltklimarat benötige »bessere Produktionsregeln«, räumte Stephen Schneider ein.

Santer und seine Mitstreiter spielten die Bedeutung der Änderungen herunter, der grundlegende Inhalt sei nicht korrigiert worden. Irritierend erschien den Kritikern, dass zwei der vier wissenschaftlichen Leiter des entscheidenden Kapitels 8, das den Beweis zeigen sollte, ein halbes Jahr später eine Studie im Fachmagazin *The Holocene* veröffentlichten, die resümierte: Solange die Frage der natürlichen Variabilität des Klimas ungeklärt ist, sei es »schwer, mit Bestimmtheit zu sagen, ob das menschliche Klimasignal detektiert wurde«. Die Autoren des Kapitels 8 zitierten die Arbeit vier Mal als »im Erscheinen«, zusammen mit anderen noch unveröffentlichten Studien. Entsprechend war die Behauptung des IPCC-Berichts, einen erkennbaren menschlichen Einfluss auf das globale Klima festgestellt zu haben, schwer mit solchen Vorkenntnissen in Einklang zu bringen.

Erst 1997 publizierte eine Gruppe um den Hamburger Physiker Klaus Hasselmann jene Arbeit zur Entdeckung des menschlichen »Fingerabdrucks« im Klimasystem, für die der Deutsche 2021 den Physiknobelpreis erhalten sollte (Kapitel 26). Dabei hatte er noch im Mai des Jahres der Veröffentlichung im Wissenschaftsmagazin *Science* unter der Überschrift »Sehen wir die globale Erwärmung?« Folgendes geschrieben:

> *Trotz erheblicher Fortschritte bleibt die Frage umstritten, ob der beobachtete allmähliche Anstieg der globalen Durchschnittstemperatur im letzten Jahrhundert tatsächlich auf menschliche Aktivitäten zurückzuführen oder einfach Ausdruck natürlicher Klimavariabilität auf größeren räumlichen und zeitlichen Skalen ist.*

IPCC-Chef Bert Bolin ärgerte sich über den Wunsch nach einem Beweis. Die globale Erwärmung sei nichts, »was man beweisen kann«, sagte er 1997, die Klimaforschung erarbeite einen Indizienprozess: »Man versucht, Belege zu sammeln, und dadurch entsteht ein Bild.« Zudem habe die Öffentlichkeit eine falsche Vorstellung vom Klima: »Die fundamentalen Charakteristika chaotischer Systeme sind für Nicht-Fachleute schwer zu begreifen.« Nach dem Erscheinen des Klimareports 1996 sagte einer der Leitautoren, Tim Barnett, dem Magazin *Science*, er sei nicht überzeugt, dass das menschengemachte Klimasignal tatsächlich entdeckt worden war. Wie hatten sich die Forscher in diese widersprüchliche Lage manövrieren können, dass der IPCC-Report eine Entdeckung konstatierte, während gleichzeitig Gewichtiges dagegensprach?

Bei der »ekelhaften Schlacht« um den Klimabericht in Madrid, wie Stephen Schneider die Verhandlungen um die Zusammenfassung zwischen politischen Delegierten und Wissenschaftlern im November 1995 nannte, hatte sich ein Stellvertreterkrieg auf dem Rücken der Wissenschaft entwickelt: Die Vertreter der Erdölstaaten opponierten mit aller Kraft gegen die Schlussfolgerung, das Menschensignal sei entdeckt worden. Das Spiel wiederholte sich: Nationen verfolgen politische Ziele und verwenden dabei wissenschaftliche Argumente, denen andere Nationen widersprechen – ebenfalls mit legitimen Argumenten. Die Formel, dass Indizien »darauf hindeuten«, ein menschlicher Einfluss auf das globale Klima sei erkennbar, erschien den meisten Verhandlern in Madrid akzeptabel. Nur Saudi-Arabien und Kuweit erhoben Einspruch, sie blockierten eine Einigung. Ben Santer verlor für einen kurzen Moment die Fassung: »Wenn Sie so interessiert an diesem Thema sind, warum haben Sie dann nicht mal am Vermittlungsausschuss teilgenommen?«, fragte er unwirsch. Sein Zorn rührte daher, dass man die Verhandlungen zuvor unterbrochen hatte, um in kleinerer Runde die entscheidende Formulierung aus Kapitel 8 zu diskutieren, aber dazu weder Delegierte aus Saudi-Arabien noch aus Kuweit erschienen waren. Ein Vertreter giftete zurück, man sei ein souveränes Land und habe andere Verpflichtungen gehabt. Mitten in der letzten Tagungsnacht entschieden sich die Verhandlungsleiter für eine neue Taktik: Die umstrittene Formulierung blieb im Text, obwohl die Erdölstaaten nicht zustimmen wollten. Bolin, Santer und ihre Kollegen ließen es drauf ankommen: Würden Saudi-Arabien und Kuweit sich öffentlich beschweren, stünden sie als politisch motivierte Störenfriede dar, kalkulierten die Klimaforscher. Tatsächlich blieben beide Länder am nächsten Morgen stumm: Das Ergebnis der Verhandlungen kam schon in den Nachrichten. Auf unbekannte Weise war die verabschiedete IPCC-Zusammenfassung noch während der Verhandlungen Journalisten zugespielt worden, sodass große Zeitungen bereits am nächsten Tag von der vermeintlichen Entdeckung des menschengemachten Klimawandels berichteten.

Bei näherer Prüfung fielen jedoch Unstimmigkeiten auf. Die Zusammenfassung muss den IPCC-Regeln zufolge mit dem Report übereinstimmen; alle Aussagen haben sich klar auf die einzelnen Kapitel zu beziehen. Der entscheidende Satz des zweiten UN-Klimaberichts aber – »Die abgestimmte Beweislage deutet darauf hin, dass ein menschlicher Einfluss auf das globale Klima erkennbar ist« – stand nicht in Kapitel 8. Der junge Leitautor Santer, der für diesen verantwortlich war, geriet unter Beschuss; er wurde für Skeptiker zur Hassfigur. Aussagen seien aus dem betreffenden Abschnitt verschwunden, bemängelten Kritiker: »Wann wird die Entdeckung und eindeutige Zuordnung des menschengemachten Klimasignals passieren? Wir wissen es nicht«, etwa stand im Entwurfstext. *Nature* stellte die Glaubwürdigkeit des Klimarats infrage. Skeptiker warfen den Wissenschaftlern Korruption vor. Doch Santer erklärte, dass der Inhalt von Kapitel 8 eine mögliche Entdeckung des Menschensignals sehr wohl diskutiere, die finale Formulierung also sinngemäß korrekt sei.

Der IPCC-Forscher Michael McCracken kam Santer zu Hilfe: Der Klimarat habe unter Druck gestanden, weil auf skeptischer Seite bereits Kampagnen vorbereitet worden waren für den Fall, dass der UN-Klimabericht die Entdeckung des menschengemachten Klimawandels nicht vermelden würde, sagte er dem *Guardian*-Journalisten Fred Pearce. Eine solche Aussage kam einem Geständnis gleich: Die Klimaforscher hatten das Menschensignal unbedingt melden wollen – eine politische Botschaft auf Kosten der wissenschaftlichen Glaubwürdigkeit. Aber Ben Santer war weder Lügner noch Fälscher, sondern ein Getriebener, der das hastig zusammengestellte und wichtigste Kapitel des Klimareports verantworten musste. Dafür geriet er unter Beschuss wie nur wenige Gelehrte jemals zuvor, Skeptiker stellten ihn als Betrüger hin. Sein Privatleben litt, er wollte raus aus der Forschung.

Wissenschaftler versuchten Madrid als Heldengeschichte umzudeuten. Einer der einflussreichsten Klimaforscher, Michael Mann, erzählt in seinem Buch *The Hockey Stick and the Climate Wars* von industriefinanzierten Skeptikern, die gezielt Jagd auf Santer gemacht haben sollen; der Autor nennt es die »Serengeti-Strategie«: Wie Raubtiere in der Savanne treiben die Skeptiker systematisch einzelne Forscher aus der Herde und jagen sie. Doch die Wissenschaftler waren keineswegs unschuldig an der Eskalation, sie hatten sich in politischen Erwartungen verstrickt. Unter Skeptikern schuf der Streit um den zweiten IPCC-Bericht die Legende von der korrumpierten Klimaforschung, die das unbewiesene Menschensignal dort hinein geschmuggelt hatte.

Die Vereinten Nationen aber, der Auftraggeber des Klimarats, waren nach der Veröffentlichung zufrieden. Deutschlands Medien reichten die Meldung durch: »Endgültig: Menschen schaufeln sich Klimagrab«, titelte die *taz*. »Beweis erbracht«, meldete der *Focus*, »Erstmals geben Forscher eindeutig dem Menschen die Schuld«. Der Weltklimarat habe »klar gezeigt, dass gehandelt werden muss, um dem Klimawandel zu begegnen«, sagte Tim Wirth, der Delegierte der USA, nach der Publikation des zweiten IPCC-Berichts. Unter der neuen Demokraten-Regierung mit Präsident Bill Clinton und Vizepräsident Al Gore wollte er die UN-Klimaverhandlungen voranbringen. Die Vereinten Nationen, forderte Wirth, müssten ein Abkommen zum Klimaschutz verabschieden. Der zweite Sachstandsbericht, schrieb Stephen Schneider 1997, sei »von politischer Bedeutung« gewesen für die nachfolgenden Klimakonferenzen. Die Wissenschaftler spürten den Druck unmittelbar: In Rom, wo Klimaforscher und politische Delegierte am 11. Dezember 1995 die Zusammenfassung des zweiten Teils des Berichts verhandelt hatten, skandierten Umweltaktivisten vor den Eingängen der Verhandlungsräume. Ohne die klare Aussage im zweiten IPCC-Bericht, schrieb Hauptautor John Houghton in einem *Nature*-Artikel 13 Jahre später, hätte es wohl keinen Fortschritt bei Maßnahmen gegen den Klimawandel gegeben.

26. Das ersehnte Ergebnis: Klaus Hasselmann und die Entdeckung des Menschensignals

Genies machen komplexe Ideen einfach.

Als die Mathematikerin Gabriele Hegerl ihre Arbeit abgeben wollte, erhob ihr Chef Klaus Hasselmann Einspruch und bestellte Pizza – er ahnte, dass es noch ein langer Abend werden würde. Immer neue Fragen schrieb Hasselmann in kaum leserlicher Schrift an den Rand der Studie. Besessenheit im richtigen Moment konnte entscheidend sein, lernten die Anwesenden. »Jetzt kocht das mal durch«, hatte Hasselmann 1994 seinen Mitarbeitern Hans von Storch und Gabriele Hegerl gesagt. Die Klimaforscher am Hamburger Max-Planck-Institut für Meteorologie sollten prüfen, ob sich ein Menschensignal im Klimawandel nachwiesen lasse. Für Hasselmann war es eine mathematische Übung, die auf einer Theorie fußte, die er lange zuvor ausgearbeitet hatte. 2021 erhielt er dafür den Physiknobelpreis.

Im Jahr 1979 hatte Hasselmann seine Idee erstmals im Fachmagazin der Royal Meteorological Society veröffentlicht (»On the Signal-to-Noise Problem in Atmospheric Response Studies«). In dem Artikel schilderte er die Methode, mit der man den Einfluss des Menschen im Klimasystem entdecken kann – allerdings »vollkommen unverständlich«, wie seine Kollegen lästerten. Anschauliche Wörter wie »Finger-« oder »Fußabdruck« waren ihm damals noch nicht in den Sinn gekommen; sein Verfahren, die »künstlichen Signale im Rauschen des Normalen« mathematisch offenzulegen, blieb abstrakt.

Erst 1993 schrieb Hasselmann seine Arbeit in klareren Worten auf. Für den Fall der globalen Mitteltemperatur wandten von Storch und Hegerl die Methode an, »unter Trivialisierung der genialen Ansätze«, wie von Storch lakonisch anmerkte. Hasselmanns Entdeckung sorgte unter Wissenschaftlern vor allem wegen seiner raffinierten Vorgehensweise für Aufsehen. Er hatte die Idee der Brown'schen Bewegung, welche die Bewegung von Elementarteilchen beschreibt, auf das Klimasystem übertragen. Zwei Arten von Objekten bestimmen das Geschehen: Zahlreiche kleine, deren Bewegung stark variiert, halten wenige große durch Kollision in Bewegung. In Hasselmanns »Stochastischem Klimamodell« besteht das Klima aus kleinen, schnellen Wettervariationen wie etwa Stürmen und großen, langsamen Änderungen wie dekadischen Schwankungen der Ozeanzirkulation. Wie die Elementarteilchen bleibt das System in dieser Darstellung von sich aus in Bewegung und schwankt von allein.

Hasselmanns Modell erlaubte es, den menschlichen Einfluss auf das Klima abzuschätzen. Konnte er zeigen, dass der Anstieg der globalen Temperatur nicht mehr mit natürlichen Schwankungen erklärbar war, hatte er den »Fingerabdruck« des Menschen entdeckt. Zunächst mussten die Hamburger Forscher feststellen, ob Veränderungen in der Statistik des Wetters im Rahmen der bekannten Klimavariationen liegen. Sie entdeckten ungewöhnliche Abweichungen, die sich im Rahmen der internen Variabilität nicht erklären ließen – das war die »Detektion« (»Entdeckung«). Um zu testen, ob der Mensch für diese verantwortlich zeichnet, verglichen die Forscher den Einfluss unterschiedlicher Veränderungen auf das Modell – passten sie besser zu erhöhten Treibhausgaskonzentrationen, veränderter Sonnenaktivität oder etwas anderem? Hasselmanns Gruppe fand, dass die Abweichungen in der Temperatur ohne die Annahme eines dominanten Einflusses der erhöhten Konzentration von Treibhausgasen kaum nachvollziehbar waren, jedenfalls nicht im Rahmen des damaligen Wissens – die Forscher sprachen von der »Attribution« (Zuordnung). Aber: »Die Abschätzung der natürlichen Variabilität war durchaus etwas wagemutig«, erinnert sich Hans von Storch. »Hätte jemand eine größere natürliche Variabilität behauptet, hätte ich ihm kaum sagen können, dass er unrecht hatte«. Der Vorbehalt bestand: Fielen die Schwankungen, welche die Natur ganz von allein durchläuft, größer aus als von Hasselmann und seinem Team angenommen, wäre das Menschensignal wieder verschwunden. Darauf gab es aber keine Hinweise. Der spätere Nobelpreisträger schätzte die Möglichkeit auf fünf Prozent. »Damit hatte ich keine

Probleme«, erklärte er. »Als das dann politisch aufgeblasen wurde, habe ich mich damit nicht weiter rumgeschlagen.« Dennoch meldete sich Hasselmann 1997, während der kurzen Periode, als Klimaskeptiker auch in Deutschland erfolgreich waren (Kapitel 20), mit einem viel beachteten Artikel in der *Zeit* zu Wort: Im Sinne eines Indizienprozesses sei die Schuld des Menschen am Klimawandel mit hoher Wahrscheinlichkeit geklärt. »Wenn wir aber abwarten, bis auch die letzten Zweifel überwunden sind, wird es zum Handeln zu spät sein«, schrieb Hasselmann.

Seine Forschergruppe fand Ende der 1990er-Jahre weitere »Fingerabdrücke« des Menschen im Klimasystem: Treibhausgase, das zeigten die Simulationen, heizen besonders die Nächte auf, wenn der Planet am meisten Wärme ins All abgibt. Diese wird jedoch vom Kohlendioxid in der Atmosphäre vermehrt am Gehen gehindert. Treffer: Satellitendaten bestätigten, dass die Nächte sich stärker erwärmen als die Tage. Zwei weitere Indikatoren deuteten auf einen menschlichen Einfluss: Landmassen und die Arktis sollten sich Hasselmanns Simulationen zufolge unter Einfluss von emittiertem CO_2 stärker erwärmen als der Rest. Wieder Treffer: Ozeane, die die aufgenommene Wärme besser verteilen, heizen sich deutlich langsamer auf; und keine Region hat einen größeren Temperaturanstieg durchlaufen als die Arktis. Andere Forschergruppen bestätigten die Ergebnisse. Die »Fingerabdrücke« konnten den Täter der Erwärmung schließlich in einem Indizienprozess überführen. Das Menschensignal war entdeckt.

Sein Triumph hatte für Klaus Hasselmann wegen der Medienberichte zunächst lästige Folgen. »Der Friseur wusste plötzlich, wer ich war.« Weiterhin mied er politische Stellungnahmen. »Die Methoden der Politik sind unwissenschaftlich«, spöttelte er 1992, »sie sind die Methoden eines Anwalts: Man ergreift eine Partei und stellt nur ihre Seite dar«. Das sei das Gegenteil dessen, was er aus der Forschung gewohnt war, wo jeder versuche, das Gesamtbild zu verstehen. »Ich kenne keinen seriösen Wissenschaftler, der gleichzeitig auch engagierter Politiker ist«, sagte Hasselmann. Nach seinem Nobelpreis 2021 fragte ihn ein Journalist, ob sich gerade eine Klimakatastrophe ereigne. »Ich nenne es Klimawandel, schon weil ich immer Optimist gewesen bin«, entgegnete er. »Wir können auf die Veränderung reagieren, und wir haben auch die Zeit dafür.«

Als ich Hasselmann am Mittag des Tages, an dem ihn der Anruf des Komitees erreichte, in seiner Wohnung zum Physiknobelpreis gratulierte, servierte seine Frau gerade das Mittagessen. Das Telefon hatte sie leise gestellt. Als junger Forscher habe er mal einen Antrag ausfüllen und darauf sein angestrebtes Ziel angeben müssen: »Nobelpreis«, schrieb er. In einer Pressemitteilung der Max-Planck-Gesellschaft zu diesem Anlass stand, Hasselmann sei »gewissermaßen einer der ersten Klimaaktivisten aus der Wissenschaft« gewesen. »Aktivist?«, wunderte sich Hasselmann, »das war ich eigentlich nie«.

27. UN-Klimaverhandlungen: Der Placebo-Effekt

Die Versuchung, aus dem spieltheoretischen Klimaproblem dirigistisches Kapital zu schlagen.

Als sich US-Vizepräsident Al Gore am 8. Dezember 1997 von seinem Stuhl erhob, der seitlich am rechten Rand auf der Bühne der UN-Klimakonferenz in der japanischen Stadt Kyoto stand, verstummte das Publikum. Seine Worte waren eine Sensation: Die Vereinigten Staaten würden ihren Ausstoß an Kohlendioxid deutlich einschränken, versprach er. »Nachdem ich eben mit Präsident Clinton gesprochen habe, weise ich unsere Delegation nun an, höhere Verhandlungsflexibilität zu zeigen«, sagte Gore am Rednerpult. Seine Worte erhöhten den Druck auf andere Industrieländer, ihrerseits CO_2-Beschränkungen zuzustimmen. Dabei hatte Gore in Wirklichkeit keine Rückendeckung.

Die entscheidende Verhandlung in Kyoto dauerte bis in die Morgenstunden. Raúl Estrada-Oyuela, ihr Leiter, versuchte die Delegierten mit psychologischen Kniffen zur Einigung zu bringen. Stundenlang knipste er mit seinem Kugelschreiber am Mikrofon und strapazierte bewusst die Geduld der Verhandler, deren Regierungschefs eine Einigung erwarteten. Fenster blieben verschlossen, die Luft wurde schwer und die Delegierten müder, sie ersehnten ein Abkommen. Am frühen Morgen des 11. Dezember 1997 einigte sich die Weltgemeinschaft auf das Kyoto-Protokoll. 40 Industrieländer versprachen, ihren Kohlendioxidausstoß bis 2012 im Vergleich zu 1990 einzuschränken, 34 von ihnen wollten die Emissionen reduzieren. Die Europäer gaben sich am ambitioniertesten und versprachen acht Prozent Reduktion, die USA sieben. Russland stellte null Prozent in Aussicht, Norwegen eine Erhöhung um ein Prozent; Australien durfte 2012 acht Prozent mehr CO_2 als 1990 ausstoßen, Island gar zehn. Die übrigen 156 Staaten mussten keine Verpflichtungen eingehen – die Welt blieb zweigeteilt, so wie es die Klimarahmenkonvention von 1992 vorgesehen hatte. Hartmut Graßl traf in Kyoto auf den bekannten Skeptiker Fred Singer, der von der Industrie gesponsert Zweifel an den Ergebnissen des UN-Klimarats säte. »Jetzt hast du verloren, Fred«, sagte Graßl. Der antwortete prompt: »Nein« – 18 Jahre später sollte ihm die Wahl Donald Trumps zum Präsidenten der Vereinigten Staaten recht geben.

Das Kyoto-Versprechen konnte eingelöst werden, aber nur, weil die Industrie des Ostblocks nach der Wende kollabiert war – eine Art Placebo-Effekt: Nicht Klimaschutzmaßnahmen führten zum Erfolg, sondern wirtschaftlicher Niedergang. Die USA traten dem Protokoll trotz Gores beherztem Einsatz nicht bei, weil der Senat ein Klimaabkommen einstimmig abgelehnt hatte und auch der Clinton-Nachfolger George W. Bush sich weigerte. Er befürchte einen »ernsthaften Schaden für die Wirtschaft« seines Landes, erklärte Bush 2001. Die beiden hochrangigen Regierungsmitglieder Boyden Gray und David Rivkin hatten den Kurs der Vereinigten Staaten 1991 im Magazin *Foreign Policy* dargelegt: Den Stand der Wissenschaft zum Klimawandel beschrieben sie als sehr unsicher; Maßnahmen gegen fossile Energien seien deshalb übereilt, sofern sie das Wirtschaftswachstum bremsen. Sie plädierten für eine »No-Regret«-Strategie: Gegen den Klimawandel sollen nur Schritte unternommen werden, die auch einen dahinter liegenden Nutzen versprechen, beispielsweise die Linderung von Luftverschmutzung oder die Vorbeugung von Wetterkatastrophen. Als die Europäische Gemeinschaft eine CO_2-Bepreisung ins Spiel brachte, antwortete Präsident Bush: »Hören Sie genau zu: keine neuen Steuern.« Im Mai 1992 zog die EG ihren Vorschlag zurück.

Kanada hatte für das Kyoto-Protokoll gestimmt, seine Ziele aber letztlich verfehlt und trat deshalb 2011 wieder aus, um Strafzahlungen zu vermeiden. Dabei war dem Land gegenüber zuvor eingeräumt worden, Waldflächen als Ausgleich für überschüssiges Kohlendioxid anrechnen zu dürfen. Weil die USA dem Vertrag fernblieben, musste Russland beitreten, ansonsten wäre das CO_2-Budget der im Abkommen verbliebenen Länder zu gering gewesen und das vereinbarte Quorum verfehlt worden. Überzeugt haben soll die russische

Führung das Angebot der Europäer, die angestrebte Mitgliedschaft des postsowjetischen Staats in der Welthandelsorganisation voranzutreiben. Verpflichtungen wegen Kyoto musste Russland ohnehin nicht fürchten: Der Zusammenbruch der Industrie nach dem Ende des Kommunismus sorgte zunächst für einen starken Rückgang der Emissionen. Zudem durfte das Land ebenso wie Kanada und Japan seine riesigen Waldflächen in Sibirien als CO_2-Schlucker auflisten.

»Lasst uns vorwärtsgehen«, hatte Al Gore in Kyoto den Delegierten zugerufen. »Lasst uns so handeln, dass die Kinder unserer Kinder über den ›Geist von Kyoto‹ lesen und sich an den Ort und die Zeit erinnern werden, an der sich die Menschheit zum ersten Mal entschloss, gemeinsam eine langfristige nachhaltige Beziehung zwischen unserer Zivilisation und der Umwelt unseres Planeten aufzubauen.« Damals lieferten fossile Brennstoffe rund 80 Prozent der weltweiten Primärenergie, in den 2020er-Jahren – nach 28 weiteren Klimaverhandlungen dieser Art – hat sich daran nahezu nichts verändert. In den 30 Jahren ist der globale Verbrauch um fast zwei Drittel gestiegen. Eigentlich sollten die UN-Klimaverhandlungen ein spieltheoretisches Problem lösen: Klimaschutz ist für Staaten wegen der hohen Kosten nur akzeptabel, wenn die Mehrheit der anderen mitmacht – ansonsten wird nicht nur das eigentliche Ziel verfehlt, sondern dem Einzelgänger entstehen obendrein noch wirtschaftliche Schäden. Doch stattdessen verlor sich die Politik in Regulierungen und Subventionen.

V.
Es wird persönlich

28. Misslungener Putsch: Die verflixte Chef-Rochade

Politik versucht, die Kontrolle über den wissenschaftlichen Kommunikationsprozess zu erlangen.

Drei Wochen nach der Ernennung George W. Bushs zum Präsidenten der Vereinigten Staaten im Februar 2001 hinterließ ein Lobbyist des Erdölkonzerns Exxon seine Visitenkarte im Weißen Haus. Angehängt war eine Notiz an das Council on Environmental Quality, einen Umweltrat der Regierung. Das Memo warnte vor dem amtierenden Vorsitzenden des UN-Klimarats, dem Briten Robert Watson – er sei »von Al Gore handverlesen« –, und schloss mit der Frage, ob Watson nun auf Antrag der USA »ersetzt werden« könne. Gore hatte während Clintons Amtszeit die Ölkonzerne zum Feind erklärt. Den Abgang der Demokraten-Regierung wollten die Lobbyisten nutzen, um das Netzwerk ihrer Kritiker zu schwächen. Ihr erstes Ziel war die Wahl des IPCC-Vorsitzenden 2002 in Genf. Das Manöver ging nach hinten los.

Eigentlich hatten die USA einen Coup geplant: Mit dem indischen Energieingenieur Rajendra Pachauri stellten sie bei der Wahl einen Vertreter der Entwicklungsländer auf, was eine Stimmenmehrheit versprach. Großbritannien und Portugal nominierten Watson. Pachauri gewann mithilfe der armen Staaten 76 zu 49. Ein trauriger Watson traf am Genfer Flughafen auf seinen Vorgänger und Wahlleiter bei der Abstimmung, Bert Bolin, der ebenfalls über ihren Ausgang enttäuscht war. Die Regierung Bush aber hatte sich verrechnet, denn Pachauri ließ sich nicht vereinnahmen. Er erwies sich als Gegner der alten Industrieländer, deren Lebensstil er als »nicht nachhaltig« bezeichnete.

Watson erlebte unangenehme letzte Monate als IPCC-Chef bei den Verhandlungen für die Zusammenfassung des dritten UN-Klimaberichts im Februar 2001 in Genf. Wieder mussten Klimaforscher und politische Delegierte die Zusammenfassung gemeinsam beschließen. Am letzten Tag gab es Streit, weil die Vertreter von Saudi-Arabien, Russland und China Bedenken anmeldeten. Seit 1998 hatten Hunderte Wissenschaftler an dem Klimareport gearbeitet und dabei Tausende Studien gesichtet. Doch am Entscheidungstag um 23 Uhr stand das Werk auf der Kippe. In einer Stunde würden die Dolmetscher nach Hause gehen, ihre Verträge liefen nur bis Mitternacht. Ihr Abgang wäre ein Bruch der Regeln gewesen, wie die Delegierten der drei widerständigen Länder betonten. Watson redete auf die Vertreter Saudi-Arabiens, Russlands und Chinas ein. Um zehn Minuten vor Mitternacht harrten zwei Absätze der Einigung, erinnerte sich Stephen Schneider. Mit 120 Sekunden auf der Uhr unterbrach plötzlich ein Vertreter Russlands die hektische Debatte mit Einsprüchen. Watson blickte in die Runde: »Dolmetscher, es geht um die Arbeit von drei Jahren. Würden Sie bitte noch ein paar Stunden bleiben, damit wir dieses Dokument fertigstellen können?« Widerwillig versprachen sie bis 2 Uhr morgens weiterzumachen. Auch Russland lenkte ein: »Ich melde Protest an gegen diese Verhandlung, aber ich würde zustimmen, sie ohne Dolmetscher fortzusetzen«, erklärte der Chefdelegierte. Ein Vertreter Chinas protestierte auf dialektische Art, indem er eine fünfminütige Rede auf Mandarin hielt, für das kein Übersetzer mehr anwesend war. Doch damit schien das Pulver verschossen, plötzlich ging es schnell. In nur einer Viertelstunde rasten die Verhandler durch den finalen Textabschnitt und verabschiedeten ihn einstimmig. Um kurz nach 3 Uhr morgens schleppten sich die übermüdeten Teilnehmer aus der Konferenzhalle. Gegen den Widerstand der Skeptiker-Staaten hatte der IPCC die Diagnose vom menschengemachten Klimawandel untermauern können. Doch der politische Druck war auch für die Fachleute spürbar. »Die Klimaforschung«, bilanzierte der renommierte Paläoklimatologe Edward Cook vom Lamont-Doherty Earth Observatory am 2. Mai 2001 in einer E-Mail an Kollegen, sei »dermaßen politisiert, dass es schwierig ist, Wissenschaft zu betreiben«.

Der dritte IPCC-Bericht konstatierte eine »sich verdichtende Beweislage« für eine menschengemachte Erwärmung und »andere Änderungen im Klimasystem«; es gebe »neue und stärkere Beweise, dass der Großteil der Erwärmung der letzten 50 Jahre menschlichen Aktivitäten zugeschrieben werden kann«. Der Streit um das Menschensignal war beigelegt, nun lagen begutachtete Studien vor. Je nach CO_2-Ausstoß werde es bis 2100 zwischen 1,4 und 5,8 Grad Celsius wärmer, hieß es im Report. Der Meeresspiegel könne um bis zu 90 Zentimeter bis Ende des Jahrhunderts steigen. Ein Manöver des IPCC aber erschütterte die Klimaforschung. Ganz vorne in den Bericht hatte der Klimarat eine neue Temperaturkurve gestellt, die als »Hockeyschläger« weltberühmt werden und die Debatte in regelrechten Krieg ausarten lassen sollte.

29. Krieg um den Hockeyschläger: Tribalistische Konkurrenz

Politisierung befördert Manichäismus innerhalb der Wissenschaft.

Am 17. November 2009 meldete die University of East Anglia in Großbritannien einen Diebstahl bei der Polizeistation von Norwich: E-Mails ihrer Klimaforscher seien entwendet worden. Scotland Yard schaltete sich ein, doch die Täter blieben unbekannt. »Informationen wurden ohne unsere Erlaubnis veröffentlicht«, erklärte die Hochschule. »Die selektive Publikation einiger geklauter E-Mails kann nicht als aufrichtiger Versuch gelten, sich mit dem Thema in verantwortlicher Weise zu beschäftigen.« In den Wochen danach klingelte unentwegt das Telefon von Phil Jones, dem Chef der Abteilung für Klimaforschung an der University of East Anglia. Journalisten fragten den konsternierten Wissenschaftler nach E-Mails, die er in den 13 Jahren zuvor an Kollegen geschickt hatte. Nach einigen Tagen unterband die Verwaltung den Kontakt mit der Presse. Die Kommunikation zwischen Jones und drei seiner Kollegen an der Universität war öffentlich geworden, nachdem unbekannte Hacker sie vom Server gestohlen und ins Internet gestellt hatten. Darin fand man Ungeheuerliches: Von einem »Trick« sprach man, »um den Rückgang zu verbergen«, womit Temperaturen gemeint waren. Absprachen der vier gegen andere Wissenschaftler traten zutage. Er solle »sämtliche E-Mails löschen«, die er mit einem Kollegen über den IPCC-Bericht gewechselt hatte, schrieb Jones an den amerikanischen Klimatologen Michael Mann. Selbst der wissenschaftliche Prozess schien ihnen nicht heilig: Jones wollte die »Peer Review neu definieren«, also das Gutachterverfahren von Studien beeinflussen.

Journalisten wähnten eine Verschwörung, um die Wahrheit über den Klimawandel zu vertuschen, ignorierten dabei aber den Kontext der Mails: »Dass wir den Mangel an Erwärmung nicht erklären können, ist eine Schande«, schrieb Kevin Trenberth 2009 in einer E-Mail. Gestand hier etwa ein Klimaforscher, dass es keine globale Erwärmung gebe, wie Skeptiker behaupteten? Nein, Trenberth diskutierte die seit zehn Jahren stagnierenden Temperaturen der Ozeane, über die er sich zuvor auch öffentlich gewundert hatte und die in den folgenden Jahren wieder stiegen. Und kündigte Michael Mann nicht an, er wollte die Mittelalterliche Warmzeit »unter Verschluss halten« (»to contain«)? Nein, er mailte an seine Kollegen, dass es »schön wäre, die vermeintliche Mittelalterliche Warmzeit besser einzugrenzen« (»to contain«), also wissenschaftlich zu definieren.

Den Diebstahl der E-Mails thematisierten die Medien kaum – statt »Hackerattacke« bekam die Affäre den Namen »Climategate«, in Anlehnung an den Watergate-Skandal, der US-Präsident Nixon zu Fall gebracht hatte. Der klimaskeptische Politiker von der Republikanischen Partei James Inhofe setzte 17 Klimaforscher auf eine Liste wegen »möglicherweise kriminellen Verhaltens«. Ihnen drohte bis zu fünf Jahren Gefängnis. Andere Politiker verklagten Michael Mann auf die Herausgabe privater E-Mails, was seine Universität nach eigenen Angaben Hunderttausende US-Dollar und ihn selbst viel Aufwand kostete. »Das ist Wissenschaftsfaschismus«, tönte James Sensenbrenner von den Republikanern im Kongress der Vereinigten Staaten, dessen Partei eine Anhörung zum Thema anberaumt hatte. Mann bekam einen Brief mit weißem Pulver in sein Büro geschickt, woraufhin das Gebäude wegen einer Anthrax-Warnung geschlossen werden musste. Polizeischutz vor den Hochschulen wurde nötig, wegen der Morddrohungen, die die Forscher erreichten.

Phil Jones, damals 57 Jahre alt, durchlebte eine schwere Zeit. »Mehrfach hat er in letzter Zeit erwogen, sich umzubringen«, schrieb der *Spiegel*. »Er schreckte dann doch davor zurück; vor allem, weil er sehen will, wie seine fünfjährige Enkelin aufwächst.« Ohne Pillen fand er keinen Schlaf mehr, nur Betablocker halfen ihm über den Tag. Er musste Untersuchungskommissionen seiner Universität und des britischen Parlaments über sich ergehen lassen. Im Internet las er Spott über sich, Anschuldigungen und Drohungen. Bei Anhörungen saß Jones blass und zusammengesunken auf der Bank und lieferte den Medien weitere Schlagzeilen: »Ich habe einige grauenhafte E-Mails geschrieben«, sagte er mit dünner Stimme. Michael Mann schaltete dagegen in den Angriffsmodus: Es handele sich hierbei um eine »orchestrierte Kampagne, um die Menschheit vom Problem des Klimawandels abzulenken«. Gemeinsam mit seinen Kollegen von »RealClimate«, einem Blog zur Forschung über die globale Erwärmung, veröffentlichte er am 20. November eine Stellungnahme, die den rauen Umgangston in den E-Mails eingestand: So arbeiteten Wissenschaftler nun mal. »RealClimate« ergänzte: »Die Gravitationstheorie ist nicht deshalb nützlich, weil Newton ein netter Mensch war.«

»Climategate« sei in gewisser Weise überfällig gewesen, meint der Klimadebatten-Analytiker Mike Hulme:

> *So wie sich zundertrockenes Reisig im Laufe der Zeit in Trockenlandökosystemen ansammelt und die Bedingungen für einen großen Flächenbrand schafft, so hat die Klimawissenschaft in den vergangenen zwei Jahrzehnten begonnen, auf eine Art und Weise zu funktionieren, die sozusagen brennbares Material ansammelte.*

Im Mittelpunkt der Hackerattacke stand jene weltbekannte Grafik, die der Klimatologe Jerry Mahlman wegen ihrer Form »Hockeyschläger-Kurve« getauft hatte. Sie zeigt den Verlauf der globalen Durchschnittstemperatur der Erde in den vergangenen 1 000 Jahren: Fast über den gesamten Zeitraum, den »Griff«, ist sie flach, doch dann steigt sie Mitte des 19. Jahrhunderts mit dem Ende der sogenannten Kleinen Eiszeit bis heute steil an; der Ausschlag bildet den »Fuß« des Schlägers. Die Grafik wurde schnell zum beliebten Symbolbild des Klimawandels – und zum größten Streitherd.

Ihre Entstehung verdankt sich einem zufälligen Gespräch bei ein paar Gläsern Wein Anfang der 1990er-Jahre. Michael Manns Eltern feierten in ihrem Garten in Amherst im US-Bundesstaat Massachusetts eine Party. Bei einer Plauderei mit einem Professor der lokalen Universität frohlockten sie: »Was für ein Zufall! Unser Sohn schreibt seine Doktorarbeit über Klimaforschung.« Mann interessierte sich für Schwankungen des Klimas, und der Professor – es handelte sich um Raymond Bradley – arbeitete zu ähnlichen Themen. Die beiden schlossen sich zusammen. »Es war eine logische Wissenschaftsheirat«, schreibt Mann in seiner Biografie. Er zog um, zurück in seine Heimatstadt, richtete sich sein Zimmer im Elternhaus ein und arbeitete an der University of Massachusetts, an der auch sein Vater Professor gewesen war.

Zusammen mit Bradley und dem Kollegen Malcolm Hughes rekonstruierte Mann die globalen Durchschnittstemperaturen der vergangenen 600 Jahre. Dabei verwendeten sie so viele Daten wie noch keine Klimarekonstruktion zuvor. Über weite Strecken lagen jedoch keine konkreten Messungen vor, sondern lediglich Indikatoren – die Forscher werteten geologische und biologische Ablagerungen aus: Kalkschalen am Meeresgrund, Korallenskelette oder winzige Lufteinschlüsse im Eis. Die meisten Daten stammten aus den Jahresringen von Bäumen, die Auskunft über das Wetter früherer Zeiten geben: Jedes Jahr legt sich ein Baumstamm einen Ring zu, und über dessen Breite entscheiden vor allem Temperatur sowie Niederschlag.

Ein mysteriöses Problem erschwerte die Arbeit: Seit 1960 zeigen die Bäume keine Erwärmung mehr in ihren Jahresringen. Andere Umwelteinflüsse müssen folglich den Temperatureffekt überlagern, der – wie Messungen von Thermometern beweisen – eindeutig vorliegt. Um die offensichtlich falschen Baumringwerte aus der Datenreihe zu entfernen, griffen Mann und seine Kollegen zu jenem Kniff, den man ihnen nach dem Hack vorwerfen sollte: »Ich habe gerade Mikes *Nature*-Trick angewandt und die realen Temperaturen in die Serien der vergangenen Jahrzehnte eingefügt, um den Rückgang zu verbergen«, schrieb Phil Jones seinen Kollegen später. Die Skeptiker sahen darin den Beweis, dass die Klimaforscher betrogen und eine Abkühlung verheimlicht hatten. In Wahrheit hatten Mann und sein Team aber ein übliches Verfahren angewandt, das sie nur umgangssprachlich »Trick« nannten: Die Wissenschaftler fügten ab 1960 die tatsächlich gemessenen Temperaturen statt der Baumdaten ein. Das Manöver warf dennoch Fragen auf: Warum war es legitim, sich auf die Baumdaten vor 1880 zu verlassen? Die tatsächlichen Temperaturen könnten in der Vergangenheit schließlich ebenso abgewichen sein wie seit 1960. Eine Befürchtung, die Malcolm Hughes, neben Mann und Bradley der Dritte im Bunde, später bestätigte. Der

Klimatologe Hans von Storch erläutert: »Das Problem ist: Seit den 60er-Jahren passen die Baum- und Thermometerdaten nicht mehr zusammen; erstere weisen sogar auf eine Abnahme der Temperatur hin – das ist der Rückgang.« Die Diskrepanz setze sich außerdem fort: »Das macht einen schon ein bisschen nervös«, sagte von Storch. Zwar existieren ein paar mögliche Erklärungen, »beispielsweise geht man davon aus, dass der höhere CO_2-Gehalt in der Atmosphäre das Baumwachstum verändert hat und daher der Zusammenhang nicht mehr gilt«. Doch könnte man fragen: Ist das vielleicht schon früher einmal passiert? »Der ›Trick‹ spielt eine Unsicherheit herunter. Das hat den Ruf der Klimaforschung beschädigt«, meinte von Storch. Die Methode hätte den Begutachtungsprozess einer Fachzeitschrift nicht überstehen dürfen, kritisierte der Klimaforscher Richard Muller. »So etwas sollten Wissenschaftler nicht machen.«

Gerade ihr umstrittener »Fuß«, die steil ansteigenden Temperaturen der vergangenen Jahrzehnte, hatte die Hockeyschläger-Kurve so populär gemacht – eindrucksvoll, so dachte man zumindest, dokumentiert sie die globale Erwärmung: Das Wissenschaftsmagazin *Nature* wählte für die Erstpublikation der Studie den »Earth Day« am 22. April 1998. Journalisten bissen an. »Es traf mich vollkommen unvorbereitet«, staunte Michael Mann, der spätere Medienstar, angesichts all der Anrufe. Sofort schickte ihn die Presse aufs politische Glatteis: Ob seine Studie den menschengemachten Klimawandel beweise, wollte ein Journalist wissen. In der *New York Times* machte sich Mann angreifbar: »Unsere Schlussfolgerung lautet«, sagte er der Zeitung, »dass die Erwärmung der vergangenen paar Jahrzehnte eng an den Ausstoß von menschengemachten Treibhausgasen geknüpft war und nicht an irgendwelche natürlichen Faktoren.« Dabei lässt sich von Temperaturrekonstruktionen nicht auf die Ursachen der Schwankungen schließen. Die *New York Times* zitierte den angesehenen Klimatologen Thomas Wigley vom National Center for Atmospheric Research in Boulder, Colorado: »Sie machen Fortschritte, es steckt viel harte Arbeit dahinter, und ich schätze sie sehr«, sagte er über die Arbeit Manns und seiner Kollegen, »aber ich denke, es gibt eine Grenze dafür, wie weit man gehen kann.« Proxy-Daten, also Indikatoren, wie sie in der Hockeyschläger-Kurve zur Anwendung gekommen waren, seien nicht zur Erkennung eines vom Menschen verursachten Treibhauseffekts geeignet: »Ich glaube nicht, dass wir jemals den Punkt erreichen werden, an dem das völlig überzeugend wäre.«

Mann und seine Kollegen machten sich indes daran, ihre Grafik um 400 Jahre nach hinten zu verlängern. Schon ein halbes Jahr nach ihrer ersten Publikation reichten sie die neue Studie ein, diesmal bei den *Geophysical Research Letters*. Im März 1999 erschien der 1000-Jahre-Hockeyschläger, der binnen Monaten zum beliebtesten Symbolbild der globalen Erwärmung wurde. Die WMO druckte die Grafik auf die Titelseite ihres Jahresberichts 1999, US-Präsident Clinton und sein Vize Al Gore zeigten sie in Vorträgen, und die Forscher des IPCC stellten sie im dritten UN-Klimareport 2001 ganz nach vorne, auf Seite 3 der »Zusammenfassung für Entscheidungsträger«. »Es ist wahrscheinlich, dass die 1990er-Jahre die wärmsten der vergangenen tausend Jahre waren und das Jahr 1998 das wärmste«, schrieben sie daneben. Die erheblichen Unsicherheiten in den Daten, die Mann und seine Kollegen im schriftlichen Teil ihrer Arbeit dargelegt hatten, blendete man aus. »Die Analyse des wissenschaftlichen Klimadiskurses ergab, dass der Forschungsgegenstand bereits von Wissenschaftlern zu einem politischen Handlungsfeld vorgeformt wird«, befindet der Soziologe Peter Weingart.

Warum hatte der UN-Klimarat gleichwertige Temperatur-Rekonstruktionen der Vergangenheit, die zuvor veröffentlicht worden waren, nicht so prominent platziert? Andere Kurven stellten ebenfalls die Periode seit 1400 dar, doch sie verbannte der IPCC in den hinteren Teil seines Berichts. Die Autoren jener Arbeiten waren erbost, als sie davon erfuhren, das zeigen die infolge des Hackerangriffs veröffentlichten E-Mail-Verläufe. Der Hockeyschläger sei »der klare Favorit für die Zusammenfassung«, schrieb der Klimatologe Chris Folland, ein Autor des IPCC-Reports, im September 1999 an seine Kollegen. Manns Diagramm mit den Baumringen »widerspricht einigermaßen den anderen Kurven«, denen neben Baumringen auch andere Klimaarchive zugrunde liegen. »Wir wollen die Wahrheit«, verlangte Folland. Auch Keith Briffa, einer der angesehensten Experten auf dem Gebiet der Paläoklimatologie, warnte seine Kollegen:

»Ich weiß, es gibt Druck, eine schöne, saubere Geschichte zu zeigen, nach dem Motto ›offenbar einzigartige Erwärmung in tausend Jahren oder mehr in den Daten‹, aber in Wirklichkeit ist die Lage nicht so einfach.« Er wies darauf hin, dass seine Studie zu anderen Ergebnissen gekommen war: »Mikes Serie sollte nicht als *die einzig korrekte* gelesen werden«, forderte Briffa und fügte hinzu, dass er das aktuelle Klimageschehen für nicht besonders halte: »Zur Erinnerung: Ich glaube, dass die derzeitige Erwärmung jener vor tausend Jahren ungefähr gleichwertig ist.« Zudem meinte er, die unmittelbare Vergangenheit habe nur begrenzte Aussagekraft: »Es gibt solide Beweise für starke Schwankungen in den letzten 12 000 Jahren, die Erklärung verlangen und die einen Teil der künftigen Hintergrundvariabilität des Klimas ausmachen könnten«, teilte Briffa den anderen Forschern mit. Zusammen mit einem Kollegen veröffentlichte er im Mai 1999 einen Artikel in *Science* (»Seeing the Wood for the Trees«), der ihre Zweifel am Hockerschläger zusammentrug. Doch der IPCC ignorierte die Bedenken.

Die 2009 geklauten E-Mails offenbarten einen mächtigen Klüngel in der Klimaforschung um Michael Mann und Phil Jones. Sie debattierten, welchen Kollegen man vertrauen könne, wer zum eigenen »Team« gehöre – und wer nicht. Wer zwischen die Fronten geriet, gar lagerübergreifende Kontakte pflegte, machte sich verdächtig. Das Misstrauen beförderte Günstlingswirtschaft; Mann und Jones versuchten als Gutachter missliebige Studien aus Fachmagazinen rauszuhalten und waren auch mit den Redaktionen gut vernetzt. »Torwächtermentalität« und »Methoden wie in der McCarthy-Ära«, kommentierte Hans von Storch. In Spezialgebieten mit einer überschaubaren Expertenzahl wie der Paläoklimatologie könnten einzelne Wissenschaftler – einen guten Draht zu den Herausgebern der jeweiligen Zeitschriften vorausgesetzt – in der Tat eine gewisse Macht erlangen, erläutert Peter Weingart.

Im Jahr 2004 geriet das »Hockeyteam«, wie sich die Gruppe um Mann und Jones nannte, in Schwierigkeiten, als einer ihrer Kritiker, Ross McKitrick, zwei Studien veröffentlichte, denen zufolge Großstädte die globale Durchschnittstemperatur auf bislang unbekannte Weise verfälschen – sie erschienen in *Climate Research*. Jones schrieb an Mann: »STRENG VERTRAULICH: Ich sehe beide Papiere nicht im nächsten UN-Klimareport. Kevin und ich werden sie draußen halten irgendwie, selbst wenn wir Peer Review neu definieren müssen!« »Kevin« war Kevin Trenberth (Kapitel 32), der wie Jones als leitender Autor des folgenden IPCC-Berichts entscheiden konnte, welche Studien darin zitiert werden. Untereinander sprachen sich die Kollegen bei der Begutachtung ab: »Habe zwei Studien abgelehnt von Leuten, die sagen, CRU läge falsch mit Sibirien«, verkündete Jones, Chef der Climate Research Unit, im März 2004 gegenüber Mann. Darin ging es um Baumdaten aus Sibirien, eine Grundlage der Klimakurven. »Habe ernst gemacht in beiden Fällen, hoffentlich erfolgreich. Würde eine erscheinen, wäre ich sehr überrascht, aber man weiß ja nie bei *GRL* [*Geophysical Research Letters*]«, schrieb Jones. Der *Guardian* fand heraus, dass eine der abgelehnten Studien von Lars Kamel an der Universität Uppsala stammte, der darin eine geringere Erwärmung in Sibirien festgestellt hatte als Jones. Als mögliche Begründung für diese Diskrepanz führte er an, dass die Studie des »Hockeyteams« den Hitzeinseleffekt der Städte, der höhere Durchschnittstemperaturen suggerieren kann, nicht ausreichend berücksichtige. Lars Kamel verließ die Klimaforschung nach diesem Rückschlag. Jones widersprach dem Vorwurf der unlauteren Einflussnahme; er habe »stets in guter Absicht begutachtet«.

Dass der Einfluss von Mann, Jones und ihren Verbündeten begrenzt war, zeigte sich 2005, als die unerbittlichen Hockeyschläger-Kritiker Ross McKitrick und Stephen McIntyre – beide Quereinsteiger in die Klimaforschung – eine Studie in den *Geophysical Research Letters* unterbringen konnten. McKitrick war Ökonomie-Professor, McIntyre pensionierter Bergbauingenieur. Verbissen hatten beide nach Fehlern in Manns Grafik gesucht und den Forscher mit polemischen Blogs gepiesackt. 2004 erreichten sie, dass das »Hockeyteam« sich offiziell korrigieren musste, obwohl keine der Änderungen gravierend ausfiel. Auch andere Forscher wiesen Fehler in der Kurve nach, die Richtigstellung erforderten. Mann und seine Kollegen versuchten, jede Kritik an ihrer Grafik abzuwehren. »Es scheint, als hätten die Gegner einen Zugang zu *GRL*«, schrieb Mann den anderen, nachdem er vom Erfolg von McKitrick und McIntyre erfahren hatte.

»Wir können es uns nicht erlauben, *GRL* zu verlieren.« Mann entdeckte, dass ein Herausgeber der Zeitschrift einst an derselben Universität wie der gefürchtete Klimaskeptiker Patrick Michaels gearbeitet hatte – und stellte prompt eine Verbindung her: »Ich glaube, nun wissen wir«, mutmaßte er am 20. Januar 2005, wie diverse Studien »in *GRL* publiziert werden konnten.« Das »Hockeyteam« diskutierte Möglichkeiten, den Herausgeber – es handelte sich um den Klimaforscher James Saiers – loszuwerden. Ein Jahr später gab Saiers sein Amt auf, angeblich freiwillig. »Es scheint, das *GRL*-Leck wurde gestopft«, teilte Mann in einer E-Mail an seine Kollegen mit.

»Die E-Mails zeigen, dass sich unter einflussreichen IPCC-Autoren ein Kartell gebildet hat«, bilanzierte der Klimaforscher von Storch. Man habe versucht, »missliebige Publikationen zu hintertreiben oder bereits erfolgte Publikationen aus dem IPCC-Prozess herauszuhalten«. Konkurrierende Forscher seien gezielt bekämpft worden: »Ich bin selbst Opfer davon«, erzählte von Storch: »Eine E-Mail beschreibt, wie ein Akteur den Gutachter einer meiner Studien negativ beeinflussen wollte.« Sogar Manns Koautor und Mentor Raymond Bradley, distanzierte sich von ihm: »Ich möchte mich von Mike Manns Sicht lösen«, schrieb er an einen Kreis aus Kollegen. »Als ob wir die Türsteher wären für alles, was akzeptabel wäre in der Welt der Paläoklimatologie, das scheint doch erstaunlich arrogant.« Mann brachte zahlreiche Wissenschaftler gegen sich auf. »Viele seiner Daten sind schlecht«, urteilte der »Pate der globalen Erwärmung«, Wallace Broecker. Der deutsche Klimaforscher Ulrich Cubasch setzte 2005 eine Doktorandin darauf an, »Manns Arbeit nachzuvollziehen. Sie kam recht bald zu dem Schluss, dass sie sein Diagramm nicht reproduzieren kann, wir haben jede Menge Mängel gefunden.« Auch Teile von Manns Team sahen seine berühmte Kurve kritisch; die Korrekturen der beiden Quereinsteiger am Hockeyschläger beeindruckten sie. Selbst der erfahrene Tom Wigley schrieb im Oktober 2004 an Phil Jones: »Ich habe gerade McKitricks und McIntyres Kritik an MBH gelesen. Viel davon erscheint mir plausibel.« Das Kürzel steht für die Anfangsbuchstaben von Mann, Bradley und Hughes. Wigleys Urteil über den Hockeyschläger fiel deftig aus: »Am Ende ist es eine sehr schlampige Arbeit, das habe ich schon länger angenommen.«

Als sich die Wogen 2007 allmählich glätteten, fragte Douglas Maraun, der an Jones' Institut arbeitete: »Wie sollten wir mit Fehlern innerhalb der Klima-Community umgehen? Ich glaube, dass unsere Reaktion zu den Fehlern in Mike Manns Arbeit nicht besonders aufrichtig war.«

Die Anfragen nach den von ihnen benutzten Daten, die McKitrick und McIntyre immer wieder gestellt hatten, ließen Mann und Jones routiniert ins Leere laufen. Dabei sah das »Informationsfreiheitsgesetz« in Großbritannien deren Herausgabe eindeutig vor. »Die beiden sind seit Jahren hinter den Daten der CRU-Stationen her«, schrieb Jones, dessen Institut weltweit Temperaturmessungen erhebt, 2005 an Mann. »Ich glaube, ich werde sie eher löschen, als sie jemandem zu schicken.« Im Vorjahr hatte er einen Privatforscher abblitzen lassen, der Wetterdaten haben wollte, weil ihm Ungereimtheiten aufgefallen waren. »Warum sollte ich die Daten für Sie zugänglich machen, wenn Ihre Absicht ist, Fehler zu finden?«, antwortete Jones. Mann sah sich im Krieg. »Viele meiner Kollegen glaubten, der Klimakrieg wäre gewonnen«, erklärt er in seiner Biografie – er jedoch erkannte Anfang 2009 »Anzeichen einer großen Klimaleugner-Offensive«.

»Climategate« hat das Verständnis über den Klimawandel nicht umgeschrieben, wie es die Skeptiker gerne gehabt hätten. Aber der Vorfall zeigte, dass das Wissenschaftssystem Kartellen Vorschub leistet – die Reputation verdienter Forscher kann sich in illegitime Macht wandeln: Gruppenloyalitäten seien wichtiger geworden als wissenschaftliche Kriterien, analysiert Mike Hulme später: »›Freunde‹ konnten auf die Daten zugreifen, ›Feinde‹ jedoch nicht.« Auch der Gutachterprozess habe unter dem Tribalismus gelitten: »Die Beiträge wurden eher nach ihrer Urheberschaft als nach ihrem Inhalt beurteilt.« Ein wesentlicher Hintergrund sei der Einfluss der Politik auf die Forschung: »Die Polarisierung der politischen Positionen zu den Reaktionen auf den Klimawandel spiegelte sich allmählich in einer Polarisierung der Meinungen einiger praktizierender Klimawissenschaftler über andere Klimawissenschaftler wider«, schreibt Hulme – »sie waren entweder ›auf unserer Seite‹ oder ›gegen uns‹.«

30. UN-Klimarat: Kleine Fehler, großer Skandal

Steht wissenschaftliche Objektivität in Zweifel, kann Verdacht politischer Manipulation geschürt werden.

»Was sich ab Januar 2010 im öffentlichen Raum abspielte, war reinstes Mobbing«, schimpfte PIK-Chef Hans Joachim Schellnhuber. Einen Monat nach dem Bekanntwerden von »Climategate« hatten Journalisten eine Reihe inkorrekter Aussagen im vierten Klimareport aufgedeckt, die schnell als »Gletscher-Gate«, »Amazonas-Gate« und »Afrika-Gate« bekannt wurden. »Die Fehler scheinen alle den Anschein erweckt zu haben, dass der Klimawandel schwerwiegender ist«, räumte der ehemalige Vorsitzende des IPCC, Bob Watson, ein. Das sei besorgniserregend. Konservative Politiker stellten die Glaubwürdigkeit des UN-Klimarats zur Disposition. »Sie warfen die Frage auf, ob die globale Erwärmung mehr als ein von Umweltschützern verbreiteter Schwindel ist«, kommentiert der Philosoph Laszlo Kosolosky. Dabei ging es eigentlich um Kleinigkeiten.

Es begann mit einer E-Mail im Dezember 2009, die ein kanadischer Geologe an den Journalisten Fred Pearce geschickt hatte. Im IPCC-Report befinde sich ein Fehler: Dort steht, die Gletscher auf dem Himalaya würden bis 2035 fast verschwunden sein. Als Quelle angegeben war ein Dokument der Umweltorganisation WWF, kein reputables Wissenschaftsmagazin. Während sogenannte Graue Literatur, also nicht begutachtete Quellen, im ersten Abschnitt des UN-Klimaberichts selten vorkamen, fanden sich im zweiten und dritten Teil Hunderte solcher unwissenschaftlichen Zitate. Der Geologe informierte Journalisten, wie der WWF zu seiner Schlussfolgerung gekommen war: Man bezog sich auf einen Artikel von Pearce im *New Scientist* aus dem Jahr 1999, worin dieser unter Berufung auf einen indischen Glaziologen das Jahr 2035 angegeben hatte. In seiner E-Mail erklärte der Geologe, dass es in Wahrheit wenigstens 300 Jahre dauere, bis die Erwärmung den Hunderte Meter dicken Himalaya-Gletscher komplett abgetaut haben werde. Pearce machte den Fall im *New Scientist* im Januar 2010 öffentlich. »Es war etwas seltsam, berichten zu müssen, dass so großer Ärger auf meinen eigenen Artikel zurückzuführen war«, sagte er. Doch Pearce selbst hatte korrekt gearbeitet, der indische Wissenschaftler im Jahr 1999 war fehlerhaft vorgegangen. Der Klimarat hatte die abwegige Zahl ungeprüft aus einer nicht begutachteten Quelle übernommen. Die Blamage vergrößerte sich, weil bekannt wurde, dass der IPCC bereits im Vorjahr vor diesem Irrtum gewarnt worden war. Mehrere Forscher, der indische Umweltminister und sogar – wie Pearce herausfand – zwei Wissenschaftler des Klimarats hatten auf den Fehler aufmerksam gemacht, jedes Mal ohne eine Reaktion zu erhalten. Der IPCC stand unter Druck: »Ich habe versucht, die Balance zwischen den Bedürfnissen des UN-Klimarats zu der Wissenschaft zu halten, was nicht immer dasselbe war«, schrieb Keith Briffa, ein Leitautor des vierten Reports, 2007 in einer Mail an Kollegen.

Der IPCC sah sich zur Selbstreflexion gezwungen. Er beauftragte ein Forscherkomitee, seine eigene Arbeit kritisch zu untersuchen. Im August 2010 präsentierte das InterAcademy Council (IAC) seine Vorschläge für eine Reform: Weniger Graue Literatur sollte verwendet und Unsicherheiten der Forschungsergebnisse sorgfältiger hervorgehoben werden, lautete der Befund. Mitunter treffe der Klimarat Aussagen mit »hoher Sicherheit«, für die es »kaum Beweise« gebe. Den Vorsitzenden Rajendra Pachauri nahm das Kontrollkomitee ebenfalls ins Visier, ohne ihn namentlich zu nennen: Der IPCC dürfe keine Politik vorschreiben, nicht als Interessenanwalt wirken. Seine Vertreter sollten darauf achten, keine persönlichen Meinungen zu äußern. Schließlich müsse die Auswahl der Leitautoren der Klimaberichte transparenter gemacht werden, forderte der IAC.

Hans Joachim Schellnhubers Bilanz der Affäre fiel bitter aus. Der »Himalaya-Gletscher-Quatsch«, wie er die Sache nannte, habe davon abgelenkt, dass das Eis auf dem Gebirge tatsächlich durch die globale Erwärmung bedroht ist: 2015 berichteten Glaziologen im Fachmagazin *Cryosphere*, dass die Eisfelder bis Ende des Jahrhunderts dramatisch schrumpfen könnten – Stoff für den nächsten UN-Klimareport; diesmal aber wissenschaftlich geprüft.

31. Attacken der Klimalobby: Die Mär von den schlimmeren Wetterkatastrophen

Für die Wahrheit riskieren manche Wissenschaftler ihre berufliche Existenz.

Was wäre Roger Pielke Junior alles erspart geblieben, hätte sein Professor im Januar 1996 nicht mit der aktuellen Ausgabe des *Newsweek*-Magazins gewedelt, dessen Schlagzeile auf der Titelseite behauptete: »Blizzards, Fluten und Hurrikane – es ist die Klimaerwärmung«. »Das sieht aus, als könnte es ein bisschen Forschung vertragen«, sagte der Chef zu seinem 27-jährigen Mitarbeiter. Pielke sollte das Thema nie wieder loslassen. Der Aufforderung seines Vorgesetzten kam er derart pedantisch nach, dass er mit der Zeit zum meistgefürchteten Klimaforscher werden und sich am Ende sogar einer Verleumdungskampagne der Regierung von US-Präsident Barack Obama ausgesetzt sehen sollte. »Pielke wurde so etwas wie ein Blitzableiter in der Klimadebatte, der Attacken von allen Seiten anzog«, resümierte 2015 das Wissenschaftsmagazin *Science*. Dass er vor allem Linke gegen sich aufbringt, irritiert den nach eigener Aussage Stammwähler der Demokratischen Partei. Mit Holzfällerhemd und Trekkingschuhen, die er auch während der Arbeit trägt, wirkt er wie das Klischee eines linksliberalen Umweltforschers. Schon als Doktorand, bevor Pielke Professor an der University of Colorado wurde, brachte er das wissenschaftliche Establishment gegen sich auf. In seiner Dissertation 1994 kritisierte er, das Umweltforschungsprogramm der USA kranke an mangelnder Relevanz.

Unterhaltungen am elterlichen Esstisch hatten ihn eingestimmt: Sein Vater Roger Pielke Senior, ein angesehener Fachmann auf dem Gebiet der Erdatmosphäre, lehrte schon 1984, dass sich ein Klimaproblem abzeichnet: »Wenn diese Erwärmung nicht durch andere Folgen menschlicher Aktivitäten abgemildert wird, wie zum Beispiel verringertes Sonnenlicht am Boden aufgrund der Zugabe von Aerosolen in die obere Atmosphäre, könnte sie zu erheblichen Veränderungen in den Klimamustern führen.« Der Sohn studierte Mathematik und Politikwissenschaft; als Forscher veröffentlichte er Hunderte Studien zum Klima und avancierte zu den meistzitierten Experten über Wetterextreme. Früh gewann Pielke Junior Preise. Doch vom Establishment grenzte er sich ab: »Beide Seiten in der Frage der Treibhausgase formulieren ihre Argumente wissenschaftlich, aber jede neue wissenschaftliche Erkenntnis wirft nur neue Fragen auf – und führt dazu, dass die Debatte zu einer sinnlosen Spirale wird«, schrieb er 2000 in *The Atlantic*. Er lenkte den Fokus auf Anpassungsmaßnahmen: »Wenn wir praktische Schritte unternehmen würden, um unsere Anfälligkeit für das Wetter von heute zu verringern, würden wir einen großen Beitrag zur Lösung des Problems des Klimas von morgen leisten.«

Im Frühjahr 2001, der dritte IPCC-Report war gerade fertig geworden, nahm das Unglück seinen Lauf. Pielke sollte auf Einladung der National Academy of Sciences vor der neuen Regierung unter George Bush Junior über den Zusammenhang von Wetterkatastrophen und Klimawandel aussagen. Er konnte keinen statistischen Zusammenhang finden. Prominente Kollegen zeigten sich alarmiert: Man habe ihn dazu bringen wollen, »seine Ergebnisse herunterzuspielen«, erzählte Pielke. Seine Aussagen würden womöglich die Regierung Bush in ihrer klimaschutzfeindlichen Politik bestärken, warnten ihn Klimaforscher. Obwohl er stets betont hatte, dass eine Eindämmung des CO_2-Ausstoßes erforderlich sei, hielt er es im Gegensatz zu seinen Kollegen für geboten, den Stand der Wissenschaft ohne politische Absicht zu berichten, um nicht in die Falle der »Noble Cause Corruption« zu tappen. Pielke Junior wollte ein »ehrlicher Makler« sein.

Im zweiten Teil des dritten UN-Klimaberichts von 2001 in Kapitel 8 musste Pielke lesen, dass Wetterextreme »teilweise auf Klimafaktoren zurückzuführen sind«, was seinen Erkenntnissen widersprach. Auf eine wissenschaftliche Quelle für die Diagnose referierte der IPCC nicht, stattdessen fand sich an anderer Stelle in Kapitel 8 die Erläuterung, dass der Anstieg der Schadenssummen »übereinstimmt mit dem, was unter dem menschengemachten Klimawandel zu erwarten ist«. Dafür bezog man sich auf Berichte des Rückversicherers Munich Re, die keine wissenschaftlichen Qualitätsstandards erfüllen müssen. Unter den sieben Leitautoren des IPCC-Kapitels befand sich auch der vom deutschen Umweltministerium entsandte Experte, ein Mitarbeiter jenes Unternehmens, der 2005 über den Klimawandel sagte: »Ich glaube, dass wir die Gefahren nicht so schwarzmalen, wie sie tatsächlich sind.« Als weiteren Leitautor hatte der IPCC einen jungen Wissenschaftsassistenten der Universität Amsterdam ausgewählt, der während der Erstellung des Berichts zur Munich Re wechselte.

Pielke, mittlerweile 36 Jahre alt, kontaktierte die Munich Re und organisierte zusammen mit deren Katastrophen-Fachmann Peter Höppe eine Konferenz in Deutschland, die den Sachstand bezüglich der Wetterkatastrophen klären sollte. Im oberbayrischen Schloss Hohenkammer, einem denkmalgeschützten Renaissance-Bau in eleganter Parkanlage, tagte die 32-köpfige Gruppe aus 16 Ländern Ende Mai 2006 für zwei Tage. In der Vorwoche hatte der zuständige Experte der Munich Re auf den Klimatagen in Hamburg verkündet: »Der Klimawandel kommt schneller als gedacht. Ich wünsche mir mehr Bewusstsein in der Bevölkerung« – und musste wie gewohnt keine kritischen Fragen der anwesenden Journalisten fürchten, wie er zu seinem Urteil gekommen war. Anders im Schloss Hohenkammer: Pielke ließ den Anwesenden, darunter Wirtschaftsforscher und Vertreter von NGOs, die These vom Klimasignal im Wettergeschehen nicht durchgehen: Ein solcher Einfluss sei in den Zahlen nicht zu erkennen, stellte das Gremium in seinem Abschlussdokument fest. Gewachsene Siedlungen und Inflation erklärten den Schadenszuwachs durch Extremwetter, resümierte die Hohenkammer-Gruppe, deren Ergebnisse später im renommierten Wissenschaftsmagazin *Science* veröffentlicht wurden. Das Resultat hat auch 2024 Bestand; noch immer gibt es kein Klimawandelsignal in den globalen Daten von Wetterschäden. Zwar macht die Erwärmung manche Phänomene, etwa Hitze, extremer, aber insgesamt haben verbesserte Vorwarnung und Infrastruktur die negativen Auswirkungen bislang abgemildert. Pielke veranschaulicht seinen Studenten den Effekt anhand des Vergleichs zweier Fotos, die Miami im Jahr 1926 und im Jahr 2006 zeigen. Früher stand dort ein Hochhaus in der Gefahrenzone von Hurrikanfluten, später waren es Dutzende.

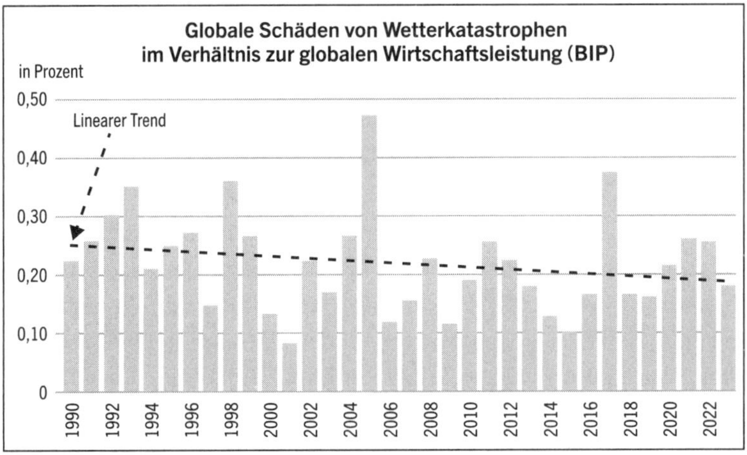

Quelle: Roger Pielke Jr, 2024

Roger Pielke glaubte, Klarheit geschaffen zu haben, doch als er den vierten UN-Klimabericht 2007 durchblätterte, stutzte er erneut: Das Konsenspapier seiner Expertengruppe fand keine Erwähnung, obwohl es in mehr als 250 anderen Studien zitiert wurde. Die geklauten »Climategate«-E-Mails enthüllten Ende 2009, was geschehen war: Prominente Wissenschaftler hatten Pielkes Studien zu Hurrikanen gezielt aus dem IPCC-Report herausgehalten, wie die schriftlichen Absprachen verrieten, sodass auch dieser fälschlich einen »Trend zu höheren Wetterschäden« konstatierte. Als Quelle angegeben war – Pielke stutzte abermals – ein Beitrag des Klimaforschers Robert Muir-Wood aus dem Abschlussbericht der Tagung im Schloss Hohenkammer. Obwohl er dieses Papier herausgegeben hatte, kannte Pielke die Studie nicht. Muir-Wood war Leitautor jenes siebten Kapitels im vierten UN-Klimabericht. In dessen Anhang fand sich eine Grafik, die zeigte, dass die Wetterkatastrophen als Folge des Klimawandels zugenommen hatten. Jahre später gelang es Pielke durch Zufall, die Vorgänge zu entschlüsseln.

Anfang Februar 2010 lud die Royal Institution, ein britischer Wissenschaftsverband, zu einer Debatte: Pielke erhielt die Chance, öffentlich mit Muir-Wood auf einem Podium in London vor Hunderten Zuschauern zu streiten. Der abtrünnige Kollege war Wetterexperte bei RMS, einem Unternehmen, das nach eigenen Angaben »Organisationen hilft, Umweltrisiken einzuschätzen« – also ein Dienstleister für Versicherungen: »Extremwetter, Klimawandel und andere Katastrophen betreffen uns alle«, wirbt RMS auf seiner Website. Die damit verbundenen Risiken zu verstehen helfe, eine widerstandsfähigere Welt zu bauen. Wie die Munich Re profitiert auch RMS von höheren Prämien, um diese abzusichern, durfte aber dennoch Leitautoren zum UN-Klimarat entsenden. Zu Pielkes Überraschung verteidigte Muir-Wood den IPCC nicht, er wolle »nicht zu sehr ins Detail gehen«. Pielke hingegen war wegen der »Details« gekommen und sagte gleich zu Anfang: »Es gibt kein Klimawandelsignal in den steigenden Summen von Wetterschäden.« Die Zunahme lasse sich auf gesellschaftliche Faktoren zurückführen. Der Mensch verändere das Klima mit Treibhausgasen, und es sei sinnvoll, deren Ausstoß einzuschränken, um die Erwärmung zu bremsen. Niemand widersprach.

Dann folgte die Frage an Muir-Wood, ob seine Grafik zu Recht im Report stand oder nicht. »Die Kurve wurde informell angefertigt, sie landete in den Anlagen zum IPCC-Bericht; ich persönlich finde, dass sie dort nicht hingehört«, antwortete er. Der Moderator fragte ihn weiter nach seiner Studie, die ohne Gutachten in den Report gelangt war. Muir-Wood lamentierte, der Klimarat müsse eben Fristen einhalten, was ein Problem sei. Am Ende der Podiumsdiskussion wandte sich der Moderator an das Publikum: »Hat der Klimawandel die Zahlen der Katastrophen erhöht?« Eine Mehrheit stimmte mit »Nein«, mehr als in der Abstimmung vor der Debatte. »Ich glaube, du hast es geschafft, Roger«, gratulierte Muir-Wood seinem Kontrahenten zum Sieg. RMS beeilte sich, den Fall in einer Pressemitteilung zu bedauern. Wieder glaubte Pielke, für Klarheit gesorgt zu haben, doch wieder wurde es nur noch schlimmer.

Eine Journalistin des Magazins *Foreign Policy* war auf die Debatte aufmerksam geworden und lud ihn zum Interview. In ihrem Artikel »Leitfaden der Klimaskeptiker« Ende Februar 2010 stellte sie

Pielke als Beispiel für einen solchen vor, in einer Reihe mit diversen Wissenschaftsfeinden der Republikaner, weil er »gewisse Grafiken in IPCC-Reporten anzweifelt«. Die Klimalobby schlachtete den Text aus. Das politisch linksstehende Center for American Progress (CAP), das Dutzende Blog-Attacken gegen Pielke veröffentlicht und ihn als »Leugner«, »Trickser« und »Karrieristen« beschimpft hatte, verbreitete den vermeintlichen Beleg aus *Foreign Policy*: Pielke sei ein Klimaskeptiker. Das CAP, eine »Denkfabrik« aus Washington, erhält finanzielle Mittel von Förderern Erneuerbarer Energien wie dem Milliardär Tom Steyer oder der Umweltorganisation Sea Change, deren Hauptsponsor Nathaniel Simons für die Klimapolitik der Demokraten lobbyierte. Dennoch behauptete die Organisation, überparteilich zu sein. Dabei hatte ihr Gründer und Vorsitzender John Podesta als Stabschef von Präsident Bill Clinton gearbeitet, zuständig für Klimathemen. 2016 leitete er auch den Wahlkampf von dessen Frau Hillary. Verfasser des CAP-Blogs »Climate Progress« war Joseph Romm, zuvor tätig in Clintons Energieministerium. Hurrikan »Katrina« sei, schrieb er in einem seiner ersten Beiträge, lediglich eine Vorschau auf das, »was darauf kommen wird« – der Klimawandel verschärfe Naturkatastrophen bereits. Roger Pielke, der den UN-Klimarat zurecht zur Korrektur eines gravierenden Fehlers gedrängt hatte, geriet ins Visier der Aktivisten. Allein die Ankündigung eines seiner Vorträge an einer anderen Universität konnte nun Proteste auslösen. Forscher rieten Journalisten davon ab, ihn zu zitieren, er vertrete »eine Außenseitermeinung«. Doch der IPCC-Spezialreport zum Extremwetter 2012 bestätigte die Ergebnisse Pielkes und der Hohenheim-Gruppe: Wetterschäden lassen sich nicht dem Klimawandel zuordnen, konstatierte der Bericht. Manche Arten von Extremwetter häuften sich, aber ein klares Signal könne in den Daten nicht festgestellt werden. Pielke referierte diese Erkenntnisse, nun auch dokumentiert vom IPCC, bei einer Anhörung vor dem US-Senat im Juli 2013 – daraufhin brach die Hölle los.

Die Klimawandel-Kommunikation unter Präsident Barack Obama leitete John Podesta, der Gründer des CAP. Pielkes Darstellungen seien »irreführend« und »nicht repräsentativ für die Sicht des Mainstreams«, kritisierte der wissenschaftliche Berater der Regierung,

John Holdren, ein Verbündeter des Bevölkerungsapokalyptikers Paul Ehrlich. 1986 hatte Holdren vorhergesagt, dass 2020 eine Milliarde Menschen aufgrund von klimabedingten Hungersnöten sterben würden. Obwohl nichts auf das Eintreten seiner Prognose hindeutete, bekräftigte er seine Warnung 2009 vor dem US-Senat: »Es könnte passieren«, antwortete er auf die Frage, ob er zu seiner damaligen Aussage stehe. »Eine Milliarde 2020?«, hakte der befragende Senator nach. »Es könnte sein«, gab Holdren zurück. Tatsächlich ist die Zahl hungernder Menschen seitdem weiter zurückgegangen, obwohl die Weltbevölkerung sich erheblich vergrößert hat. Nach Pielkes Anhörung im Juli 2013 widersprach Holdren und wählte für seine Botschaft einen machtvollen Absender: die offizielle Internetseite des Weißen Hauses. Obamas Berater mangelte es an Argumenten: Während Pielke über globale Daten von Wetterkatastrophen referiert hatte, versuchte Holdren seine These anhand regionaler Daten zu belegen und führte den Südwesten der USA als Beispiel an. Außerdem sollen Prognosen die Zunahme von extremer Trockenheit vorhersagen. Pielkes Vortrag aber hatte nicht die Zukunft behandelt, sondern die bisherige Entwicklung. Holdren griff den Wissenschaftler im Namen des Weißen Hauses persönlich an: Pielke sei »nicht repräsentativ für den wissenschaftlichen Mainstream« – dabei hatte er sich in seiner Stellungnahme auf den IPCC berufen, den Inbegriff des Mainstreams in der Klimaforschung. Der Angriff des Weißen Hauses veränderte Pielkes Leben: »Die beruflichen Auswirkungen waren für mich sofort spürbar«, erinnerte sich der Wissenschaftler.

Pielke hatte im Magazin *538*, sprich »FiveThirtyEight«, eine Kolumne bekommen und suchte erneut die Chance, auf seinem Spezialgebiet Dinge geradezurücken. Für einen klimawandelbedingten Anstieg bei Wetterkatastrophen gebe es keine Belege, resümierte er. Sein Text war fehlerlos, doch er kostete Pielke den Job – nach einem Proteststurm in den sozialen Medien feuerte ihn das Magazin. Der einflussreiche Blog des CAP bot mit Pielke verfeindeten Wissenschaftlern wie Michael Mann eine Plattform für Schmähungen. *538* publizierte Gegenartikel, die darlegten, warum Wetterextreme schlimmer werden könnten, ohne dass es an den Schäden abzulesen ist – was nicht im Widerspruch zu Pielkes Artikeln stand. Wieder enthüllte geklaute Kommunikation das Ausmaß der Kampagne: Wikileaks veröffentlichte 2016 Tausende von E-Mails in Verbindung mit Hillary Clintons Präsidentschaftswahlkampf. Sie zeigten, dass ein Mitarbeiter des CAP an den milliardenschweren Klimaaktivisten Tom Steyer geschrieben hatte: »Ich denke, es ist fair zu sagen, dass Pielke ohne Climate Progress immer noch für *538* über das Klima schreiben würde [...] Aber wegen unserer Bemühungen tut er es nicht mehr [...] Danke für Ihre Unterstützung dieser Arbeit.«

Die Attacken weiteten sich aus. Der Kongressabgeordnete Raul Grijalva von den Demokraten gab Anfang 2015 in einer Pressemitteilung bekannt, er werde Ermittlungen gegen Pielke einleiten, und stellte das Gerücht in den Raum, dieser habe Geld von der fossilen Industrie genommen. Dafür lagen ihm weder Beweise noch Indizien vor. Dennoch verlangte Grijalva in einem Brief an den Präsidenten der Universität in Boulder, an der Pielke beschäftigt war, alle finanziellen Zuwendungen des Forschers und seine gesamte Korrespondenz offenzulegen. Darin zitierte er Holdrens Attacke als vermeintlichen Beweis; sogar die *New York Times* berichtete. Die Lokalzeitung in Boulder brachte ein Foto des Wissenschaftlers und stellte gleich im ersten Absatz des Artikels die Frage, ob er »Geld von der Erdölindustrie bekommen hat«. Pielke wehrte sich auf seinem Blog: »Ich habe nie Mittel erhalten von der fossilen Industrie oder deren Interesseverbänden.« Seine Hochschule stellte sich nicht vor ihren Angestellten, obwohl die Beschuldigungen seinen Ruf schädigten; ihr Präsident leitete eine Untersuchung ein. Doch diesmal erhielt Pielke Unterstützung: Das Wissenschaftsjournal *Nature* kritisierte das Verhalten Grijalvas, das eine »einschüchternde Botschaft an alle Akademiker und an die Öffentlichkeit« sende. Auch die Amerikanische Meteorologische Gesellschaft wandte sich gegen den Politiker: Einen Forscher herauszupicken und aufgrund geäußerter Ansichten dessen Glaubwürdigkeit infrage zu stellen sei einschüchternd für andere Wissenschaftler. Grijalva gestand später, »übertrieben« zu haben. Die Untersuchung ergab, dass Pielke nie Geld von der fossilen Industrie erhalten hatte. Er wurde vollständig von den Vorwürfen entlastet – diesmal berichte die *New York Times* nicht. »Der Vorwurf blieb hängen«, sagte Pielke.

»Jahre voller Umbrüche in Karriere und Privatleben« habe er durchlebt, erzählte er: »Ich nehme an, das war der Punkt.« Der Forscher sah sich isoliert: »Nach Bekanntgabe der Grijalva-Untersuchung wurde ich von fast jedem Vortrag zum Thema Klima ausgeschlossen, zu dem man mich eingeladen hatte.« Kollegen behaupteten, dass »die Zusammenarbeit mit mir zu riskant sei«, und stellten sie ein. Pielkes Karriere war verbaut: »Ein Programmbeauftragter der Bundesbehörde sagte mir, ich solle mir nicht die Mühe machen, weitere Förderanträge einzureichen – ich sei zu kontrovers.« Niemand aus seiner Universität außer Anwälten habe während der Untersuchung mit ihm gesprochen, um Unterstützung anzubieten. Im internen Forum eines Klimablogs, der Pielke jahrelang schmähte, dokumentierten Aktivisten ihren Hass: »Wir JAGEN Pielke«, schrieb einer; »Wir versuchen, ihn zu Fall zu bringen« ein anderer; »Ich bin dafür, den Bastard zu Fall zu bringen«, stimmte ein dritter zu. Ein enger Kollege sagte Pielke, er wünsche, er könne helfen, aber er wolle vermeiden, »dass sie hinter mir her sind«. Er wurde als Leiter des Zentrums für Wissenschaftspolitik abgesetzt, das er an seiner Universität gegründet hatte. Unbekannte stellten sein Büro mit Kisten zu, die ihm nicht gehörten. Pielke suchte sich andere Aufgaben außerhalb der Klimaforschung.

Es waren hegemoniale Fragen, die ihn ins Fadenkreuz des Establishments rückten. Mit seiner unerbittlichen Kritik hatte er die Deutungshoheit gefeierter Klimaforscher in Zweifel gezogen. Gavin Schmidt, Klimachef der NASA, gab 2021 zu: Pielke habe »20 Jahre lang versucht, Wissenschaftler aus dem Zentrum zu stoßen«. Gerade als sich Michael Mann, Gavin Schmidt und einige andere als Leitfiguren der Debatte Anfang der 2000er-Jahre etabliert hatten, platzte der gesprächige Pielke herein und stellte Aussagen der Alphatiere infrage. Seit Dezember 2004 schrieben Mann und Kollegen auf dem Blog »RealClimate«, der zum »Sprachrohr eines Kartells« geworden war, monierte der deutsche Klimaforscher Hans von Storch fünf Jahre später. Die Betreiber aber wähnten sich in einer Abwehrschlacht gegen Skeptiker, und in diesen Kampf griff Pielke ein. Mann hatte im November 2005 einen Beitrag veröffentlicht, in dem er das »falsche Gleichgewicht« in den Medien beklagte – antiwissenschaftlichem Unsinn werde der gleiche Platz eingeräumt wie seriöser Forschung. Dabei bezog er sich auf zweifelhafte Zeitungskommentare von Journalisten und Politikern. Pielke erwiderte in einem Kommentar unter dem Blog-Artikel, dass es sich dabei um politische Kommentare handle, für die es keine wissenschaftliche Deutungshoheit gebe; Mann politisiere mit seinem Protest die Forschung. Die Betreiber beschworen in ihren Repliken den Wert der Naturwissenschaft. Pielkes Kommentare wurden schärfer: »Mein Einwand gegen RealClimate ist nicht, dass Ihr politisch agiert, sondern dass Ihr politisch agiert, aber behauptet, Ihr würdet es nicht.«

Nachdem *Foreign Affairs* Pielke 2010 aufgrund seiner berechtigten Kritik als »Klimaskeptiker« verleumdet hatte, höhnten seine Gegner auf »RealClimate«, sie würden »keinen Fehler des IPCC in dem Fall« sehen, »bestenfalls Meinungsunterschiede«. Dem Feind niemals recht geben, selbst wenn er recht hat, lautete ihre Devise. Und als Pielke 2016 im *Wall Street Journal* unter der Überschrift »Mein unglückliches Leben als Klima-Häretiker« von dem Mobbing berichtete, das ihm widerfahren war, hatte Schmidt nur einen lakonischen Kommentar übrig: »Man erntet, was man sät.« Pielke hingegen zeigte sich als Kritiker des Tribalismus konsequent und nahm auch seine Widersacher in Schutz, wenn die Fakten auf ihrer Seite waren: Als der republikanische Abgeordnete Joe Barton 2006 Michael Mann wissenschaftliches Fehlverhalten nachweisen wollte, sprang Pielke seinem Kontrahenten zur Seite. Ein ehrlicher Makler.

32. Befangenheit beim Klimarat: Kabale und Stürme

Wissenschaftler formen Forschungsthemen zu politischen Handlungsfeldern.

Misstrauen schöpfte Christopher Landsea im Oktober 2004 kurz nach Beginn seiner Arbeit für den vierten UN-Klimabericht. An der Harvard University nahe Boston, Massachusetts, hatten Wissenschaftler zu einer Pressekonferenz über Folgen der globalen Erwärmung geladen, ein Thema sollten Hurrikane sein – Landseas Spezialgebiet. Redner dort war IPCC-Leitautor Kevin Trenberth, der das Kapitel betreute, für das Landsea zuliefern sollte. Sie waren ein ungleiches Paar: Auf der einen Seite der zurückhaltende, erfahrene Hurrikanforscher Landsea, der sich sein Leben lang mit Tropenstürmen beschäftigt hatte, auf der anderen der extrovertierte Meteorologe Trenberth, der exzellent über Klimaforschung Bescheid wusste und einen formidablen Überblick über die Disziplin hatte, nur eben keine Expertise bei Hurrikanen aufwies. Menschlich wären sie sich vermutlich aus dem Weg gegangen, doch der UN-Klimarat hatte entschieden, dass Trenberth im vierten UN-Klimareport das Hurrikan-Kapitel leiten sollte.

Vor der Pressekonferenz wollte Landsea seinem Kollegen sicherheitshalber eine Zusammenfassung über den Sachstand zum Thema Hurrikane und Klimawandel schicken. Bereits für die beiden Klimaberichte zuvor hatte der Fachmann das entsprechende Kapitel miterarbeitet. Die Pressekonferenz fand am Ende einer ungewöhnlich intensiven Saison statt; 2004 waren erstmals seit Beginn der Aufzeichnungen vier Tropenstürme in einem Jahr in Florida gemeldet worden, in Japan waren es gar zehn. Als Landsea sich die Pressekonferenz mit Trenberth und die Medienberichte ansah, erschrak er. Der Leitautor verkündete, dass die globale Erwärmung die Hurrikanaktivität verstärkt habe – eine Verdrehung des Sachstands. Landsea brauchte einige Tage, um die Sache zu verdauen. Dann reagierte er mit einer Tat, zu der sich wenige in der Klimadebatte trauen: Er wies seinen Kollegen offen auf den Fehler hin. In einer E-Mail an die Führung des Weltklimarats, am IPCC-Report beteiligte Forscher und an Trenberth, die später publik wurde, fragte er, auf welchen Studien die Behauptungen fußten. Ihm seien keine Arbeiten bekannt, die einen Zusammenhang von Klimaerwärmung und der Aktivität von Wirbelstürmen belegen, schrieb Landsea. Die Möglichkeit, dass Trenberth vor dem Beginn des Schreibprozesses bereits eine Schlussfolgerung gezogen hatte, bereitete ihm Kopfzerbrechen: »Ich bin besorgt, ob der Klimaratsprozess in Hinblick auf die Hurrikane objektiv fortgesetzt werden kann.« Es gebe »viele legitime Gründe«, um wegen der globalen Erwärmung besorgt zu sein, »aber die Beweise für Hurrikane sind einfach noch nicht da«. »Ich würde sagen«, schloss er in seiner E-Mail, »die Pressekonferenz geriet zu dem Zeitpunkt außer Kontrolle, an dem die Kollegen den wissenschaftlichen Begutachtungsprozess überschritten und die Forschung für eine politische Agenda missbraucht haben.« Landsea wünschte schließlich eine Bestätigung vom Ratsvorsitzenden, dass alles, was in dem Dokument stehen werde, dem wissenschaftlichen Sachstand entspreche.

Trenberth antwortete drei Tage später, am 8. November 2004. Die Pressekonferenz sei angesetzt worden, um die »fehlerhaften Berichte zu korrigieren«, denen zufolge die Hurrikane der jüngsten Zeit nicht mit dem Klimawandel in Verbindung stünden. Diese Annahme werde von Landsea verbreitet, während diverse Kollegen andere Auffassungen davon hätten. Autoritär beendete er sein Schreiben: »Ich fordere Chris auf, seinen Beitrag für den Klimareport zu schicken, er ist überfällig.« Es dauerte weitere zwölf Tage, bis auch der Ratsvorsitzende, Rajendra Pachauri, ein weiterer Adressat der Rundmail, antwortete. Dieser stimmte »vollkommen überein« mit Trenberth, der den Sachstand »akkurat« wiedergegeben habe. Im Dezember reagierte auch die Vorsitzende des Klimaberichts, Susan Solomon – mit einer Mail aus unverbindlichen Phrasen.

Schockiert, keine Unterstützung zu erfahren, entschloss sich Landsea zu einem konsequenten Schritt: Am 17. Januar quittierte er in einem offenen Brief an den IPCC seine Mitarbeit: »Ich bin zu der

Einsicht gelangt, dass jener Teil des Klimarats, für den meine Expertise relevant ist, politisiert wurde«, und fuhr fort: »Ich habe meine Zweifel gegenüber der IPCC-Führung zum Ausdruck gebracht, die diese aber schlicht zurückgewiesen hat.« Landsea beschwerte sich weiterhin, dass Trenberth die Hurrikansaison 2004 öffentlich mit der globalen Erwärmung in Verbindung gebracht hatte: »Ich war ein bisschen perplex. Nach meinem Wissen hatte keiner der Teilnehmer an der Pressekonferenz zur Hurrikanvariabilität geforscht.« Keine seriöse Studie habe bislang einen Langzeittrend bei Tropenstürmen belegen können, und dies sei auch in den UN-Klimaberichten nachzulesen. Landsea verstehe nicht, warum seine Kollegen »die Medien benutzen, um ihre unbegründete Agenda durchzudrücken«. Mit Trenberth als Leitautor des Hurrikan-Kapitels für den nächsten Report sei es »sehr schwer, objektiv weiterzumachen«.

33. Hurrikane: Falsche Maskottchen des Klimawandels

Ein Ausstieg aus dem Überbietungsdiskurs bedeutet eine soziale Hochkostensituation.

Ende August 2005 verwüstete »Katrina« die Stadt New Orleans im Südosten der USA. »Hurrikane und Klimawandel – Münchener Rück rechnet mit Preiserhöhung«, schlagzeilte der *Spiegel*. Eine Veröffentlichung in *Science* kam passend, sie erkannte eine Zunahme starker Stürme seit den 1970er-Jahren, zeitgleich mit dem Schub globaler Erwärmung. »Ich wurde behandelt wie ein Rockstar«, erinnerte sich die Klimaforscherin Judith Curry vom Georgia Institute of Technology, eine Autorin der Studie. Medien und Umweltverbände rissen sich um Interviews. Darin betonte Curry, dass New Orleans besser gegen Sturmfluten geschützt werden müsse. »Aber niemand interessierte sich für meine Botschaft, alle wollten nur über die globale Erwärmung reden«, sagte sie. Bald musste die Forscherin erkennen, dass der vermeintliche Zusammenhang zwischen Klimawandel und Hurrikanen nicht belegt war: Daten früherer Jahrzehnte wiesen Lücken auf, und im Atlantik hatte eine natürliche Schwankung die Stürme begünstigt. Die Konklusion ihrer Studie war voreilig gewesen.

Nach dem »Climategate«-Skandal wandte sich das Blatt für Judith Curry. Sie kritisierte das in den geklauten E-Mails dokumentierte Verhalten ihrer Kollegen und des IPCC. Das machte sie zum Feind des Klima-Establishments und erschwerte ihre Forschung. Große Projekte erhalten nur dann Fördermittel, wenn sie das Ziel des UN-Klimasekretariats akzeptieren, eine »gefährliche anthropogene Störung des Klimasystems« zu verhindern, gab Curry zu verstehen: »Das wird nicht offen ausgesprochen, es ist subtil.« Denjenigen, die natürliche Klimavariationen erforschen wollen oder als Zweifler am politischen Unterbau der Wissenschaft auffallen, sei seit den

2000er-Jahren keine große Karriere mehr möglich gewesen. Eine regelrechte »Industrie« habe sich gebildet, die jeden Aspekt des Lebens auf einen Bezug zur globalen Erwärmung abklopfe: Ob Fettleibigkeit, Flugturbulenzen, Kriege oder soziale Unruhen, die wahren Ursachen der Probleme blieben ignoriert. Unangemessene Fokussierung auf das Klima, also »Klimareduktionismus«, garantiere die Aufmerksamkeit der Medien und damit auch das Wohlwollen von Fachmagazinen und Sponsoren, resümiert der Debattenforscher Mike Hulme.

»Nach ›Climategate‹ wurde es dann richtig schlimm«, so Curry. Die Reihen der angegriffenen Forscher schlossen sich, Abweichler beschimpfte man als »Leugner«. Selbst Wissenschaftsmagazine wollten keine Klimadiskussion mehr: *Science* erklärte in einem Editorial: »Die Zeit der Debatte ist vorbei.« Curry hatte die Einladungen konservativer Politiker zu Anhörungen akzeptiert, weshalb wütende Aktivisten auf sie losgingen. »Leute wie sie ekeln mich wirklich an«, schrieb jemand im internen Forum eines Blogs. 2013 ergab die Google-Suche nach ihrem Namen den Eindruck, sie sei keine renommierte Wissenschaftlerin, sondern eine »Klimaleugnerin«. Auch auf der von Aktivisten betriebenen Online-Plattform »Skeptical Science« wurde sie geschmäht. Einer der Betreiber schrieb 2020 auf Twitter: »Wenn man sich all die Aussagen von ihr anschaut, die wir entlarvt haben, dürfte sie das in Akademikerkreisen unvermittelbar machen.« Er behielt recht: Die Leitung ihrer Universität fürchtete um den eigenen Ruf, nachdem Curry den IPCC und die Hockeyschläger-Grafik kritisiert hatte. Sie bewarb sich bei anderen Instituten und erhielt viele Einladungen, doch jedes Vorstellungsgespräch stockte: Im Internet stehe, sie sei eine »Klimaleugnerin«. Curry verließ die Wissenschaft und gründete ein eigenes Unternehmen. »Die beste Entscheidung meines Lebens«, kommentierte sie später, »ich bin so froh, das alles hinter mir gelassen zu haben.«

Hurrikane entwickelten sich zum Maskottchen des Klimawandels. Das Ankündigungsplakat des Kinofilms *Eine unbequeme Wahrheit* von Al Gore schmückte 2006 ein Wolkenwirbel, der aus einem Schornstein kroch – allerdings drehte sich dieser falsch herum. Wenige Tage nach »Katrina« führte Gore die Tropenstürme in einer

Rede vor dem Sierra-Club als Beweis für die Gefahr an, die von der globalen Erwärmung ausgehe. Dabei verglich er das Warten auf den Klimawandel mit dem Zaudern der Vereinigten Staaten vor dem Eintritt in den Zweiten Weltkrieg. Der Besteller *Vor uns die Sintflut* der *New-York-Times*-Autorin Elisabeth Kolbert aus demselben Jahr inszenierte »Katrina« ebenfalls als Sinnbild für den menschengemachten Klimawandel. Die Energiewendelobby Climate Energy Council forderte im Mai 2006 den Rücktritt des Direktors einer großen US-Wetterbehörde mangels Alarmismus: »Die NOAA verbirgt aktiv den starken wissenschaftlichen Zusammenhang zwischen mehr Hurrikanen und der globalen Erwärmung«, lautete die Begründung. Das Earth Policy Institute erklärte 2006 jene 250 000 Menschen, die wegen »Katrina« ihre Häuser hatten verlassen müssen, zur »ersten dokumentierten Massenbewegung von Klimaflüchtlingen«. Dabei stellte der UN-Klimarat auch in seinem jüngsten Sachstandsbericht 2021 fest, dass es »ungewiss« sei, ob die Aktivität tropischer Stürme außerhalb des Bereichs der natürlichen Variabilität liege. Der Hurrikan-Energieindex ACE zeigte weder 2006 noch später einen Anstieg. Die Zahl der Wirbelstürme, die das Festland der USA treffen, hat nach Angaben des US-Wetterdienstes seit 1900 abgenommen.

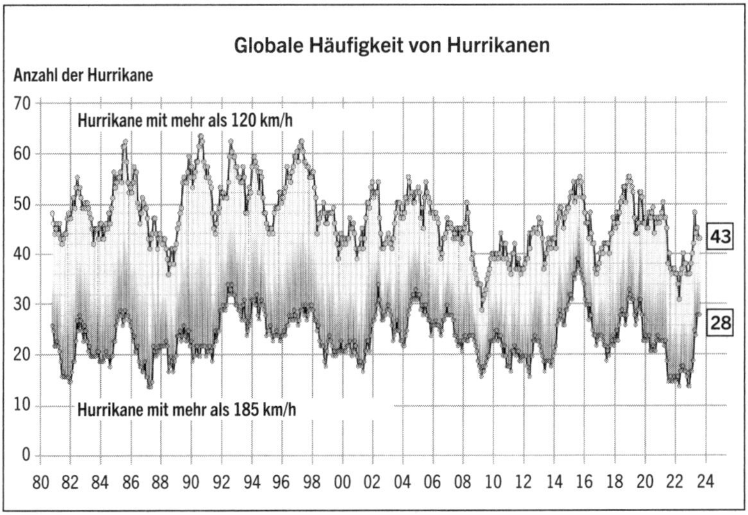

Quelle: https://climatlas.com/tropical/, Ryan Maue

34. Nicht neutrale Boten: Klimaschützer verhindern Klimaschutz

Klimaaktivismus sichert eine Stellung in der eigenen Gruppe, riskiert damit aber die Abschreckung anderer Milieus.

Hinter der Bühne einer Konferenz in Los Angeles trafen sich 2009 Al Gore und der Mediziner Hans Rosling, der damit berühmt geworden war, Naturkatastrophen in Afrika mit raffinierten Methoden einzudämmen. Der ehemalige Vizepräsident habe ihn um Hilfe beim Kampf gegen den Klimawandel gebeten, berichtete Rosling. Beide stimmten überein: Schnelles Handeln sei erforderlich. Dennoch musste Rosling Gores Anfrage ablehnen. »Ich mag keine Panikmache«, erläuterte der Arzt. »Angst sorgt für dumme Entscheidungen mit unvorhersehbaren Nebenwirkungen.« Der Klimawandel sei zu wichtig, er bedürfte systematischer Analyse und sorgfältiger Bewertung. Übertreibungen würden dagegen die eigene Glaubwürdigkeit untergraben. »Wir müssen den Leuten Angst machen!«, widersprach Gore. »Aufrütteln« wolle er die Menschen und ihnen mitteilen, wie gefährlich die globale Erwärmung sei.

In seinem Lichtbildvortrag *Eine unbequeme Wahrheit* schieben sich riesige Hurrikane und Fluten, eine nach der anderen, über die Leinwand, begleitet von Gores Beschwörungen, endlich den Klimawandel zu stoppen. Animationen zeigen, wie sich die Niederlande in ein Tauchgebiet und Miami in ein neues Atlantis verwandeln und wie das schwellende Meer in Südasien Abermillionen Menschen aus ihrer Heimat vertreibt. Für den Film hatte Gore 2007 den Friedensnobelpreis erhalten. Aber waren seine Warnungen erfolgreich? Repräsentative Umfragen unter US-Amerikanern vor und nach der Veröffentlichung von Gores Werk lassen daran zweifeln: Dabei kam heraus, dass die Menschen die globale Erwärmung von 2006 bis 2008 im Durchschnitt kaum unterschiedlich bewerteten. Die Berichterstattung über den Klimawandel aber nahmen sie als zunehmend übertrieben wahr: Laut Gallup-Umfragen stieg die Zahl der US-Amerikaner kontinuierlich, die angaben, die Medien spielten die Auswirkungen des Klimawandels hoch: Von 30 Prozent 2006 auf 48 Prozent 2010. Noch einen Unterschied zeigten die Daten: Die gesellschaftliche Spaltung zum Thema Klima hatte sich vergrößert. Man fand heraus, dass »eine bemerkenswerte Anzahl von Menschen den Dokumentarfilm gesehen hat und davon berührt war«, berichtete Anthony Leiserowitz, Politikforscher an der Yale University, »aber bei den Zuschauern handelte es sich tendenziell um Demokraten mit höherer Bildung«, also Anhänger des linken politischen Spektrums. Für jede Person, die der Film habe überzeugen können, seien mindestens genauso viele abgeschreckt worden. Die Ablehnung lässt sich auf einen Grund zurückführen: »Al Gore«, sagte Leiserowitz. »Er war alles andere als ein neutraler Bote«, bestätigen die beiden Politikforscher Eric Merkley von der University of Toronto und Dominik Stecula von der Colorado State University. Weitere Gallup-Umfragen zeigen, dass 75 Prozent der Republikaner zu der Zeit, als *Eine unbequeme Wahrheit* veröffentlicht wurde, eine negative Meinung zu Gore hatten. Nachdem sein Film herausgekommen war, kam er über das Jahr 2007 in fast einem Viertel der Fernsehsendungen und in fast jeder fünften Zeitungsgeschichte über den Klimawandel vor. Sogar der konservative Sender Fox News zitierte Gore 2007 in mehr als der Hälfte der Berichte über die globale Erwärmung. Die Omnipräsenz dürfte eine abschreckende Wirkung gehabt haben, mutmaßen die Forscher, denn Menschen werden nicht nur von ihren jeweiligen politischen Meinungsführern beeinflusst, sondern auch von den Botschaften der anderen Seite.

Zwischen 2006 und 2008 wuchs die Kluft zwischen Demokraten und Republikanern, die angaben, dass sie sich persönlich »große oder ziemlich große Sorgen« über die globale Erwärmung machen, von 24 Prozent auf 35 Prozent. Auch das Pew Research Center stellte in jener Zeit eine zunehmende Polarisierung fest. Bei der Frage nach dem menschengemachten Anteil der Erwärmung vergrößerte sich die Spaltung ebenfalls. Laut Gallup sank die Zustimmung zu der Aussage »Der Mensch verändert das Klima« unter Wählern der Republikaner zwischen 2003 und 2010 stetig. Dass Effekte der globalen Erwärmung bereits spürbar seien, glaubten 2006 noch 42 Prozent der Konservativen, 2009 nur noch 32 Prozent. Stand Ende 2023 hat der Anteil der Republikaner, die sich wegen des Klimawandels sorgen, seit 2009 nicht mehr die 20-Prozent-Schwelle überschritten. Nicht etwa die skeptische Agitation republikanischer Politiker, sondern »Botschaften der demokratischen Elite scheinen die Klimaskepsis der Republikaner anzuführen«, schreiben Merkley und Stecula. Die Fähigkeit dieses Personenkreises, konservative Wähler abzuschrecken, sei in der öffentlichen Meinungsforschung nicht ausreichend anerkannt worden, resümieren die Autoren: »Al Gore und sein Dokumentarfilm liefern vielleicht das hervorstechendste Beispiel dafür, wie wichtig es wäre, Botschaften auch außerhalb der eigenen Gruppe zu senden.« Mit seinen Äußerungen habe der ehemalige Vizepräsident republikanische Wähler dauerhaft verschreckt: »Noch heute sehen wir in unseren Recherchen, dass viele abweisend reagieren auf das Thema globale Erwärmung, weil sie dabei an Al Gore denken«, meinte Leiserowitz 2014.

In den Medien treffen Konservative vor allem auf Stimmen der Demokraten zum Klimawandel: Öffentliche Zitate von Republikanern zu dem Thema sind seit 2001 rückläufig, ihr Anteil ist zwischenzeitlich auf weniger als 10 Prozent der Berichterstattung gesunken. »Zwischen 90 und 100 Prozent der Botschaften der demokratischen Eliten seit den 1990er-Jahren waren klimafreundlich, das heißt, sie befürworteten den klimawissenschaftlichen Konsens oder die Notwendigkeit einer Klimaschutzpolitik«, berichten Merkley und Stecula. Die gängige Meinung, dass Republikaner konsequent leugnende Aussagen verbreiten, werde von ihren Daten nicht bestätigt: »Beispielsweise enthielten weniger als 20 Prozent der republikanischen Botschaften während der Präsidentschaft von George W. Bush Zweifel an der Klimawissenschaft.« Die Zeit der gut organisierten und finanzierten Skeptiker-Kampagnen der 1990er-Jahre habe in den 2000er-Jahren kaum noch Wirkung gezeitigt. Selbst in konservativen Medien seien Klimaleugner eine Seltenheit gewesen, ganz zu schweigen vom Mainstream, etwa in der *New York Times* oder der *Washington Post*. »Die wahrscheinlichste Erklärung für die Klimaleugnung unter den Republikanern«, schreiben Merkley und Stecula, »sind also klare Signale der demokratischen Eliten«.

Erst die Tea-Party-Bewegung während der Präsidentschaft Obamas fachte die Anti-Klima-Rhetorik bei den Republikanern wieder an, fanden die Autoren heraus. Sein Nachfolger Donald Trump griff diese auf und popularisierte sie. Während die Gesellschaft der USA Ende der 1990er-Jahre kaum gespalten war in Fragen des Klimawandels, wuchs der Unterschied zwischen Wählern der Republikaner und Demokraten bezüglich der Frage, ob man sich große Sorgen wegen der globalen Erwärmung mache, von 2000 bis 2017 laut Gallup-Institut von 14 auf 49 Prozentpunkte. Das Misstrauen der konservativen Wähler gegenüber dem Thema hat sich dermaßen verstärkt, dass sie mittlerweile Politikern, die sich in ihren Augen des Klima-Alarmismus schuldig machen, sofort ihr Vertrauen entziehen, berichten die Umweltforscher Zuhad Hai und Rebecca Perlman von der Princeton University 2022 in *Science Advances*: »Wenn ein Politiker Waldbrände mit dem Klimawandel in Verbindung bringt, halten die Republikaner ihn für weniger fähig, wetterbedingte Katastrophen anzugehen.«

35. Kulturelle Kognition: Wir gegen sie

Um Gruppenzugehörigkeit zu festigen, werden Denkfähigkeiten in den Dienst der Verteidigung eigener Meinungen gestellt.

Der Kommunikationsforscher Dan Kahan von der Yale Law School konfrontierte Teilnehmer seines berühmten Experiments aus dem Jahr 2011 mit zwei Experten-Aussagen zum Klimawandel, von denen sie eine als wahr und die andere als falsch bewerten mussten. Aussage 1: Es gibt »einen wissenschaftlichen Konsens zur globalen Erwärmung«; Aussage 2: Es ist »verfrüht und übertrieben zu behaupten, dass es einen wissenschaftlichen Konsens in dieser Frage gibt«. Kahans Ergebnis fiel eindeutig aus: Die Probanden bewerteten die beiden Optionen gemäß ihrer politischen Einstellungen. Demokraten stuften den Experten mit der Konsens-Aussage als glaubwürdiger ein, Republikaner den Experten mit der gegenläufigen Meinung. Eigene Erkenntnisse, so folgerte Kahan, beruhten weniger auf der Suche nach Wahrheit als auf dem, was er »Kultur« nennt, also auf Überzeugungen. Die würden umso entschiedener verteidigt, je höher der Wissensstand ist: Je mehr wissenschaftliche Kenntnisse die Teilnehmer hatten, desto stärker gingen ihre Meinungen über die globale Erwärmung auseinander. Intellektuelle Fähigkeit ermögliche es, Belege besser zugunsten der bevorzugten Schlussfolgerung zu interpretieren. Wirkt der Klimawandel auf Demokraten mit höheren wissenschaftlichen Kompetenzen zunehmend bedrohlicher, halten Republikaner die Erwärmung dagegen für weniger gefährlich, je besser sie darüber informiert sind.

Eine Ipsos-Umfrage 2023 bestätigte die Ergebnisse: Sowohl Republikaner als auch Demokraten stimmten bezüglich des Klimawandels eher mit jenen Aussagen des IPCC überein, die ihre Weltsicht stützen: Bei Fragen zur Realität der globalen Erwärmung waren die Demokraten auf Linie mit dem Klimarat, bei Fragen zu Trends und

Effekten von Extremwetter gingen Republikaner eher mit dem Ausschuss konform. Obwohl wissenschaftliche Informationen leichter verfügbar sind denn je zuvor, ziehen Menschen aus ihnen nicht dieselben Schlussfolgerungen – Kahan spricht vom »epistemischen Pluralismus«. Die Begründung dafür liege zum einen in der »identitätsschützenden Kognition«, die bewirkt, dass Individuen tendenziell eher Überzeugungen von Gruppen übernehmen, mit denen sie sich identifizieren, und zum anderen in der »kulturellen Kognition«, die bewirkt, dass Individuen Überzeugungen vermeiden, die von der jeweiligen Bezugsgruppe missbilligt werden. Die Ergebnisse seien nur dann überraschend, wenn man glaubt, der Mensch strebe nach Wahrheit, konstatiert Kahan. In Wirklichkeit verteidigen wir unsere Meinungen, um Gruppenzugehörigkeiten zu festigen. Dieses Verhalten ist anthropologisch betrachtet vernünftig: Für ein Individuum war es evolutionär riskanter, mit einer korrekten Behauptung allein zu stehen und ausgeschlossen zu werden, als einer Gemeinschaft anzugehören, die sicheren Halt bietet, obwohl sie faktisch falsche Ansichten vertritt.

Von dem Phänomen profitieren Wissenschaftler, die nach öffentlicher Anerkennung streben: Forscher, die in den sozialen Medien einen »Wir-gegen-sie«-Habitus pflegen, heimsen dort die größte Gefolgschaft ein, ermittelten Kommunikationsforscher um Kaiping Chen von der University of Wisconsin 2023. An deren Spitze stand Michael Mann, der Hockeyschläger-Kämpfer. »Die Bildung von Koalitionen um wissenschaftliche Fragen herum ist katastrophal, weil sie unseren Drang nach wissenschaftlicher Wahrheitssuche gegen den fast unüberwindlichen menschlichen Appetit ausspielt, ein gutes Koalitionsmitglied zu sein«, schreibt der Begründer des Fachgebiets der Evolutionspsychologie, John Tooby. »Sobald wissenschaftliche Thesen moralisch aufgeladen sind, verwundet dies den wissenschaftlichen Prozess, oft tödlich.« Die Klimadebatte belohne ein Verhalten, die eigene Konfliktgruppe zu bestärken und andere möglichst scharf zu verurteilen, bestätigt Mike Hulme. »Wissen Sie«, sagte Al Gore 2022 nach einem Amoklauf an einer texanischen Schule, bei dem die Polizisten nicht eingegriffen hatten, »die Klimaleugner ähneln in gewisser Weise den Beamten, die vor einer offenen Tür warteten, während drinnen Kinder massakriert wurden.«

Galt es früher als Zeichen von Höflichkeit, politische Diskussionen mit Fremden zu meiden und stattdessen übers Wetter zu reden, führen genau diese Gespräche mittlerweile zu unversöhnlichem Streit. Wissenschaftskommunikation müsse »entpolitisiert werden, damit sie von den verschiedenen Teilen der amerikanischen Gesellschaft nicht mehr als eine Bedrohung angesehen wird«, fordert Kahan. Man sollte Forschungsergebnisse präsentieren können, ohne dass diese »die Identität einer kulturellen Gruppe öffentlich infrage stellen«.

VI.
Politisierte Wissenschaft

36. Regierungsbericht: Bestellter Weltuntergang

Politiker versuchen Wissen zu hierarchisieren und zu verknappen, um Entscheidungsprozesse zu legitimieren.

Der britische Premierminister Tony Blair steckte im Schlammassel. Der Krieg im Irak, in den er sein Land geschickt hatte, erschütterte seine Popularität. Blair brauchte ein Thema, und das Bild eines visionären Politikers, der sich anschickt, die Klimakatastrophe abzuwenden, schien verlockend. Allerdings steckte er auch bei diesem Thema in der Klemme. Denn Anfang 2005 hatte der Sonderausschuss für wirtschaftliche Angelegenheiten des Oberhauses die teure Klimaschutzpolitik seiner Regierung bemängelt. Um die Kritik zu kontern, galt es zu beweisen, dass die Kosten der globalen Erwärmung weitaus höher ausfallen. Blair witterte eine Chance.

Sir Nicholas Stern war 2003 zum Leiter des staatlichen Wirtschaftsdienstes im Finanzministerium ernannt worden. Zuvor hatte er bei der Weltbank und der Europäischen Bank für Wiederaufbau und Entwicklung gearbeitet, wo man ihm ein Faible für Dirigismus nachsagte. Gemeinsam mit Blair und dessen Schatzkanzler Gordon Brown veröffentlichte er am 30. Oktober 2006 den »Stern-Report«. Der Bericht sei das wichtigste die Zukunft betreffende Dokument, das die Regierung jemals vorgelegt habe, sagte der Premierminister und warnte vor den katastrophalen Folgen des Klimawandels »zu unseren eigenen Lebzeiten«. »Wir wissen, dass es passiert. Wir kennen die Folgen für den Planeten«, mahnte er. Investitionen in den Klimaschutz würden »sich um ein Vielfaches auszahlen«, erläuterte Stern. Umweltpolitik sei Wirtschaftspolitik, fügte Brown hinzu. Medien überall brachten das Thema als große Schlagzeile: »Ein ungehemmter Klimawandel wird einer britischen Studie zufolge die Weltwirtschaft in eine Krise wie in den 1930er-Jahren stürzen, weil die Folgeschäden Billionen kosten«, berichtete der *Spiegel.*

Sterns Berechnung, 1 Prozent der Wirtschaftsleistung pro Jahr für Prävention auszugeben, um potenzielle Konsequenzen in Höhe von 5 bis 20 Prozent der Wirtschaftsleistung zu vermeiden, sei »sicherlich überzeugend«, kommentierte die *Times* in ihrem Leitartikel. Es sei »von unschätzbarem Wert«, dass Stern die globale Erwärmung mit einem Preisschild belegt habe, meinte der *Daily Telegraph*. Nach Ansicht der *Financial Times* würden die wirtschaftlichen Vorteile des Handelns die Kosten bei weitem überwiegen.

Stern ging von einem dramatischen Anstieg der Wetterkatastrophen aus und nahm an, dass tropische Stürme und Hochwasser stetig zunehmen würden, ohne dafür auf robuste Daten oder Theorien zurückgreifen zu können. Er prognostizierte einen kontinuierlichen Aufwärtstrend der Katastrophenschäden in Prozent der Weltwirtschaftsleistung: von 2 Prozent 2005 auf 3 Prozent 2015 auf 4 Prozent 2025 auf 5 Prozent 2035 und 6 Prozent 2045 – bis hin zu schließlich 20 Prozent. Schon bald stellte sich jedoch heraus: Seine Prognose war falsch. Die Umweltforscher Giuseppe Formetta und Luc Feyen diagnostizieren 2019 im Fachmagazin *Global Environmental Change*: »Es ist offensichtlich, dass sowohl die menschliche als auch die wirtschaftliche Verwundbarkeit abnimmt.« Inflationsbereinigte Katastrophenverluste in Prozent der Wirtschaftsleistung waren von 2005 bis 2023 sogar langsamer gestiegen als das Bruttoinlandsprodukt (Kapitel 31). Stern verheimlichte seine Motivation nicht: Die Herausforderung bestehe darin, Skeptiker zu besiegen; »zurückdrängen« müsse man die »Mächte der Finsternis«. Der »Stern-Report« sei ein »Vehikel, um es mit den Zweiflern international aufzunehmen«, berichtete die *Financial Times* unter Berufung auf Regierungsquellen.

Die Fachwelt reagierte verhalten. So bezeichnete der Klimaökonom Ottmar Edenhofer vom PIK den Bericht zwar freundlich als »kopernikanische Wende der Klimapolitik«, die meisten seiner Kollegen kritisierten das Dokument allerdings: Der Sache sei nicht gedient, wenn »Parameterwerte so gewählt werden, dass sie die gewünschten Antworten liefern«, kommentierte Partha Dasgupta, Professor für Volkswirtschaftslehre an der Cambridge University in Großbritannien. Stern unterschätze die Klimaschutzkosten bei weitem, erklärte der Energieexperte Dieter Helm. Auch der spätere Ökonomienobelpreisträger William Nordhaus griff den »Stern-Report« an, dessen Abschätzungen er »unhaltbar« nannte. Nach der darin gewählten Methodik sollten mehr als die Hälfte der geschätzten Schäden nach dem Jahr 2800 auftreten. Der Bericht nehme große und spekulative Ereignisse in der fernen Zukunft an und rechne diese auf die Gegenwart herunter. Folglich müsse er gedeutet werden als »ein Dokument, das politischer Natur ist und Interessenvertretung zum Ziel hat«. Klimadebattenforscher Peter Weingart hatte kurz zuvor festgestellt: »Der Trend geht in Richtung einer Instrumentalisierung der Wissenschaft durch die Politik. Die Wissenschaft sucht ihrerseits den Einfluss auf die Politik.«

Sterns Apell war im Sinne einer Regierung ausgefallen, welche die Kosten ihrer Vorhaben rechtfertigen musste: »Die Bekämpfung des Klimawandels ist die wachstumsfördernde Strategie.« Ausgaben in der Größenordnung von einem Prozent des Bruttoweltprodukts sollen verhindern, dass die globale Wirtschaft zwischen 5 und 20 Prozent ihrer Leistung »für immer verliert«. »Sehr selektiv, fokussiert auf die pessimistischsten Studien« sei Sterns Werk, schrieb der Ökonom Richard Tol von der University of Sussex. Die Folgerung, der Klimawandel würde ein Fünftel der globalen Wirtschaftskraft vernichten, korrigierte Tol auf ein halbes Prozent herunter. »Man kann den ›Stern-Bericht‹ als ein ziemlich vollständiges Argument dafür betrachten, warum eine aggressive kurzfristige CO_2-Minderung nicht sinnvoll ist«, erklärte Robert Mendelsohn von der Yale School of the Environment.

Andere Regierungen schauten sich Sterns Methode jedoch ab: Um die Kosten einer Transformation insbesondere im Energiebereich zu rechtfertigen, spielten sie die Kosten des Klimawandels hoch. Nachdem Ökonomen 2016 ausgerechnet hatten, dass die Energiewende hierzulande allein bis 2025 mehr als 500 Milliarden Euro kosten wird, hielt die Bundesregierung 2023 dagegen: 900 Milliarden Euro teuer könnten die »kumulierten volkswirtschaftlichen Schäden« des Klimawandels in Deutschland bis Mitte des Jahrhunderts werden. Die enorme Summe leitet sich aus dem RCP8.5-Klimaszenario (Kapitel 49) her, das eine unrealistisch starke Erwärmung annimmt.

37. Klima-Klientelismus: Die Unterdrückung der Kernfrage

Die Durchsetzung des Risikodiskurses auf Kosten des Abwägungsdiskurses grenzt Ökonomen aus.

Ein Bruch innerhalb der Wissenschaft führte die Politik in die Irre. Die National Academy of Sciences in den USA hatte 1983 einen Report über den Klimawandel veröffentlicht. Fünf Kapitel steuerten Naturwissenschaftler bei, zwei kamen von Ökonomen, darunter die späteren Nobelpreisträger Thomas Schelling und William Nordhaus. Die Publikation legte die Existenz zweier unterschiedlicher Denkschulen offen: Wo die Naturwissenschaftler die Risiken einer globalen Erwärmung gemäß ihrer Disziplin beschrieben, beschäftigte die Ökonomen ein anderes Problem: Welcher Aufwand für Emissionseinsparungen wäre wirtschaftlich verkraftbar, und ab wann würden die Kosten die zu erwartenden Auswirkungen des Klimawandels übersteigen? Diese Frage lag im Herzen der Debatte. Doch ökonomische Abwägungen gerieten schon bald in den Hintergrund, denn diejenigen, die sich mit ihnen auseinandersetzten, sahen sich mit harter Gegenwehr konfrontiert. Als »Munition für Klimaskeptiker« brandmarkten politische Kontrahenten wie die einflussreiche Wissenschaftshistorikerin Naomi Oreskes die Ausführungen der Volkswirte im NAS-Report 1983. In seinem dritten Sachstandsreport aus dem Jahr 2001 schob der IPCC die Ökonomie schließlich ganz beiseite und fokussierte auf die Minderung von CO_2-Emissionen: Sein Mandat sei »von einer überwiegend disziplinären Bewertung der wirtschaftlichen und sozialen Dimensionen des Klimawandels zu einer interdisziplinären Bewertung der Optionen zur Emissionskontrolle« übergegangen, hieß es damals.

Das Hauptaugenmerk auf die Minderung des Kohlendioxidausstoßes zu legen befeuert staatlichen Dirigismus und spielt damit auch überstaatlichen Institutionen wie dem UN-Klimasekretariat

UNFCCC, der Mutterorganisation des Klimarats, in die Hände. »Warum sind Mainstream-Ökonomen beim IPCC unbeliebt?«, fragte 2023 der Volkswirt Christian Gollier von der Toulouse School of Economics angesichts der Unterrepräsentation seiner Zunft im UN-Klimabericht, und antwortete gleich darauf: »Weil sie darauf bestehen, Anreizinstrumente statt autoritärerer Maßnahmen zu nutzen, wie sie von den Vertretern anderer Disziplinen propagiert werden.« Aber Naturwissenschaftler bestimmen den Diskurs: »Der Planet erwärmt sich weiter, bis die Treibhausgasemissionen auf Netto-Null gesenkt werden«, schrieb der Klimatologe Ed Hawkins im März 2022. »Um zu verhindern, dass sich die Klimafolgen verschlimmern, bleibt nur Netto-Null«, fügte er hinzu. »Je schneller dieses Ziel erreicht wird, desto weniger schlimm die Folgen. Die Kosten der Untätigkeit sind höher als die Kosten des Handelns.« Der Klimaökonom Richard Tol widersprach:

> *Wenn ein Ökonom Blödsinn über die Wissenschaft des Klimawandels redet, wird er angespuckt. Wenn ein Physiker Blödsinn über die Ökonomie der Klimapolitik redet, kümmert es niemanden. Wenn die Emissionen bis 2030 auf null gesenkt werden, sind die Kosten des Handelns weitaus höher als die Kosten des Nichthandelns.*

Tol verwies auf den Kern der Klimaökonomik, der von Naturwissenschaftlern gerne ausgeblendet wird: auf die notwendige Abwägung von Klimaschutz- und Klimawandelkosten. Welches Maß an zusätzlicher Erwärmung sollte in Kauf genommen werden, um unverhältnismäßige Ausgaben durch CO_2-Einsparmaßnahmen zu vermeiden? Ab welcher Temperatur müssten wir mehr für die Reparatur der Schäden bezahlen, als uns Prävention heute kosten würde?

William Nordhaus von der Yale University – einer der Autoren jener NAS-Studie aus dem Jahr 1983 – erhielt 2018 den Wirtschaftsnobelpreis für seine Kosten-Nutzen-Analysen zum Klima, die er seit Mitte der 1970er-Jahre betreibt. Der Ökonom hatte schon 1975 ein Konzept zum Kampf gegen die globale Erwärmung entworfen, die Einführung eines Kohlendioxidpreises vorgeschlagen und sich an einem 2-Grad-Ziel orientiert, das 20 Jahre später aufleben sollte.

Nordhaus, zuvor noch Berater des Kabinetts von Präsident Jimmy Carter, überschlug in einer Expertengruppe der Regierung Bush Senior Ende der 1980er-Jahre die Kosten einer rapiden Reduktion des CO_2-Ausstoßes. Eine Politik zur Stabilisierung der Emissionen könne die Wachstumsrate der Weltwirtschaft halbieren, warnte das Gremium. Die US-Regierung lud 1990 zu einer internationalen Konferenz nach Washington, wo ihre ökonomisch motivierte Mahnung auf Gegenwehr stieß. Bundesumweltminister Klaus Töpfer kritisierte die Vereinigten Staaten: »Informationslücken sollten nicht als Entschuldigung für weltweite Untätigkeit benutzt werden.« Der spätere Physiknobelpreisträger Klaus Hasselmann gab allerdings zwei Jahre darauf im Interview zu verstehen, dass wegen »fehlenden Kenntnissen über die Auswirkungen der Klimaveränderung auf die Gesellschaft« nicht zu entscheiden sei, wer recht habe: Bush oder Töpfer – »denn niemand hat nachgewiesen, ob wir damit leben können, dass sich das Klima ändert, oder ob es besser ist, das Wirtschaftssystem jetzt zu ändern«.

Nordhaus' Kalkulationen konkretisierten sich: Zunächst hatte er 3,5, später 3 Grad Celsius als optimale Erwärmung berechnet: Ab dieser Marke überstiegen die Kosten des Klimawandels die des Klimaschutzes. Andere Wissenschaftler kamen auf niedrigere Werte; manche von ihnen kritisierten Nordhaus – doch eine Debatte über die Abwägung von Klimawandel und Klimaschutz kam nicht auf. Die Weltgemeinschaft einigte sich im Pariser Abkommen sogar darauf, die Erwärmung auf 1,5 bis 2 Grad zu begrenzen – sehr zum Erstaunen der Ökonomen. Es sei »unmöglich«, das 2-Grad-Ziel des Pariser Abkommens zu erreichen, selbst bei schnellstmöglicher Wende hin zu Netto-Null-Emissionen, wandte Nordhaus ein. Die Absicht entspreche »nicht den ökonomischen Realitäten«. Das Pariser Abkommen sei gesetzt worden, ohne dass man vorher gefragt hätte, wie viel die Umsetzung kosten würde. »Wir können unsere Wirtschaft nicht einfach herunterfahren«, warnte der Nobelpreisträger im Interview mit der *NZZ*.

Um mögliche Auswirkungen des Klimawandels vergleichbar zu machen, kalkulieren Volkswirte die »gesellschaftlichen Kosten von CO_2«: Welchen Schaden verursacht eine zusätzliche Tonne vom Menschen emittiertes Kohlendioxid? Zwischen 1982 und 2022 haben Wissenschaftler rund 6 000 Schätzungen vorgelegt. Wichtige Faktoren sind dabei etwa der Wandel von Landwirtschaft und Nahrungsangebot im Zuge des Klimawandels, die Transformation der Energieversorgung, die Klimatisierung von Gebäuden, die Folgen für Arbeitskraft und Gesundheit, die Auswirkungen des Meeresspiegelanstiegs oder die Veränderung des Tourismus sowie der Transportmöglichkeiten. Für eine Erwärmung von 2,5 Grad gegenüber dem 19. Jahrhundert, auf die wir laut aktuellen Szenarien zusteuern (Kapitel 49), sagen die meisten Berechnungen keine ökonomische Katastrophe voraus: Der Durchschnitt aller relevanten Studien ergebe wirtschaftliche Einbußen von rund 1,8 Prozent, berichtet Richard Tol, Autor eines Standardwerks zu dem Thema. Die Arbeiten weichen in ihren Ergebnissen zwar stark voneinander ab, doch der Großteil schätzt die ökonomischen Verluste bei einer Erwärmung von 2,5 Grad unter 2 Prozent ein, was in etwa dem Wirtschaftswachstum eines Jahres entspricht, das in Summe bis 2100 verloren geht.

Der Klimawandel sei ein untergeordneter Faktor für die Entwicklung der Gesellschaft, resümiert Brian O'Neill vom Pacific Northwest National Laboratory in den USA, der 20 Jahre in gehobener Position für den IPCC gearbeitet hat. Seine Auswirkungen könnten negativ sein, aber von anderen Treibern des Geschehens überboten werden, etwa von der wirtschaftlichen Entwicklung, von technologischem Fortschritt, sozialem Wandel oder politischen Veränderungen, erklärt der Experte 2023 im Fachmagazin *Nature Climate Change*. Der positive Ausblick leugne dabei nicht den Schweregrad möglicher Folgen des Klimawandels, betont der Umweltforscher: Die Erwärmung verlangsame den Fortschritt – kehre ihn aber nicht um. O'Neill fordert, die Gesamtperspektive zu berücksichtigen: Wissenschaftliche Bewertungen müssten unter Einbezug aller Faktoren zwischen dem Gesamtrisiko und dem spezifischen klimabedingten Risiko unterscheiden. Die meisten Szenarien des IPCC stellen eine Zukunft mit weniger Armut und weniger Konflikten in Aussicht, »in der die Menschheit besser ausgebildet, besser ernährt, langlebiger und gesünder ist«, schreibt O'Neill. Ein Anstieg der durchschnittlichen Lebenserwartung um 10 bis 20 Jahre in diesem Jahrhundert werde erwartet – selbst in den Ländern, in denen sie aktuell am kürzesten ausfällt. Der Klimawandel berge jedoch auch schwer abschätzbare Risiken, wie etwa ein beschleunigtes Abschmelzen der Polkappen, betont Richard Tol. Der Vorstellung, die Erwärmung treibe die Menschheit zwangsläufig ins Verderben, widerspricht er dennoch: »Die schlimmsten Auswirkungen des Klimawandels sind Symptome von Unterentwicklung und Missmanagement«, gibt Tol zu verstehen. »Das bedeutet, dass wir uns immer fragen sollten, wie wir das Schicksal der zukünftigen Menschen am ehesten verbessern können. Geht es um die Reduzierung der Treibhausgasemissionen oder um die wirtschaftliche Entwicklung?« Die Klimaökonomie verweist auf den Einfluss von Anpassungsmaßnahmen: Wenn 50 Prozent der gesellschaftlichen Kosten von CO_2-Emissionen auf hitzebedingte Sterblichkeit zurückzuführen sein werden, wie es derzeitige Berechnungen nahelegen, fragt der Klimaforscher Ken Caldeira 2023, »sollten wir dann nicht mehr tun, um armen Menschen in heißen Umgebungen zu helfen, widerstandsfähiger gegen Hitzewellen zu werden?«

Wirtschaftsnobelpreisträger Thomas Schelling hat 1992 in einem Gedankenexperiment die Unsicherheit der Prognosen veranschaulicht: Angenommen, wir könnten mit perfekter Sicherheit die Veränderung von Temperatur und Niederschlag für jeden Ort der Welt prognostizieren, und die Aufgabe für Ökonomen lautete dann, davon ausgehend die wirtschaftliche Entwicklung vorherzusagen – wie wären die Projektionen im Jahr 1900 wohl für das Jahr 2000 ausgefallen? Die Volkswirte hätten sich damals angesichts der erwarteten Zunahme von Niederschlag vielleicht Sorgen über die Gesundheitsversorgung oder die Probleme matschiger Straßen für Kutschen-Transporte gemacht. Doch sie konnten nicht ahnen, dass Antibiotika, Impfungen und Hygiene die Medizin revolutionieren und Pferde als Transportmittel ausgedient haben würden – die durchschnittliche Lebenserwartung verdoppelte sich in den kommenden 100 Jahren. Wer 1900 die reale Entwicklung vorausgesagt hätte, wäre dagegen kaum ernst genommen worden.

38. Extremszenarien: Kühler Klimarat

In entscheidenden Situationen konnten IPCC-Wissenschaftler den Alarmismus-Vorwurf widerlegen, handelten sich dafür aber den Tadel ein, allzu konservativ zu sein.

Die Studie schockierte die Bewohner von North Carolina. Bürgermeister entlang der Küste im Osten der Vereinigten Staaten berieten jahrelang über das alarmierende Papier aus dem Jahr 2007, das einen Anstieg des Meeresspiegels um deutlich mehr als einen Meter bis zum Ende des Jahrhunderts in Aussicht stellte. Der Atlantik drohe in North Carolina zwei Meter landeinwärts vorzudringen, warnten die Medien. Laut IPCC hatten sich die Gemeinden bislang auf rund einen halben Meter vorbereiten müssen, der Veröffentlichung zufolge sei mehr als das Doppelte notwendig – gigantische Kosten für die Befestigung der Küsten standen zur Debatte. Alarmistische Schlagzeilen verängstigten die Bevölkerung des Bundesstaats jahrelang. Die fragliche Studie von Stefan Rahmstorf, einem Forscher am PIK, sollte auch die Verhandlungen zum vierten UN-Klimabericht aufmischen.

Rahmstorf war ein Autor des Kapitels über den Meeresspiegel und wollte Prognosen entsprechend seiner Publikation aus dem Jahr 2007 im neuen Klimareport verankern. Zu Hilfe kamen ihm James Hansen, der ebenfalls ein Extremszenario zum Thema publiziert hatte, und Stephen Schneider. Bei Abendessen und Rotwein habe er versucht, die Leiterin des Reports, Susan Solomon, von einem höheren Anstieg zu überzeugen, erzählte Schneider. Entsetzt berichteten Klimaforscher von Rahmstorfs Kampf um seine Studie: Nachdem er sich in der wissenschaftlichen Debatte im Klimarat nicht habe durchsetzen können, sei er ins Lager der politischen IPCC-Delegation gewechselt und fortan bestrebt gewesen, seine These mit deren Hilfe durchzuboxen. »Solch ein Vorgehen hatten wir noch nicht erlebt«, klagten die anderen Autoren. Sie blieben jedoch stur und

Rahmstorfs Szenario außen vor. Damit widerlegte der IPCC das Vorurteil von Klimaskeptikern, er orientiere sich stets am schlimmsten Szenario. Um 18 bis 59 Zentimeter werde das Meer bis 2100 steigen, prognostizierte der vierte UN-Klimabericht 2007. »Größere Werte können nicht ausgeschlossen werden, aber das Verständnis dieser Effekte ist zu begrenzt, um ihre Wahrscheinlichkeit oder einen Höchstwert für den Meeresspiegelanstieg zu bestimmen«, hieß es ergänzend. »Honorig im Sinne guter wissenschaftlicher Praxis«, bezeichnete Rahmstorfs Chef, PIK-Direktor Hans Joachim Schellnhuber, das Vorgehen des Weltklimarats. Dieses habe aber »zum hartnäckigen Unterschätzen der Meeresspiegelproblematik geführt«, meinte er. Der jüngste Report enthielt 2021 allerdings eine ähnliche Projektion wie der aus dem Jahr 2007.

Rahmstorfs Meeresspiegelstudie fiel auch in der weiteren wissenschaftlichen Debatte durch. Mehrere Forscher veröffentlichten Kritiken, welche die verwendete Methode dekonstruierten, sodass seine Vorhersage in nachfolgenden Berichten ebenfalls nicht verfing. Doch Rahmstorf gab sich noch nicht geschlagen und wählte den Weg über die Öffentlichkeit, um seiner These Bekanntheit zu verschaffen. Kurz vor dem UN-Klimagipfel 2009 publizierte er zusammen mit 25 Wissenschaftlern in Anlehnung an den Veranstaltungsort die »Kopenhagener Diagnose«: »Bis zum Jahr 2100 wird der Meeresspiegel wahrscheinlich mindestens doppelt so stark steigen wie im IPCC-Bericht vorhergesagt«, hieß es in der Broschüre. Ein bis zwei Meter seien »abgeschätzt« worden, doch die Erkenntnis habe »aufgrund des frühen Redaktionsschlusses für IPCC-Berichte« keinen Eingang in den Report gefunden. Die »Kopenhagener Diagnose« zog in aller Welt Medienberichte nach sich. Der Meeresspiegelforscher Simon Holgate resümierte: »Rahmstorf hat ein Talent, extreme Artikel vor großen Konferenzen zu veröffentlichen, wenn die Aufmerksamkeit nahezu garantiert ist.« Seine Methoden seien einseitig und lassen sich nicht rechtfertigen – »aber sie produzieren Schlagzeilen«.

Im Jahr 2019 geriet der IPCC abermals unter Druck. Eine neue Generation von Klimamodellen war »heiß gelaufen«: Von den 55 anerkannten Simulationen spuckten 10 eine extreme Erwärmung aus, die man in den Berichten bislang als höchst unwahrscheinlich außen vor gelassen hatte. Diesen Modellen zufolge aber sei nun ein globaler Temperaturanstieg von mehr als fünf Grad möglich. Französische Forscher preschten vor: Die neuen Simulationen würden auf eine höhere Empfindlichkeit des Klimas hindeuten, verkündeten sie. Die sogenannten Hot Models stießen bei etlichen Experten auf Skepsis, die schon bald kritische Kommentare in den großen Wissenschaftsmagazinen veröffentlichten: Sie zeigten für die Vergangenheit ein zu kaltes Klima an, seien also nicht verlässlich. Eine Großstudie über zurückliegende Datenreihen in den *Reviews of Geophysics* dokumentierte bereits im Folgejahr, dass aktuelle Schätzungen bezüglich der Empfindlichkeit des Klimas mit den bisherigen Annahmen übereinstimmten, was die Hot Models weiter ins Abseits drängte. Der IPCC blieb kühl und ließ die Simulationen nicht in seine Zusammenfassung für den sechsten Sachstandsreport mit einfließen. Wiederum eine allzu konservative Haltung, befand der Pionier der Disziplin, James Hansen: Er veröffentlichte 2023 eine Analyse prähistorischer Daten, denen zufolge das Klima für Kohlendioxid empfindlicher sei als bislang vom IPCC angenommen. Zwar legten selbst alarmistische Forscherkollegen wie Michael Mann Widerspruch ein, doch zeigt die Debatte insgesamt, dass auch Extremszenarien nicht ohne weiteres auszuräumen sind.

39. Autorität der Klimamodelle: Verheißung von Kontrolle

Das Versprechen, die Zukunft berechnen zu können, bringt der Klimaforschung herausgehobene Aufmerksamkeit.

Im April 2006 sagte das Umweltbundesamt (UBA) das Klima für Deutschland bis zum Ende des Jahrhunderts vorher. Es sei »für jede künftige Stunde« zu ermitteln, erklärte die verantwortliche Forscherin im *Spiegel*, der den Bericht exklusiv veröffentlicht hatte und ihn im Stil einer Wettervorhersage vortrug. Von staatlichen Geldern unterstützt bereiteten »Klima-Service-Center« Unternehmen wie auch Bürger auf den Klimawandel in ihren Gemeinden vor. 2015 aber warnte Bjorn Stevens vom Max-Planck-Institut für Meteorologie im Interview mit der hauseigenen Zeitschrift *MaxPlanckForschung* hinsichtlich der Simulation des Klimas der Zukunft in einzelnen Regionen: »Wir verlassen uns zu sehr auf die vorhandenen Modelle für diese Art von Rechnungen. Wir möchten daran glauben, dass diese Modelle brauchbar sind, doch dafür gibt es kaum Beweise.« Ein »nüchterner Blick« auf das bestehende Wissen sei vonnöten. »Wenn wir ehrlich sind, müssen wir für belastbare regionale Prognosen noch viel in Grundlagenforschung investieren.« Mit seinem Kollegen Tim Palmer von der Oxford University schrieb Stevens 2019: »Wir glauben, dass viele zentrale Anwendungen für regionale Klimamodelle noch nicht zweckmäßig sind.« Klimamodelle seien »nicht gut geeignet, um den Klimawandel auf regionaler Ebene abzuschätzen«, unterstrich Palmer 2022. Eine Studie in *Nature Geoscience* bestätigt 2023, dass sich Temperaturtrends auf derart kleinen Skalen kaum seriös vorhersagen lassen. Die Medien präsentierten aber weiterhin ominöse Vorhersagen: »So sieht das Klima in Bayern in Zukunft aus«, titelte eine große deutsche Tageszeitung. »Forscher können ziemlich genau vorhersagen, welche Folgen der Temperaturanstieg bis zum Jahr 2050 haben wird«, hieß es in dem Artikel. Der *Spiegel* jubelte im August 2021: »Mit immer schnelleren Hochleistungsrechnern wie dem ›Mistral‹ in Hamburg simulieren Klimaforscher die kommende Heißzeit. Die Maschinen sind so gut, dass sie genaue Prognosen für einzelne Regionen auswerfen.«

Es gibt zwei Arten von Klimamodellierern: jene, die Vorhersagen vermarkten, und jene in der überwiegenden Mehrzahl, die diese für problematisch halten und Simulationen stattdessen benutzen, um Wirkungen von Klimafaktoren zu testen, Effekte besser kennenzulernen und das System aus unterschiedlichen Perspektiven zu analysieren. Aber die Prognostiker stehen im medialen Rampenlicht. Modelle bieten eine »sehr produktive Karrierestrategie«, beobachtet Erica Thompson in ihrem Buch über Klimamodelle aus dem Jahr 2019. Eine Befragung der Sozialforscherin Senja Post von der Universität Göttingen unter 123 Klimawissenschaftlern ergab 2013, dass lediglich jeder zehnte die Simulationen als »ausreichend präzise« bezeichnet, spätere Umfragen kamen zu ähnlichen Ergebnissen. Journalisten in Deutschland hingegen richten ihre Fragen am liebsten an jene Minderheit mit hohem Vertrauen in die Modelle, berichtete Post nach weiteren Untersuchungen.

Kaum umstritten ist der Erfolg von Klimasimulationen bei der Berechnung der globalen Durchschnittstemperatur: Die IPCC-Berichte dokumentieren, dass die Kurven der meisten Modelle die Erwärmung der vergangenen Jahrzehnte gut vorausberechnet haben. Simulationen können weltweite Temperaturtrends »adäquat reproduzieren«, konstatieren Palmer und sein Kollege Bjorn Stevens 2019 im Fachmagazin *PNAS*. Die Abweichungen der Modelle untereinander seien allerdings groß.

Doch schon bei den Prognosen für Niederschläge fangen die Probleme an; dort mangele es nach wie vor an Zuverlässigkeit, bilanziert der UN-Klimareport 2021. Simulationen seien »unzureichend, um den Bedürfnissen der Gesellschaft gerecht zu werden«, schreibt Palmer. Dass die Probleme öffentlich kaum bekannt sind, liege an der »politischen Situation«, die dazu beitrage, dass »Zurückhaltung« bei Forschern herrsche, »offen kritisch gegenüber unseren Modellen zu sein«.

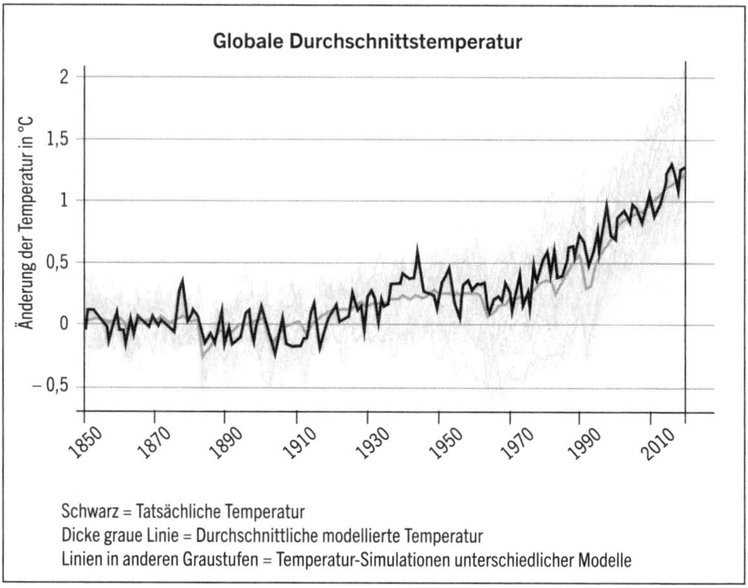

Quelle: Glen Peters

Mike Hulme spricht von einem »Bündnis von Politik und Wissenschaft«: »Die Modelle liefern Politikern das Versprechen der Kontrolle«, befindet der Experte. »Kein anderes politisches Ziel der Vereinten Nationen verfügt über diese Art von Bündnis mit der Wissenschaft.« Simulationen seien der Grund, warum andere Menschheitsprobleme im Schatten des Kampfes gegen den Klimawandel stehen: Ihre Autorität, gepaart mit dem Versprechen von Wissenschaftlern, die Zukunft berechnen zu können, mache das Thema attraktiv. Klimamodelle seien »zu einer Prothese für die moralische und ethische Überlegung des Menschen über langfristige Entscheidungen« geworden.

Zwischenzeitlich hat sich eine Industrie etabliert: So leiten Medienartikel über entsprechende Prognosen mittlerweile Geschäfte in die Wege, berichtet die Politikwissenschaftlerin Jessica Weinkle von der University of North Carolina-Wilmington: »Die dramatische Berichterstattung über den Klimawandel spielt eine Rolle bei der Schaffung von Investitionen«, erläutert die Expertin für Interessenkonflikte 2023. Es entstehe ein System, bei dem die Klimaforschung die Finanzbranche mit Prognosen unterstützt und gleichzeitig die mediale Aufmerksamkeit für das Thema befeuert – Autorität und Werbung in einem. Wissenschaftler, die zugleich als Leitautoren von IPCC-Berichten tätig sind, erstellen »Stresstest-Szenarien« für Banken. Die Entwicklung der Modelle finanzieren einflussreiche Stiftungen wie Bloomberg Philanthropies, ClimateWorks und der Bezos Earth Fund, berichtet Weinkle. Das Phänomen beschränkt sich nicht auf die Vereinigten Staaten: Climate Analytics, gegründet vom PIK, fertigt Stresstests an für das Network for Greening the Financial System (NGFS), das von der Bloomberg-Stiftung sowie von ClimateWorks unterstützt wird. 2020 präsentierte das NGFS der Europäischen Zentralbank ein »Hothouse Earth«-Szenario, in dem die Welt ihren CO_2-Ausstoß bis 2100 verdoppelt: Eine Katastrophenprognose, welche die Szenarien von Ökonomen und Energieexperten bei weitem übertraf. »Boomzeiten für Modellierer des Klimawandels«, titelte die *Financial Times* 2021.

»Wissen diese Typen, was sie tun? Ich bin davon nicht überzeugt«, schalt 2021 Upmanu Lall, Direktor des Columbia Water Center, der die Methoden einiger Firmen überprüft hatte, im Magazin *Politico*: »Ihre Modelle sind Müll. Und das ist leider ein Problem.« Auch der Klimawissenschaftler Robert Kopp von der Rutgers University, der an der Datenbeschaffung für Simulationen der Rhodium Group beteiligt gewesen war, zeigte sich wenig angetan: »Es ist nicht so, dass die ein spezielles Rezept hätten«, aber die Unternehmen »wollen nicht darüber reden«, bemängelte er. Das stimme nicht, erwiderte Rich Sorkin, Chef des Klimadienstleisters Jupiter Intelligence: »Unsere Methodik wird dokumentiert, mit jedem Kunden geteilt und besprochen, der diese Detailgenauigkeit wünscht, und immer wieder geprüft.« Die Firma, mitgegründet von Todd Stern, dem langjährigen Klimaverhandler der USA bei den Vereinten Nationen, hatte Hochwasserschutzsysteme für Behörden in Abhängigkeit des zu erwartenden Meeresspiegelanstiegs ausgearbeitet und dabei das unrealistische Extremszenario RCP8.5 vermarktet (Kapitel 49). Hauptinvestor von Jupiter Intelligence ist Energize Ventures, eine Risikokapitalgesellschaft, die aus der Energiewende Profit schlagen möchte und mit dem Unternehmen Invenergy zusammenhängt, das Windkraftwerke und Solaranlagen betreibt.

Die Investoren stehen bereit. Als sich Ende November 2022 auf Einladung der University of Maryland die Elite der Klimamodellierer im College Park Marriott Hotel zur Konferenz traf, um Szenarien für den UN-Klimareport zu diskutieren, übernahmen erneut Großstiftungen einen Löwenanteil der Kosten; darunter der Bezos Earth Fund des Amazon-Gründers – laut eigener Beschreibung »Jeff Bezos' 10-Milliarden-Dollar-Versprechen, Wissenschaftler, Aktivisten und NGOs im Kampf gegen den Klimawandel zu sponsern« – und ClimateWorks mit ihrer Mission, »die Klimakrise zu beenden« (Kapitel 45). 2023 wurden Politiker auf diese Verwicklungen aufmerksam und luden Jessica Weinkle zu einer Anhörung vor den US-Senat: »Es ist nicht einfach, die Vorgänge in der Klimawandelforschung von den Interessen der Finanzinstitute zu trennen«, sagte sie aus. Das sei »ein Problem«.

40. »Burning Embers«: Die wirkungsvolle Glut-Grafik

Die Aussparung wissenschaftlicher Unsicherheit liefert die mächtigsten Botschaften.

In einem kargen Konferenzraum in Potsdam beginnt Anfang 2000 die Geschichte eines politischen Meisterstücks, das nicht nur Deutschland verändern sollte (Kapitel 53). Eine Gruppe aus Männern malte grelle Farben auf eine weiße Tafel – die ersten Striche einer der wirkmächtigsten Klima-Grafiken aller Zeiten: der »Burning Embers«, der »Brennenden Glut«, die das steigende Risiko unterschiedlicher Phänomene im Laufe des voranschreitenden Klimawandels symbolisieren soll.

Die »Burning Embers« sollen »Gründe zur Sorge« visualisieren
Die Grafik ist im Original farbig

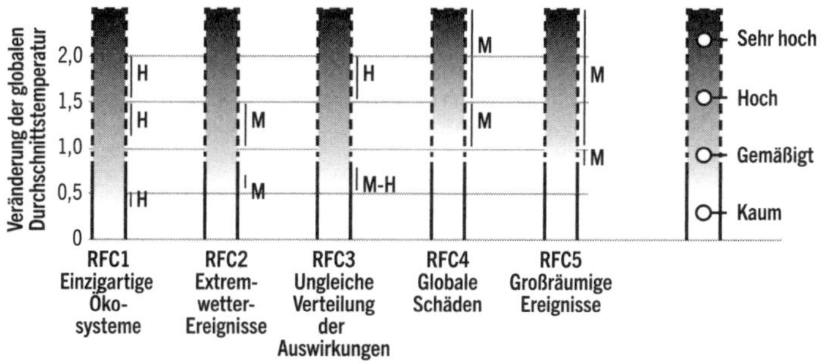

RFC = Reasons for Concern – Gründe zur Sorge
Wahrscheinlichkeit: **M** = mittel, **H** = hoch

Quelle: IPCC, farbig zu sehen unter www.westendverlag.de/bojanowski

»Ratlos« seien sie vor der »völlig neuartigen Aufgabe« gestanden, eine »Synthese aller verfügbaren Forschungsergebnisse zu den potenziellen Auswirkungen der menschengemachten Erderwärmung zu erstellen«, erzählt Hans Joachim Schellnhuber, einer der Erfinder der »Burning Embers«. »Wie zum Teufel sollte man ein stimmiges Gesamtbild dieses babylonischen Getümmels zeichnen, das sich auch noch den relevanten Entscheidungsträgern vermitteln ließe?«, fragte er sich. Schellnhuber zeichnete Rechtecke, die sich nach oben erst gelb und dann immer roter färbten, je wahrscheinlicher das Eintreten der von ihnen repräsentierten Klimagefahr eingestuft wurde. Ihre Premiere hatte die Grafik im dritten Bericht des UN-Klimarats aus dem Jahr 2001. »Es war ein gewaltiger Schritt für den IPCC, der stets peinlich darauf bedacht ist, keine Wertaussagen zu machen«, erinnert sich der PIK-Gründer. Allerdings sei das Bild in diesem Report nur »verschämt« präsentiert worden.

Die »Burning Embers« sollten betonen, dass »man jenseits der 2-Grad-Linie einigen Ärger bekommen würde«, erläutert Schellnhuber. Manche seiner Kollegen waren jedoch besorgt wegen der Grafik, die durchaus Kritik hervorrief, weil sie den wissenschaftlichen Sachstand auf plakative Weise ausdrücke und Unsicherheiten ausblende. Einige Forscher zweifelten an der Gültigkeit des Diagramms, kommentierte der ehemalige Vorsitzende des IPCC, Rajendra Pachauri. Stephen Schneider erzählt, dass bei den Verhandlungen zum vierten Klimareport im April 2007 in Brüssel unter anderem die Delegierten der Vereinigten Staaten sogar drohten, die Veröffentlichung zu blockieren, sofern die »Burning Embers« nicht herausgenommen würden. Während Europa, Kanada, Neuseeland und die Inselstaaten sich für die Bilder einsetzten, opponierten die USA, Russland, China und Saudi-Arabien. Den Kritikern seien die »Burning Embers zu sehr ein Urteil gewesen«, blickt Schneider zurück; dabei sei der IPCC eigentlich zur reinen Beschreibung angehalten. Doch der Forscher kämpfte für die Grafiken: Im Jahr 2007 seien bei einer Erwärmung von 0,8 Grad Auswirkungen auf Tiere und Pflanzen zu erkennen: »Stellen Sie sich nur das Durcheinander im Ökosystem vor, das wir bei mindestens 2 Grad bekommen, oder gar bei 6 Grad!« Es sei daher unverantwortlich, die potenzielle Anfälligkeit der Natur nicht hervorzuheben. Schneider verwies auf Artikel 2 der UN-Klimarahmenkonvention, der vorsieht, dass es Ökosystemen erlaubt sein müsse, sich »auf natürliche Weise anzupassen«. Gemeinsam mit einigen Mitstreitern griff er zu seiner schärfsten Waffe: dem Notizbuch mit den E-Mail-Adressen und Telefonnummern von Journalisten. »Ich würde den Medien ja gerne sagen, dass das Team der USA hier hilfreich war«, sagte Schneider einem Delegierten seines Landes am Rande der Verhandlungen zum vierten IPCC-Report. »Bitte zwingt mich nicht, eine politische Geschichte daraus zu machen.« Die »Burning Embers« blieben dennoch im vierten Klimareport außen vor, was Schellnhuber »einigermaßen idiotisch« fand und in die Aussage münden ließ: »Forscher sind nun mal in aller Regel eine Fehlbesetzung für die Heldenrolle.«

Dabei liegen den Grafiken keine präzisen Berechnungen zugrunde, sondern »Expert Judgements«, also Umfragen unter ausgewählten Wissenschaftlern. Derartige Einschätzungen gehören seit dem dritten Klimabericht zu den zentralen Werkzeugen des IPCC. Weil sich viele Folgen und Gefahren der globalen Erwärmung nicht genau berechnen lassen, führte der Klimarat die Expertenurteile ein. Schneider verteidigte die Praxis: Nachdem ein Kollege bei einer IPCC-Beratung 1998 gefrotzelt hatte, dass diese doch nichts anderes als »Bauchgefühlsurteile beim Bier« seien, fragte Schneider ihn, ob er die Einschätzungen von Klimarisiken denn lieber Politikern überlassen würde. Gleichwohl bleiben die den »Expert Judgements« zugrunde liegenden Prozesse im Dunkeln: »Die kognitiven und sozial-erkenntnistheoretischen Prozesse, die solche Urteile hervorbringen, sind für den Außenstehenden weitgehend nicht wahrnehmbar«, resümiert Mike Hulme. Das Vorgehen brachte dem IPCC 2010 einen Rüffel ein: Die Umweltbehörde der Niederlande, die im Auftrag des Klimarats die wissenschaftliche Qualität des Klimareports geprüft hatte, befand, dass man den subjektiven Charakter der Einschätzungen deutlicher machen müsse. Zudem neige der IPCC dazu, negative Aspekte der globalen Erwärmung in den Vordergrund zu stellen.

Schneider kämpfte dafür, dass die »Burning Embers« wenigstens in den fünften IPCC-Report aufgenommen werden. Es gelang ihm zusammen mit seinen Kollegen Bill Hare, vormals bei Greenpeace, Michael Oppenheimer, vormals beim Environmental Defense Fund, und anderen, 2009 eine aktualisierte Version der »Burning

Embers« in der Wissenschaftszeitschrift *PNAS* zu veröffentlichen. Mitgliedern der National Academy of Sciences wie Schneider ist es erlaubt, dort zweimal im Jahr Studien einzureichen, deren Gutachter sie selbst aussuchen dürfen. Nachdem die »Burning Embers« Mitte März 2009 in *PNAS* und damit in der Fachliteratur publiziert worden waren, stand ihnen der Weg in den nächsten Klimabericht offen. Große Medien trugen zu ihrer Verbreitung bei. 2014 griff der IPCC die Grafik schließlich in seinem fünften Sachstandsreport erneut auf. Sie sei »triumphal wiederaufgetaucht« und habe »eine der zentralen Botschaften der Klimaforschung bestätigt«, freute sich Schellnhuber: »Eine Erderwärmung um drei, vier oder mehr Grad Celsius würde die Menschheit tief in ein schlecht kartiertes Hochrisikogebiet hineinführen.«

Kritik an den »Burning Embers« ging unter: Die Grafik suggeriere irrigerweise, dass Risiken allein durch den anthropogenen Klimawandel getrieben würden, kritisiert Hulme. Vor 1990 gebe es dem Diagramm zufolge keine »Gründe zur Sorge«, so die offizielle Bezeichnung, symbolisiert durch die weißen Bereiche. Dabei sei etwa die Gefahr, aufgrund von Wetterextremem zu Schaden zu kommen, in den Jahrzehnten zuvor aufgrund der schlechteren Schutzmaßnahmen weitaus höher gewesen. Gesamtrisiken werden »wahrscheinlich sinken, weil nicht-klimatische Faktoren das Risiko verringern, selbst wenn sich das Klima erwärmt«, schreibt der IPCC-Forscher Brian O'Neill 2023 in *Nature Climate Change*. Die Stärke der Grafik liege darin, dass sie einen Überblick über die zeitliche Entwicklung bietet, sagte einer ihrer Schöpfer, Joel Smith. Andere Wissenschaftler blieben skeptisch: Die »Burning Embers« blendeten die komplexen geografischen Gegebenheiten des Klimawandels aus, argumentiert die Umweltforscherin Diana Livermann. Sie würden zwar gewisse wissenschaftliche Normen infrage stellen, stünden aber ebenso sinnbildlich für die Herausforderungen hartnäckiger Ungewissheit, die Risiken spätmoderner Gesellschaften charakterisieren, schreibt Hulme. Die verschwimmenden Farben veranschaulichten die »paradoxe gesellschaftliche Beziehung zum Risiko als Gegenstand wissenschaftlicher Untersuchungen«. Das Diagramm diene als heuristisches Werkzeug, seine Suggestion funktioniere: Unter einem sich ändernden Klima könnten Gefahren auftreten; was genau dargestellt wird, bleibe aber unklar.

Die Grafik entfaltete eine mächtige politische Botschaft (Kapitel 53): Ihr Einfluss leite sich aus den farblich-kulturell verankerten »Assoziationen mit Gefahr, Angst, Gewalt und Leidenschaft« ab, erläutert Hulme. Gleichsam wie ein expressionistisches Gemälde nährten die »Burning Embers« Zukunftsängste, »machtlos in die Rotglut« zu laufen – ein Schicksal, das umso unvermeidlicher scheine angesichts des Kontrasts der roten Zone mit der »farblosen Sicherheit der Grundlinie«. Oder mit den Worten Stephen Schneiders: »Natürlich sind Worte weniger mächtig als eine farbige Abbildung.«

41. Konsens-Behauptung: Die Mär von den 97 Prozent, die sich einig sind

Organisierte Meinung als erfolgreiche Reaktion auf ein politisches Bedürfnis.

US-Präsident Barack Obama wollte den Klimastreit per Twitter entscheiden. »97 Prozent der Wissenschaftler stimmen überein: Klimawandel ist eine Tatsache, menschengemacht und gefährlich«, ließ er per Posting wissen. Nur berief Obama sich dabei auf eine irreführende Quelle, die auf dubiose Weise zu der Aussage gekommen war, dass 97 Prozent Einigkeit unter den Klimaforschern über die globale Erwärmung herrsche. Kaum eine Studie hatte jemals eine ähnlich große Wirkung auf die gesellschaftliche Debatte – und kaum eine war je so zweifelhaft. Wann immer übers Klima gestritten wird, meldet sich jemand mit den »97 Prozent der Klimaforscher, die sich einig« wären. »Die Wissenschaft hat gesprochen«, sagte auch der damalige UN-Generalsekretär Ban Ki-moon im November 2014, als hätte er das Wort Gottes zitiert. Aktivisten marschierten hinter Transparenten, auf denen sie forderten, »auf die Wissenschaft zu hören«.

Die Arbeit, welche die Behauptung der Eindeutigkeit zu ermöglichen schien, war 2013 von Forschern um John Cook von der australischen University of Queensland im Fachblatt *Environmental Research Letters* veröffentlicht worden. Zuvor hatten sie Umweltaktivisten der Internetseite »Skeptical Science« beauftragt, Tausende Studien auszuwerten, um zu prüfen, ob in deren Zusammenfassungen der menschengemachte Klimawandel als gegeben angenommen wurde. Weniger als ein Prozent der Publikationen widersprachen ausdrücklich dem Einfluss des Menschen, und gut zwei Drittel vertraten keine spezifische Position zu dem Thema – sie blieben bei der Bewertung außen vor. Das Resümee von Cook und seinen Kollegen lautete: 97 Prozent der Forscher legten einen menschlichen Einfluss zugrunde.

Wissenschaftler übten fundamentale Kritik an der Methode: Eine solche »Abstimmung« sei sinnlos, weil es sich bei den meisten Klimaforschern um Spezialisten handle und die wenigsten von ihnen zu den Ursachen der globalen Erwärmung arbeiten würden. Man habe die untersuchten Studien zudem willkürlich ausgewählt und keine Schritte unternommen, die Vertrauenswürdigkeit der freiwilligen Helfer sicherzustellen. Eine Umfrage unter Klimatologen des Sozialforschers Dennis Bray, ebenfalls 2013 veröffentlicht, ergab ein differenzierteres Bild: Von den 286 Teilnehmern der Erhebung antwortete ein Fünftel der Forscher auf die Frage »Wie überzeugt sind Sie davon, dass der größte Teil des aktuellen oder nahen zukünftigen Klimawandels auf menschengemachte Ursachen zurückzuführen ist oder sein wird?« im unteren Spektrum der Gewissheit. Eine klare Mehrheit von 80 Prozent ordnete sich hingegen in die oberen Kategorien 5, 6 und 7 ein, die deutliche Überzeugung signalisierten – ein klares Bild, aber weit weg von den 97 Prozent, die im gleichen Jahr publiziert wurden.

Wären sich wirklich alle Klimaforscher einig, müsste man nicht behaupten, dass ein Konsens herrsche, bemerkt Mike Hulme. Dann könnte man schlicht auf den Beweis zeigen. Doch anstatt physikalische Belege anzuführen, versuche man, die Klimadebatte per Konsensbehauptung zu entscheiden, stellt der Philosoph Stephen Turner fest. Dabei handle es sich jedoch nicht um einen »wissenschaftlichen Konsens«, sondern um einen »Konsens unter Wissenschaftlern«. Während Ersteres ein stabiles Paradigma sei, wie etwa bei der Theorie vom verstärkten Treibhauseffekt (Kapitel 1), repräsentiere Letzteres »organisierte Meinung als Reaktion auf ein politisches Bedürfnis«, schreibt Turner und bezeichnet dies als »Konsens zweiter Ordnung«.

Weitgehende Einigkeit bestehe überhaupt nur bei »minimalistischen Behauptungen« wie »Menschen verursachen die globale Erwärmung«, betont Hulme. Fragen nach Folgen und Risiken des Klimawandels aber werden unter Experten kontrovers diskutiert: »Bemühungen, politischen Fortschritt durch die Kommunikation wissenschaftlichen Konsenses zu erzwingen, missverstehen die Beziehung zwischen Wissenschaft, Öffentlichkeit und politischen Entscheidungsträgern.« Für eine sinnvolle Klimadebatte sei es wichtig, »sich auf kontroverse Themen zu konzentrieren«.

42. 1,5-Grad: Niemand weiß, wie das UN-Ziel in den Klimavertrag gelangt ist

Ihren größten Sieg können sich Klimaschützer selber nicht erklären.

Als die Vereinten Nationen am 12. Dezember 2015 in Paris unter frenetischem Applaus von Delegierten dem Klimaabkommen zustimmten, übertrafen sie das, was sich die Aktivisten erhofft hatten. Die globale Erwärmung bis 2100 solle »deutlich unter 2 Grad gegenüber dem vorindustriellen Niveau gehalten« und es sollten »Anstrengungen unternommen werden, um den Temperaturanstieg auf 1,5 Grad zu begrenzen« – so steht es im Pariser Abkommen. Obwohl nicht als offizieller Vorsatz beschlossen, sondern als ehrgeiziger Arbeitsauftrag formuliert, gilt das sogenannte 1,5-Grad-Ziel als Maß, dem sich unter anderem die deutsche Bundesregierung verpflichtet sieht. Doch wie kam es zu dem Beschluss in Paris?

»Die 1,5 Grad hatte bis zum Schluss niemand wirklich auf dem Zettel«, erinnerte sich Jochen Flasbarth, SPD-Staatssekretär im Bundesumweltministerium und einer der Verhandler. Dabei war Deutschland ein entscheidender Treiber: Seine Delegation hatte sich in Paris mit dem Verhandler der Marshallinseln, Tony de Brum, verbündet. Die Inselstaaten sahen sich wegen des Meeresspiegelanstiegs als Erste von der globalen Erwärmung betroffen und kämpften daher für ein niedriges Ziel von 1,5 Grad. Er habe »volles Vertrauen« in die Deutschen, sagte de Brum damals. Die Bundesrepublik »unterstützt die Forderung nach 1,5 Grad«, entgegnete Flasbarth, obwohl die Position nicht mit der Regierung abgestimmt war. Die Medien berichteten. »Ich bekam dann einen Anruf aus dem Kanzleramt, was das denn solle«, sagte Flasbarth gegenüber der *taz*. »Ich habe denen gesagt: Das sagt man hier so auf der Konferenz, und dann hat keiner mehr nachgefragt.«

»Wie konnte ein nahezu unmögliches Ziel zum Bezugspunkt für den Klimaschutz werden?«, wollten die französischen Wissenschaftssoziologinnen Béatrice Cointe und Hélène Guillemot wissen. Das Konzept sei ursprünglich für die Europäische Union entwickelt worden, erzählte ein Klimamodellierer während ihrer Recherche und verwies auf die damit verknüpfte Lobbyarbeit: Die European Climate Foundation (ECF), das PIK, Climate Analytics und andere hatten sich nach der Klimakonferenz von Kopenhagen 2009 in der »International Policies and Politics Initiative« zusammengetan, um Rechnungen und Szenarien für das 1,5-Grad-Ziel beizusteuern. Damit betraten sie wissenschaftliches Neuland: »Wir waren die Außenseiter, die Papiere und Modellrechnungen vorlegten, die sich mit 1,5 Grad als Ziel beschäftigten«, erinnert sich der Klimaforscher Carl-Friedrich Schleussner von Climate Analytics, einer Denkfabrik des PIK, finanziert vom UBA, den Bundesministerien für Umwelt und Entwicklung, dem Umweltprogramm der Vereinten Nationen, der ECF, der Munich Re und der Lobbyorganisation Agora Energiewende.

Schon auf der Klimakonferenz in Kopenhagen 2009 hatten die Inselstaaten gefordert: »One point five to stay alive« – 1,5 Grad, um am Leben zu bleiben. In den letzten Tagen der Pariser Tagung machten sie das 1,5-Grad-Ziel zur Bedingung für ihre Zustimmung: »Für uns Inselstaaten war das eine rote Linie«, berichtete James Fletcher, Energieminister der Karibikinsel St. Lucia. »Wir waren entschlossen, daran festzuhalten und zur Not die Verhandlungen platzen zu lassen. Wir hatten schon zu viele ergebnislose Konferenzen gesehen.« Doch auch er weiß nicht, wie die 1,5 Grad schließlich in den Text des Pariser Abkommens gelangten, verriet er der *taz*: »Ich habe mit den Arabern geredet, die sagten: Keine Chance, das bedroht unsere Wirtschaft. Und mit einem Verhandler aus Argentinien, der sagte: Ich fühle mit euch mit, aber 1,5 Grad bedeutet, dass wir kein Rindfleisch mehr verkaufen. Das geht nicht.«

Dass die Passage im Endtext auftauchte, sei erst »sehr früh am Morgen des letzten Tages« entschieden worden, sagt die Klimagesandte der französischen Regierung, Laurence Tubiana. »Vor allem die Saudis und die Chinesen stellten sich strikt dagegen.« Doch es gab ein Thema, das ihnen noch wichtiger war, nämlich einen Vorteil gegenüber den alten Industrieländern festzuschreiben. Die »gemeinsame, aber unterschiedliche Verantwortung« der Staaten sollte ins Abkommen, was im Klartext bedeutete, dass sich die reichen Länder zu mehr Klimaschutz verpflichten mussten. »Davon waren sie regelrecht besessen«, erzählt Tubiana. »Und im Austausch dafür kamen die 1,5 Grad in den Text. Das war unsere Balance.« Die Europäer haben sich letztlich mit einer unerfüllbaren Auflage belastet; das 1,5-Grad-Ziel sei nicht erreichbar, erklärte Jim Skea, nachdem er 2023 zum neuen IPCC-Chef gewählt worden war.

43. Greta Thunberg: Das Geheimnis des einsamen Schulstreiks

Die Gründerin der Klimabewegung war nicht auf sich allein gestellt.

Ein heißer Dürre-Sommer ging zu Ende in Europa, als sich die 15-jährige Greta Thunberg am 20. August 2018, dem ersten Schultag nach den Sommerferien, vor den Schwedischen Reichstag setzte mit einem selbstgebastelten Schild, das die Welt verändern sollte: »Skolstrejk för klimatet« – »Schulstreik für das Klima«. Nur wenige Wochen vor den Parlamentswahlen erwies ich die Aktion als nützliche Werbung für das bald darauf erscheinende Buch ihrer Eltern: In *Szenen aus dem Herzen* erzählen ihre Mutter und ihr Vater die Geschichte der wohlhabenden Familie Thunberg und einer »Krise, die uns alle umgibt«. Die beiden sind Malena Ernman, eine der berühmtesten Opernsängerinnen Schwedens, und Svante Thunberg, Schauspieler und Autor, benannt nach dem entfernten Vorfahr Svante Arrhenius, dem Nobelpreisträger, der 1896 berechnet hatte, wie Kohlendioxidemissionen den Treibhauseffekt verstärken können (Kapitel 1). In ihrem Buch gehe es »um ausgebrannte Menschen auf einem ausgebrannten Planeten, auf dem Wetter, Wind und Alltag täglich an Stärke zunehmen«, und darum, »als Menschen zusammenzuhalten und Nachhaltigkeit zu finden«.

Greta war nicht auf sich allein gestellt, als sie am 20. August 2018 mit ihrem Schild vor dem Schwedischen Reichstag saß. Ingmar Rentzhog besuchte sie und schoss jene ikonischen Fotos des streikenden Mädchens, die um die Welt gehen sollten. Der Fondsmanager und Bekannte von Gretas Mutter, der sich selbst als »Ökokrieger« bezeichnet, hatte im Dezember 2017 die schwedische Klima-PR-Firma »We don't have Time« gegründet und sei durch »einen Tipp« auf Gretas Streik aufmerksam geworden. »Ich fand das eine interessante Idee und bin dann auf meinem Arbeitsweg mit einem Fotografen am schwedischen Parlament vorbei.« Er habe »eine kleine Gruppe Kinder erwartet«, stattdessen »saß da nur Greta mit ihrem Schild«. Davon sei er bewegt gewesen. Text und Video des PR-Profis gingen viral, das Medieninteresse über das streikende Schulmädchen erreichte binnen einer Woche das Ausland. Gretas Mutter nutzte die Aufmerksamkeit für Interviews über *Szenen aus dem Herzen*. Rentzhogs Firma warb noch einige Monate mit dem Kind, bis sich die mittlerweile weltberühmte Aktivistin im Januar 2019 schließlich selbständig machte.

Seit Jahren habe der Klimawandel Greta beschäftigt, berichtete ihr Vater. Als Elfjährige sei seine Tochter deswegen sogar depressiv gewesen. Doch persönliche Maßnahmen gegen den Klimawandel sollen ihr bei der Genesung geholfen haben. Die Familie kaufte ein Elektroauto, hörte mit dem Fliegen auf und ernährte sich überwiegend vegetarisch. Glücklich erzählte Svante Thunberg von der Therapie: »Es ist wie Tag und Nacht, es ist eine unglaubliche Verwandlung«, und er schwärmte davon, wie froh und energiegeladen das Mädchen geworden sei. Ihre Autismus-Diagnose machte Greta auf Twitter publik, sie schrieb, dass es sich bei Asperger um »ein Geschenk« handle: »Wenn ich normal gewesen wäre wie alle anderen, könnte ich einfach so weitermachen wie alle anderen«, sagte sie der *Financial Times*. »Weil ich anders bin, sehe ich die Welt aus einer anderen Perspektive, ich sehe die Dinge sehr schwarz und weiß.«

Greta streikte bis zu den Parlamentswahlen am 9. September 2018 täglich und danach einmal pro Woche am Freitag. Schüler in anderen Orten Schwedens ahmten den Protest nach und vernetzten sich über die sozialen Medien unter dem Hashtag #FridaysForFuture. Ab November 2018 trafen sie sich zu Tausenden auf Demonstrationen in Großstädten Europas und Australiens. Kritik von Politikern wie dem australischen Premierminister Scott Morrison – »Wir wollen mehr Lernen und weniger Aktivismus in der Schule« – konterte Greta per Tweet: »Tut uns leid, Mr. Morrison. Können wir nicht erfüllen.« 2019 reiste sie zu Fridays-for-Future-Veranstaltungen in mehrere europäische Metropolen. Am 15. März beteiligten sich laut *Guardian* 1,4 Millionen Menschen am »globalen Klimastreik«.

Doch nicht nur Greta mobilisierte. Zahlreiche Dokumente, unter anderem veröffentlicht von Wikileaks, zeigen, dass Russland im Westen Klimaproteste finanziert hatte, um dessen Energiepolitik in seinem Sinne zu lenken – fällt beispielsweise die Erdgasförderung aus Umweltbedenken in Ungnade, bleiben Länder wie Deutschland weiterhin auf Importe aus dem Osten angewiesen. Versuche, den Energieträger auch in Europa abzubauen, scheiterten häufig an den Protesten von Klimaschützern; in Deutschland wurde das dafür notwendige Fracking verboten. »Die hybride Kriegsführung seitens Russlands ist täglich zu spüren in jedem der europäischen Länder«, sagte Angela Merkel auf der Münchner Sicherheitskonferenz 2019. Die Bundeskanzlerin brachte in der Debatte die Proteste von Fridays for Future mit russischen Machenschaften in Verbindung: Hybride Kriegsführung im Internet sei schwer zu erkennen, »weil Sie plötzlich Bewegungen haben, von denen Sie gedacht haben, dass sie nie auftreten«. Diese würden »immer an einem Manko ansetzen«. Merkel ergänzte:

> *In Deutschland protestieren jetzt die Kinder für Klimaschutz. Das ist ein wirklich wichtiges Anliegen. Aber dass plötzlich alle deutschen Kinder nach Jahren ohne jeden äußeren Einfluss auf die Idee kommen, dass man diesen Protest machen muss, das kann man sich auch nicht vorstellen.*

VII. Triumph der Klimalobby

44. Masterplan: Der Aufstieg der Klimalobby

Superreiche nutzen die Gelegenheit, noch größeren Einfluss auf das Weltgeschehen geltend zu machen.

Ein geheimes Treffen von Milliardären am 5. Mai 2009 im Haus von Sir Paul Nurse, einem britischen Nobelpreisträger und Präsidenten der privaten Rockefeller University in den USA, brachte die neue Lobby in Schwung. Die Anwesenden, darunter Michael Bloomberg, Warren Buffett, Bill Gates, David Rockefeller Junior und George Soros, diskutierten darüber, wie sie ihren Reichtum einsetzen könnten, um die Welt zu verbessern. Die informelle Nachmittagssitzung sollte diskret bleiben, weshalb man selbst engen Mitarbeitern der Philanthropen gesagt hatte, ihre Chefs befänden sich in »Sicherheitsbriefings«, berichtete drei Wochen später die *Sunday Times*. Aber warum die Geheimhaltung? »Sie wollten von Reich zu Reich sprechen, ohne sich Sorgen machen zu müssen, dass etwas, was sie sagen, in den Zeitungen landen und man sie als alternative Weltregierung darstellen würde«, gab ein Zeuge zu verstehen. Die Milliardäre hatten jeweils 15 Minuten Zeit, um ihr philanthropisches Steckenpferd vorzustellen. Beim Abendessen tauschten sie sich aus, wie sie sich auf ein gemeinsames Ziel einigen könnten. So stand eine Reform der Überwachung von Ausgaben für Entwicklungshilfe ebenso zur Debatte wie der Bau ländlicher Schulen und Wasserversorgungssysteme in ärmeren Ländern. Als übergeordnetes Problem für Umwelt, Gesellschaft und Industrie identifizierten die Anwesenden das Bevölkerungswachstum. Zum Gegner erklärten sie die Lobby fossiler Energie, die über 80 Prozent der weltweiten Energiemenge vermarktet und entsprechend mächtig ist.

Das Strategiepapier »Design To Win – Philanthropy's Role in the Fight Against Global Warning« der Stiftung ClimateWorks aus dem Jahr 2007, eine Art Masterplan, wies den Weg: Darin steht geschrieben, wie Stiftungsmittel am effizientesten zum Aufbau einer Klimaschutzpolitik eingesetzt werden können: »Gründe neue, nationale Organisationen mit der Expertise zur strategischen Beschaffung von Fördergeldern mit großer Hebelwirkung.« Ein finanzieller Aufwand von jährlich 600 Millionen US-Dollar genüge dabei, um bis 2030 weltweit elf Gigatonnen CO_2 einzusparen und damit die Erderwärmung unter zwei Grad zu halten. »Design to Win« war der zweite Versuch, um in den Vereinigten Staaten die Diskurshoheit für Erneuerbare Energien zu gewinnen. Schon 1991 hatten die Stiftungen von Rockefeller, MacArthur und anderen die Energy Foundation gegründet, zu der später auch Hewlett und Packard, die Gründer des gleichnamigen Konzerns, stießen. Dieser Organisation gelang es, den Weg für Windkraft und Solarenergie an der US-Westküste zu ebnen. Auf Initiative der Hewlett Foundation und mit Unterstützung einer Beratungsagentur entwarfen die Vordenker 2006 ihre neue Strategie, die mindestens eine Verdreifachung der Spenden in Klimastiftungen vorsah, um zum Lobbybudget des konservativen Milieus aufzuschließen. Diese hatten dem Politikforscher Matthew Nisbet zufolge in den 2000er-Jahren rund 550 Millionen US-Dollar investiert, um Politik gegen fossile Energien zu verhindern. Die Lobby der Erneuerbaren wollte mehr: 2008 gründeten die Stiftungen von Hewlett und Packard sowie McKnight mit 1,1 Milliarden Dollar die Organisation ClimateWorks, um die Kräfte der Großspender zu bündeln: »Unsere Mission ist es, die Philanthropie zur Lösung der Klimakrise zu mobilisieren.«

Hal Harvey, dem Mann hinter dem Masterplan »Design to Win«, ging es eigentlich gar nicht ums Klima. Sein Gegner war das Erdöl, gestand er. Als er Anfang der 1980er-Jahre zur Tauglichkeitsprüfung für das Militär musste, sei ihm klar geworden, dass nahezu alle drohenden bewaffneten Konflikte mit dem Rohstoff zu tun hatten. »Ich wusste, wir müssen ganz schnell weg davon«, erinnert sich Harvey in der *Zeit*. In Stanford hatte er Energietechnik, Physik und Politik studiert, danach arbeitete er für NGOs, die sich für die Kontrolle von Atomwaffen einsetzten. Bald landete er bei der Hewlett Foundation, die »eine bessere Welt fördern« will und Stand 2020 über ein Vermögen von mehr als 13 Milliarden US-Dollar verfügte. Harvey übernahm 2002 das Umweltprogramm der Organisation. Von nun an ging es ihm auch ums Klima. Er gründete weitere Stiftungen, 2021 etwa die Climate Imperative Foundation mit einem Jahresbudget von fast 200 Millionen Dollar.

Damit war die fossile Industrie abgehängt. Laut einer Schätzung des Soziologen Robert Brulle aus dem Jahr 2013 verfügte diese im Zeitraum von 2003 bis 2010 über 900 Millionen US-Dollar jährlich und hatte 91 Lobbygruppen unter sich. Unklar blieb in seiner Untersuchung allerdings, welcher Anteil des Budgets tatsächlich in Kampagnen gegen Klimaschutz geflossen war, denn die Gruppen verfolgten daneben noch andere Ziele. Eine Analyse der Klimaschutzorganisation InfluenceMap, die ein breites mediales Echo nach sich zog, ergab 2019, dass die fünf größten Öl- und Gasunternehmen der Welt zusammen etwa 200 Millionen Dollar pro Jahr für Interessenvertretung ausgeben – getragen wird InfluenceMap von den Großstiftungen der Lobby für Erneuerbare Energien. Deren finanzielles Potenzial scheint in den 2010er-Jahren das der fossilen Industrie bei weitem übertroffen zu haben. Schätzungen der konservativen NGO Capital Research Center zeigten, dass Großstiftungen für den Klimaschutz allein 2019 gut 2,4 Milliarden Dollar spendiert hatten; und das ausgenommen der Lobbyarbeit privater Unternehmen für Subventionen oder NGOs mit einem breiteren Fokus. Unabhängige Forscher kamen zu ähnlichen Ergebnissen: So fand der Kommunikationswissenschaftler Matthew Nisbet heraus, dass die 19 größten Umweltorganisationen zwischen 2011 und 2015 in den Vereinigten Staaten 556 Millionen Dollar für die Interessenvertretung von Klimawandelthemen zur Verfügung gestellt hatten. Gut ein Viertel der Summe war demnach an Medien gegangen. Allein der Milliardär und Politiker der Demokratischen Partei Michael Bloomberg steckte laut *Guardian* von 2011 bis 2018 über seine Stiftung an die 164 Millionen Dollar in die Lobbyarbeit gegen Kohle. Eine mächtige Bewegung war entstanden.

Nisbet zweifelt an der Uneigennützigkeit der vermeintlich klimafreundlichen Finanziers:

Für Ultramilliardäre ist ein Klimanotstand die perfekte Gelegenheit, noch größeren Einfluss auf das Weltgeschehen geltend zu machen, da sie die Zivilgesellschaft mit Milliarden an Philanthropie überschütten und ihre Geschäfte und Investitionen vor kritischer Prüfung schützen können.

Die Sponsoren verstärkten ihr Engagement, mitunter verdeckt. 2007 startete der wohl bekannteste Umweltaktivist der USA, Bill McKibben, seine Klimaschutzkampagne 350.org gegen fossile Energieträger. Drei Jahre später behauptete er, die größte globale Kundgebung jemals organisiert zu haben, mit »so gut wie keinem Geld«. 2014 entlarvte die Wissenschaftlerin Vivian Krause vier Großstiftungen hinter 350.org, darunter Rockefeller und ClimateWorks; 2017 kündigte die Hewlett Foundation an, in den nächsten zehn Jahren 600 Millionen Dollar für die Transformation des Energiesektors ausgeben zu wollen.

Auf einer Tagung 2018, dem »Climate Action Summit« sagten 29 Stiftungen vier Milliarden US-Dollar zu, um per Lobbyismus den Übergang zu Erneuerbaren Energien zu beschleunigen. 2014 offenbarte ein Regierungsreport in den USA neben ClimateWorks zehn weitere Großsponsoren, die sich für Klima und Umwelt einsetzten und ein Vermögen von 23,2 Milliarden US-Dollar gemeldet hatten. Allein zwischen 2010 und 2013 förderten sie 23 Kampagnen mit insgesamt 202,2 Millionen Dollar; Hauptempfänger waren The Nature Conservancy und der Environmental Defense Fund. Das Papier kritisierte die Nähe von NGOs und grünen Oligarchen: Das Sponsoring sei dem Kauf »einer Dienstleistung« nicht unähnlich. Ihr Engagement mache die Reichen im Gegenzug davor immun, als Multimilliardäre mit all den damit verbundenen negativen Assoziationen gebrandmarkt zu werden. Nisbet erklärt, dass die Wind-und-Sonne-Industrie zudem die Medien auf ihrer Seite habe (Kapitel 46): Ist in der Presse von linksgerichteten und progressiven Stiftungen die Rede, falle die Berichterstattung in der Regel überwiegend positiv und unkritisch aus, »was den Mangel an öffentlicher Kontrolle in Bezug auf ihre philanthropischen Aktivitäten, Erfolge und Misserfolge« vertieft. Im Gegensatz zu den Klimaskeptikern der konservativen Institutionen hinterfragen Medien die Lobby der Erneuerbaren kaum, erläutert der Wissenschaftler.

Die Geldgeber würden darauf abzielen, einen »Übergang zu Solar- und Windenergie herbeizuführen, der die Weltwirtschaft erfasst«, bilanziert Nisbeth. Eine »breite Palette anderer Technologien und Politiken« hätten die Sponsoren ausgeschlossen – ein Fehler, meint der Experte:

> *Um den historisch beispiellosen gesellschaftlichen Wandel zu erreichen, fordern etwa die meisten Szenarien des UN-Klimarats nicht nur den Ausbau erneuerbarer Energien, sondern auch Investitionen in Kernenergie, CO_2-Speicherung und andere Technologien.*

Nisbeth kritisiert die Ausrichtung der Initiativen: »Ein Großteil der Klima-Philanthropie-Welt bleibt erbittert parteiisch«, schreibt er. Obwohl die Vereinten Nationen gemäß eigenem Vorsatz stolze 17 »Ziele für nachhaltige Entwicklung« erreichen wollen, hat das Handeln der Stiftungen dafür gesorgt, dass der Kampf gegen den Klimawandel die 16 anderen – darunter die Versorgung mit günstiger Energie, ein breites Bildungsangebot, eine ausreichende Gesundheitsversorgung sowie die Beseitigung von Hunger und Armut – in den Hintergrund drängt. Auch Bill Gates war sich zwölf Jahre nach seinem Geheimtreffen mit den anderen Milliardären im Mai 2009 nicht mehr sicher: In seinem Buch aus dem Jahr 2021 beklagte er die Tatsache, dass Hilfsgelder für Gesundheitskampagnen in armen Ländern zunehmend umgewidmet werden für Klimazahlungen, mit denen die Regierungen ihr Ansehen in internationalen Abkommen aufbessern wollen.

45. Deutschlands Klimalobby: Die Große Transformation

Denkfabriken operieren in der Gestalt der Wissenschaft, obgleich sie politische Ziele und Interessen verfolgen.

Anfang Juni 2009 lud die Stiftung Mercator zusammen mit dem PIK nach Essen in die Philharmonie zur Tagung »The Great Transformation – Climate Change as Cultural Change«. Sozial- und Klimaforscher erläuterten ihren Plan, die Gesellschaft im Rahmen einer »Großen Transformation« umzubauen. Die Ziele lauteten: weniger Energiebedarf, keine CO_2-Emissionen, keine Kernkraft. Das Konzept sollte die Agenda folgender Regierungen bestimmen. In seiner Eröffnungsrede auf der Konferenz monierte PIK-Direktor Hans Joachim Schellnhuber, dass Emissionsbeschränkungen nicht juristisch einklagbar seien. Entscheidungsträger sollten Klimaforscher enger einbeziehen in ihre Entscheidungen, forderte er, um »den Wandel« zu schaffen. Der Soziologe Claus Leggewie, ein einflussreicher Politikberater in Deutschland, fand die Demokratie »zu langsam«, während der kanadische Politikwissenschaftler Thomas Homer-Dixon auf der Essener Tagung nicht nur die Notwendigkeit von Wirtschaftswachstum infrage stellte, sondern auch eine »rein prozedurale Demokratie«. Der Mensch an sich sei auf dem falschen Weg, weil sein Gehirn ihn nicht das Richtige tun lasse. Als die Vereinigten Staaten in Essen als Hauptschuldige des Klimawandels am Pranger standen, versprach John Podesta, Berater mehrerer US-Präsidenten der Demokraten und kompromissloser Energiewende-Lobbyist (Kapitel 31), sein Land werde dem Thema von nun an Priorität einräumen. 2011 übergab Schellnhuber das Gutachten des Wissenschaftlichen Beirats Globale Umweltveränderungen mit dem Plan zur »Großen Transformation« an die Bundesregierung und versteckte sein Anliegen nicht: »Das Ausmaß des vor uns liegenden Übergangs ist kaum zu überschätzen«, schrieben die Berater. Der gesellschaftliche Umbau sei vergleichbar mit der Neolithischen und der Industriellen Revolution; diesmal müsse »das Unplanbare gestaltet werden«. »Die historisch einmalige Herausforderung bei der nun anstehenden Transformation zur klimaverträglichen Gesellschaft besteht darin, einen umfassenden Umbau aus Einsicht, Umsicht und Voraussicht voranzutreiben«, forderte der WBGU. Klimaschutz gehöre in die Verfassung, die »Betreiber des Wandels« müssten die Idee in der Gesellschaft verankern. Zehn Jahre später sollte Schellnhuber an seinem Ziel angekommen sein (Kapitel 53).

Die Energiewende-Lobby in Deutschland nahm Fahrt auf, nachdem Bernhard Lorentz von der Stiftung Mercator 2008 aus Kalifornien zurückgekehrt war. Dort hatte er sich von Hal Harvey über die »Design to Win«-Strategie unterrichten lassen. Mit der Unterstützung seiner Organisation kopierte Lorentz Harveys Plan mit dem Ziel, eine Energiewende in Deutschland zu erzwingen. Stiftungen seien in der Lage, »großflächige Transformationsprozesse« anzustoßen, sie würden »kulturelle Hegemonie« verschaffen und zur Veränderung des Verhaltens animieren, erklärten Lorentz und der Regierungsberater Leggewie 2012. Zusammen mit der mächtigen ECF finanziert Mercator seither Dutzende Lobbyorganisationen, unter anderem die einflussreichen »Denkfabriken« Agora Energiewende und das Mercator Research Institute in Berlin, zwei Säulen der Transformation, eng vernetzt mit der Bundesregierung, um den Umstieg auf Windkraft und Solarenergie in Deutschland voranzutreiben.

Im Jahr 2020 gründeten Harvey und Lorentz die Stiftung Klimaneutralität. Deren Budget für die Interessenvertretung, das im Lobbyregister des Bundestags angegeben ist, betrug 2021 rund 2,5 Millionen Euro – gänzlich finanziert von der Climate Imperative Foundation, berichtete die *Zeit*. Zum Vergleich: Das Lobbybudget von BMW, einem Unternehmen mit mehr als 100 Milliarden Euro Umsatz und knapp 120 000 Beschäftigten, habe nur 1,8 Millionen Euro betragen. Stolz erzählte Lorentz, wie die Regierung Konzepte der Agora und der Stiftung Klimaneutralität »deckungsgleich« übernommen habe. Bundestagsabgeordnete und Europaparlamentarier würden von den Organisationen »geradezu bombardiert mit immer neuen Zahlen, Studien und Broschüren«.

Im Vergleich zu gestandenen Wirtschaftsverbänden – selbst der Bundesverband der Deutschen Industrie beschäftigt in seiner Energieabteilung nur acht Mitarbeiter – hatte sich die Umwelt- und Klimalobby stärker formiert. »Aus dem zivilgesellschaftlichen David ist längst ein Goliath geworden, der in der öffentlichen Arena den traditionellen Akteuren inzwischen mehr als nur die Stirn zu bieten vermag«, urteilen die Juristen Wolf Friedrich Spieth und Niclas Hellermann 2019 in der *Neuen Zeitschrift für Verwaltungsrecht*. Die NGOs seien inzwischen »hochprofessionell aufgestellt« und mit erheblichen finanziellen Mitteln ausgestattet. Woher das Geld des wichtigsten Unterstützers der Klimalobby stammt, bleibt jedoch nebulös. Selbst die linke *taz* bescheinigt Mercator »Geld aus dunklen Quellen«. Nur das Ziel ist klar: Die Stiftung »setzt sich dafür ein, dass Deutschland bis 2050 treibhausgasneutral wird«, so ihr offizieller Slogan.

Der andere Pfeiler der deutschen Klimalobby, die European Climate Foundation, ansässig im niederländischen Den Haag und getragen von US-amerikanischen Großstiftungen, verfügt über Mitarbeiter und Büros in Berlin, Brüssel, London, Paris und Warschau. Die Führungsriege der ECF rekrutiert sich aus international vernetzten Top-Managern mit entsprechenden Gehältern. Den Vorsitz führte bis 2018 Caio Koch-Weser, ehemals geschäftsführender Direktor der Weltbank, Staatssekretär im Bundesfinanzministerium und Vice Chairman der Deutschen Bank. Seither leitet die Ökonomin und Sonderbotschafterin des französischen Außenministeriums Laurence Tubiana die Stiftung. Wer sich für Klimaschutz und Energiewende engagiert, kann mit Unterstützung entweder der ECF oder Mercator rechnen. Beispielsweise erforscht eine Stiftungsprofessur an der Universität Hamburg die Frage: Wie lässt sich mehr Klimaschutz in Deutschland durchsetzen?

Die Wind-und-Sonne-Industrie konnte sogar auf Mittel der EU zurückgreifen, um eben dort für sich zu lobbyieren. Von der Kommission waren von 1998 bis 2013 einer Studie zufolge 90 Millionen britische Pfund an NGOs geflossen, um »eine breite Debatte zu ermöglichen«, wie ein Sprecher die Zahlungen gegenüber *The Telegraph* rechtfertigte. Die Finanzierung setzte sich in den 2010er-Jahren fort. Auch NGOs in den USA profitierten von EU-Geldern: 2014 hatte das World Resources Institute 1,9 Millionen US-Dollar für den Entwurf des »Welt-Klima-Abkommens« erhalten, das im Folgejahr von der Weltgemeinschaft in Paris verabschiedet wurde. Das zeigen Ermittlungen des Wissenschaftlers Richard North in einer Studie über die Geldflüsse von NGOs. Einzelne europäische Regierungen legten noch knapp 30 Millionen Dollar an das World Resources Institute oben drauf.

Die Bundesregierung umarmte die Lobby. NGOs schrieben an Gesetzesvorlagen mit, und bei wichtigen Entscheidungen berief das Kabinett Gremien, in denen die Interessenvertreter Stammplätze hatten. In der Kohleausstiegs-Kommission saßen 2019 die Chefs von Greenpeace, BUND und Naturschutzring; Vertretern der unmittelbar betroffenen Kohleindustrie blieb der Zutritt bei den Sitzungen verwehrt. Die Bundesumweltministerin zelebrierte die Zusammenarbeit: »Der Dialog mit NGOs ist mir wichtig. Wir streiten für dieselbe Sache«, twitterte Svenja Schulze auf der UN-Klimakonferenz desselben Jahres in Madrid. Als sie einen engen Kreis über neue Gesetzentwürfe in Sachen Klimaschutz informierte, schickte sie ihren Bescheid im Voraus an die großen Umweltorganisationen. Ausgeschlossen wurden dagegen viele der unmittelbar betroffenen Wirtschaftsverbände mit Zehntausenden Beschäftigten.

Die extreme Version der Energiewende, die sich vor dem Hintergrund des doppelten Ausstiegs aus Kernkraft und Kohle vollzieht, verändert die Umweltpolitik in Deutschland radikal. Früher förderte der Staat einzelne Themen wie Gewässerschutz, Abgasverordnungen oder Aufforstung, erinnert sich Andreas Troge, bis 2009 Präsident des UBA. Die neue Strategie der Bundesregierung hingegen verfolge nur noch ein Ziel: die Umstellung der Energieversorgung. Troge spricht vom »gesamthaften Top-down-Ansatz«. Mit neuen finanziellen Etats sei ein »großes Netzwerk« geflochten worden: Neben den großen Umweltverbänden begleite eine Reihe kleiner Forschungsinstitute die Transformation mit Studien. Der Ex-UBA-Chef bezeichnet diese als »Beiboote des Umweltministeriums«, die dem »Hauptschiff Freiraum geben und den Umweltdiskurs in seinem Sinne ändern sollen«. Solche Einrichtungen entdecken nur »selten

Widersprüche zur BMU-Politik«, stellt Troge fest, ihre wesentliche Aufgabe bestehe darin, den »Legitimierungsdruck zugunsten der Energiewende zu erhöhen«. Ihre Öffentlichkeitsarbeit sei »offensiv und sehr gut orchestriert«, Pressemitteilungen würden geradezu »im Akkord verschickt«. Die Institute stützen sich gegenseitig: So durfte Agora eine externe Evaluation durch das New Climate Institute durchführen lassen, das ebenfalls von der Energiewende-Lobby finanziert wird. »Denkfabriken operieren in der äußeren Gestalt der Wissenschaft, beschäftigen Wissenschaftler oder werden von ihnen betrieben«, merkte Soziologe Peter Weingart bereits 2005 an. »Das heißt, sie geben sich den Anschein der Objektivität und machen sich damit die soziale Autorität der Wissenschaft zunutze, obgleich sie politische Ziele und Interessen verfolgen.«

Die Regierung sponsort das Potsdam-Institut für Klimafolgenforschung, das Deutsche Institut für Wirtschaftsforschung und das Institut Mercator – alle drei unterstützen den Kurs der Energiewende. 2008 gründete das PIK die Tochtereinrichtung Climate Analytics unter Leitung der ehemaligen Greenpeace-Mitarbeiter und heutigen Forscher Bill Hare und Malte Meinshausen. Zu den Finanziers gehören auch das Bundesumweltministerium und das UBA, das Entwicklungsministerium, das Umweltprogramm der Vereinten Nationen, die ECF, die Munich Re und Agora Energiewende. Das erfolgreichste Instrument des Instituts ist der »Climate Action Tracker« (CAT), den das Bundesumweltministerium gesondert unterstützt, für die Jahre 2016 bis 2022 mit fünf Millionen Euro. Der CAT soll Auskunft geben über mangelnden Fortschritt beim Klimaschutz – Climate Analytics spielt das Ergebnis jedes Jahr aufs Neue erfolgreich in die Medien. Eine Forschungsarbeit an der Freien Universität Berlin aus dem Jahr 2016 zum Thema »Energiepolitischer Lobbyismus in Deutschland« erläutert das Prinzip solcher Förderung:

> *Forschungsinstitute genießen in der Öffentlichkeit ein höheres Ansehen beziehungsweise eine größere Glaubwürdigkeit als Interessenverbände oder Unternehmen. Daher nutzen solche Akteure Forschungsinstitute oftmals als »Verkünder« ihrer eigenen Ansichten, um so »die Spur« zum eigentlichen Absender »zu verwischen« – was für*

sie gegenüber der Öffentlichkeit günstiger ist. Hierfür werden interessengeleitete Forschungsaufträge in Auftrag gegeben. Viele Wissenschaftler lassen sich hierbei offensichtlich instrumentalisieren.

Ursache der Entwicklung sei das Klimaabkommen von Paris, weil es jedem Land eigene Klimaziele auferlegt habe, meint der Ökonom Franz Josef Rademacher: »Seit Paris haben wir mindestens 50 000 bis 100 000 hochbezahlte Positionen in einem akademischen Umfeld, die alle bezahlt werden für ihre argumentativen Beiträge und Projektbeiträge zu dieser grünen Transmission.«

Ein ehemaliger Staatssekretär des Bundesinnenministeriums hatte den Durchmarsch der Energiewende-Lobby vorausgesehen. In einer Rede im Januar 1986 vor Kollegen in Bad Kissingen erläuterte der Jurist Günter Hartkopf, warum Umweltthemen politische Dominanz entwickeln werden: Zunächst sei aus der Wirtschaft kaum Widerstand zu erwarten. Hartkopf erzählte von einem Treffen von Umweltpolitikern mit Industrievertretern 1975, als erstmals zunehmend einschränkende Öko-Regularien aufkamen. Es habe lediglich ein paar Regierungsbeamte gebraucht, die den Club-of-Rome-Bestseller *Die Grenzen des Wachstums* rezitieren konnten, um ihre Gegenüber verstummen zu lassen. »Die Wirtschaftsseite hatte nichts Gleichwertiges entgegenzusetzen«, sagte Hartkopf. »Potente Umweltverbände« unter Leitung »von Beamten oder ehemaligen Beamten« würden mit rund vier Millionen Mitgliedern »ein beachtliches Potenzial« bilden, das »jederzeit mobilisiert werden kann« und an dem die Politik nicht mehr vorbeikomme. Die Medien seien Verbündete, wusste Hartkopf: »Eine nicht unbeträchtliche Zahl von Journalisten sieht ihre Rolle als aktive Unterstützung zur Umweltverbesserung.« Der ehemalige Staatssekretär artikulierte den blinden Fleck der Debatte: Man thematisiere die Vorteile von Klima- und Umweltrestriktionen, blende die gesellschaftlichen Nachteile aber aus. Er sollte recht behalten: Bereits zaghafte Versuche von SPD-Politikern, etwa des Bundesenergieministers Werner Müller Anfang der 2000er-Jahre oder des Parteivorsitzenden Sigmar Gabriel 2013, die sozialen Folgen einer teuren Energiewende zu adressieren, fanden kaum Resonanz.

46. Eingebettet: Journalisten und die Klimalobby

Weil die Taktgeber unsichtbar bleiben, entsteht der Eindruck, man würde von sich aus in die gleiche Richtung streben.

Den Medien komme »eine wichtige Rolle für die Zukunft des gesamten Planeten zu«, erkannte das UBA in einem »Inputpapier« aus dem Jahr 2018. Daher müsse man sie gezielt einbeziehen, schlosss die Behörde, die dem Umweltministerium unterstellt ist: Ziel sei es, »Informationen zu verbreiten und Bewusstsein zu schaffen, damit die Belastungsgrenzen des Planeten nicht weiter überschritten werden, sondern ein ernsthafter und tiefgreifender Wandel zur Nachhaltigkeit stattfindet«. Dabei schreckt das UBA auch nicht davor zurück, Journalisten, die nicht spuren, in Regierungsbroschüren an den Pranger zu stellen. In seiner 120-Seiten-Klimawandel-Mahnung aus dem Jahr 2013 mit dem Titel »Und sie erwärmt sich doch« listete das Amt »Klimaskeptiker« auf, die »Zweifel verbreiten« und dem »wissenschaftlichen Konsens widersprechen«. Dieses Vorgehen einer staatlichen Behörde erinnerte nicht nur die *Zeit* an das »Ministerium für Wahrheit« aus George Orwells Roman *1984*.

Die Distanz zwischen Medien und Regierung schwand weiter. »Es gibt vermutlich kein anderes Land, das so ausdauernde Klimajournalistinnen hat wie Deutschland«, twitterte Svenja Schulzes Pressesprecher von der UN-Klimakonferenz in Madrid 2019 samt Gruppenfoto mit den anwesenden Berichterstattern. Dabei fördere die jeweilige Einstellung womöglich die Kooperation: »Eine beachtliche Vielzahl und Vielfalt empirischer Analysen im deutschsprachigen Raum kommt zu dem Ergebnis, dass die politischen Haltungen von Journalistinnen und Journalisten im Vergleich zur Gesamtbevölkerung nach links verschoben sind«, dokumentiert der Medienforscher Christian Hoffmann von der Universität Leipzig und bestätigt damit frühere Untersuchungen: »Die politische Linksverschiebung im

Journalismus ist real.« Wie die Bundesregierung haben sich auch die Medien in Deutschland dem Kampf gegen die Klimakatastrophe sowie der Energiewende mit Wind und Sonne verschrieben. Erfahrung brachten sie bereits mit: Jahrzehntelang hatten Journalisten in Deutschland – anders als in anderen Ländern – gegen Kernkraft mobil gemacht, wie internationale Medienanalysen des Kommunikationsforschers Hans Mathias Kepplinger von der Universität Mainz ergaben. Nun veröffentlichten die Zeitschriften von Journalistenverbänden »grüne Ausgaben« und erklärten darin, »warum grüner Journalismus zur Realität wird«. Auch der Mainstream machte mit: *Stern*, *Frankfurter Rundschau* und *taz* überließen Klimaaktivisten von Fridays for Future die Inhalte einzelner Ausgaben und die *Stern*-Chefredaktion verkündete, beim Klimawandel »nicht länger neutral sein zu wollen«. Der *Spiegel* rief die globale Erwärmung »zur großen gesellschaftlichen Zukunftsaufgabe« und zum »wohl drängendsten Thema unserer Zeit« aus. 2018 holte das Blatt den ehemaligen Chefredakteur des *Greenpeace Magazins* in die Leitung des Wissenschaftsressorts und machte ihn für die neue Rubrik »Klimakrise« zuständig. Die Internetpräsenz des *Spiegels* zierte fortan ein Banner, das den Fortschritt beim Ausbau von Windkraft und Solarenergie in Deutschland anzeigte.

Im Jahr 2020 unterschrieben Dutzende Journalisten, darunter die Wettermoderatoren von ARD und ZDF, einen offenen Brief, die »Klimakrise endlich ernst zu nehmen«. Sie erklärten: »Die Einhaltung des 1,5-Grad-Ziels als vierte Gewalt zu kontrollieren, ist kein Aktivismus«. Eine weitere Petition trat für die Ausstrahlung einer täglichen Sendung vor der Tagesschau ein, die über die globale Erwärmung berichten sollte. Mehr als 300 Journalisten gründeten das Klimanetzwerk Deutschland, dem das Pariser Abkommen und das Urteil des Bundesverfassungsgerichts aus dem Jahr 2021 als »Richtschnur und Leitplanken« dienen sollen. »Klimajournalismus trägt zum Erhalt der Lebensgrundlagen für alle Lebewesen auf diesem Planeten bei«, heißt es in der Charta.

Mit Ehrungen bestätigen sich Journalisten gegenseitig in ihrer Haltung. Das *Medium Magazin* belohnte besonderen Einsatz für das Klima mehrfach mit der Auszeichnung »Wissenschaftsjournalist des

Jahres«. Den »Reporterpreis« erhielten 2020 gleich drei Texte, welche die bevorstehende Umweltkatastrophe beschworen, obwohl sich in den Artikeln gravierende fachliche Fehler fanden – was aber nicht auffiel, weil sich Medienkritiker in Deutschland in der Regel in den Dienst des Klimaaktivismus stellen. Die Verleihung des »Umwelt-Medienpreises« am Ende jedes Jahres in Berlin bringt die Branche zusammen: Ein Journalist bekommt die Auszeichnung, ein Vertreter aus Umweltpolitik oder -forschung hält die Laudatio.

»Jahrelange Ignoranz gegenüber der Bedeutung der Klimakrise« hielt die *taz* für »das zentrale Versagen des bundesrepublikanischen Journalismus«. Mediendaten der Universität Hamburg zeigen allerdings, dass seit Jahrzehnten kontinuierlich über die globale Erwärmung berichtet wird; beginnend 1986, als der *Spiegel* auf seiner Titelseite den Kölner Dom unter Wasser setzte und »Die Klimakatastrophe« titelte. Bereits zur Jahrtausendwende ergab eine repräsentative Umfrage des UBA, dass nur 2 Prozent der Deutschen »die Reduktion von klimaschädlichen Gasen« für »weniger wichtig« hielten, 98 Prozent befanden sie für »eher wichtig« oder »sehr wichtig«, Letzteres sogar zu 66 Prozent. Das »markanteste Profil« der Medienberichte sei »die Transformation von Unsicherheiten in Gewissheiten«, hatte Klimadebattenforscher Weingart bereits damals festgestellt und vor einer Gefährdung der »politischen Legitimität der medialen Berichterstattung« gewarnt. Doch bei Wetterextremen traf genau das zu, wie beim Hurrikan 2020 in Honduras, als das ZDF meldete: »Expertinnen und Experten gehen davon aus, dass er mit dem Klimawandel zusammenhängt.« Der Präsident des Landes, Juan Orlando Hernández, kritisierte fehlende Unterstützung seitens der Industriestaaten: Es sei wissenschaftlich bewiesen, dass Mittelamerika als Region mit am stärksten unter dem Klimawandel zu leiden habe, klagte er. Die reicheren Nationen, welche die Hauptverantwortung dafür tragen, müssten die Schäden der Naturkatastrophe übernehmen. Dabei ist der Einfluss der globalen Erwärmung auf Hurrikane in Mittelamerika unklar, wissenschaftliche Daten zeigen keine Verschlimmerung von Starkwinden in der Region – trotz Klimawandel (Kapitel 33). Eine Sensationalisierung der Berichterstattung könne kontraproduktiv sein, mahnt die Medienexpertin Lauren

Feldman von der George Mason University: »Unsere empirische Forschung hat ergeben, dass Menschen sich abwenden, wenn sie nur Katastrophenberichte über den Klimawandel hören.«

Besser bezahlt wird Klimaaktivismus für Journalisten mittlerweile im PR-Bereich, wo neue Organisationen mit saftigen Verdiensten locken. Der Vorstandsvorsitzende der NGO Climate Central erhält Insidern zufolge ein Jahresgehalt von mehr als 250 000 US-Dollar. Mitte Oktober 2021 meldete er sich persönlich bei Journalisten per E-Mail und schrieb: »Wir freuen uns darüber, mehr als 1 000 Fotos und Videos mit Ihnen teilen zu können.« Das Material zeigte auf einer interaktiven Karte, wie Städte und ganze Gegenden im Meer versinken. »Die jüngste Veröffentlichung hat mehr als 1 000 Artikel in über 75 Ländern generiert«, pries der Vorsitzende seine Geschichte. Kaum ein großes Medium sah von einer Publikation der Karten von Climate Central ab, welche die Folgen eines Anstiegs des Meeresspiegels verdeutlichen sollten. Darin markierten rote Flächen von den Fluten gefährdete Metropolen. »Südvietnam könnte ganz verschwinden«, mahnte die *New York Times*. Auf ihrem Portal für Kinder informierte die NASA, das Meer werde um bis zu sieben Meter steigen. Das Kalkül von Climate Central war aufgegangen.

Laut eigener Aussage möchte die »gemeinnützige Organisation« lediglich darüber informieren, »wie der Klimawandel das Leben der Menschen verändert«. Das veröffentlichte Material aber machte deutlich, dass es sich dabei nicht um seriös recherchierte Tatsachen handeln muss. Auf der Karte waren schlicht alle Gebiete auf dem Festland gekennzeichnet, die laut Klimaszenarien künftig unter dem Meeresspiegel liegen könnten – was aber nicht bedeutet, dass diese auch geflutet werden. Schon heute befinden sich weite Regionen unterhalb der Wasserlinie, Südvietnam sogar großenteils. Die Bewohner haben sich angepasst, zum Beispiel mit Deichen. Landflächen weltweit sind sogar gewachsen, berichteten Forscher 2021 im *Journal of Photogrammetry and Remote Sensing*. Zunehmender Wohlstand hat dafür gesorgt, dass sich Küstenregionen gegen den Anstieg der Ozeane schützen können. Doch diese Information fehlt auf der Karte. Die Warnung vor dem Klimawandel fällt drastisch aus, und das ist ganz im Sinne der Geldgeber. Climate Central wird gefördert von zahlreichen Stiftungen, wie beispielsweise der MacArthur Foundation. »Wir befürworten einen vollumfänglichen Ansatz bei unserer Unterstützung von Klimalösungen«, erläutert ihr Direktor Jorgen Thomsen. »Dazu gehören der rasche Ausbau erneuerbarer Energien und die Begrenzung von Treibhausgasemissionen.«

Das Oxford Climate Journalism Network bildet am britischen Reuters Institute Journalisten aus. Sein Leiter ist der Journalist Wolfgang Blau, vormals Digital-Chef bei der *Zeit* und dem *Guardian*, der gleichzeitig im Beirat des Klimasekretariats der Vereinten Nation, dem UNFCCC, sitzt. Dieses soll laut Satzung dafür sorgen, eine »gefährliche anthropogene Störung des Klimasystems« zu verhindern (Kapitel 19). Das Oxford Climate Journalism Network wird unter anderem von der ECF finanziert, die »den Weg bahnen will für eine Netto-Null-Welt« ohne menschengemachte Kohlendioxidemissionen. Nach Ende des ersten Jahrgangs mit etwa 100 Auszubildenden schrieben zwei Journalistenschüler darüber, was sie dort gelernt hatten: Im großen Maßstab dessen, was die Welt eigentlich bräuchte, greife das Projekt zu kurz. »Aber wir werden weiterhin unsere Bemühungen in die kumulative Wirkung der Lehrgänge und in Klimainitiativen in anderen Teilen der Welt stecken«, versprachen die beiden. »Kein einzelnes Projekt kann die Klimakrise lösen, aber wir hoffen, dass eine Welle globaler Bemühungen letztendlich die Wirksamkeit des Klimajournalismus verbessern wird.«

Die Symbiose aus Stiftungen und Medien schreitet voran. 2022 verkündete die Associated Press (AP), dass die Hewlett Foundation und vier weitere Organisationen mehr als zwei Dutzend Journalisten für die Berichterstattung über Klimathemen bezahlen. »Die Ankündigung zeigt, wie Philanthropie schnell zu einer wichtigen neuen Finanzierungsquelle für den Journalismus geworden ist – bei AP und anderswo – in einer Zeit, in der die finanziellen Aussichten der Branche ansonsten düster waren«, teilte die Nachrichtenagentur mit. »Diese weitreichende Initiative wird die Art und Weise verändern, wie wir über das Klimathema berichten«, kündigte AP-Vizechefin Julie Pace an. Der Sponsor habe gleichwohl keinen Einfluss auf die Inhalte, die veröffentlicht werden. 2024 enthüllte *Free Beacon*, dass die Agentur zwei Jahre zuvor zusätzlich 300 000 US-Dollar von der

KR-Foundation erhalten hatte, einer dänischen Organisation, die sich für den »schnellen Ausstieg aus fossilen Brennstoffen« einsetzt und Journalisten in »Community-Aktivisten für den Klimawandel« verwandeln möchte. Die Berichte der AP verzichten schon länger auf sachliche Nüchternheit: »Wie kam der Mensch an den Rand eines Klima-Crashes?«, fragt etwa ein Artikel; wahlweise macht die Agentur auch das »Gefühl der ethnischen und kulturellen Überlegenheit« der Weißen für Klimaschäden verantwortlich und schlägt die »radikale Abkehr von jahrhundertealten Fortschrittsvorstellungen« vor, um fossile Energie schneller loszuwerden. Als im Sommer 2023 Hawaii von Waldbränden heimgesucht wurde, titelte die AP, der Klimawandel habe die Brände »angetrieben«. Dabei hatte erst im Vorjahr eine Studie im *Journal of Climate* unter Mitwirkung von Henry Diaz von der University of Hawaii gezeigt, dass kein menschengemachtes Signal bei Dürren auf der Inselgruppe nachweisbar sei; mithin kann man keine kausale Verbindung zwischen Klimawandel und den Waldbränden herstellen. In einem anderen Artikel warnte die AP vor der »unklaren Präsenz fossiler Interessen«, allerdings ohne über die unklare Präsenz der KR-Foundation und deren Interessen im eigenen Hause aufzuklären.

Als sich 2019 die Initiative »Covering Climate Now« gründete mit finanzieller Unterstützung zahlreicher Milliardärsstiftungen, darunter die der Familien Packard und Rockefeller, schlossen sich spontan Hunderte Medien an, darunter *Spiegel*, *Stern* und *taz* aus Deutschland, aber auch große internationale Akteure wie Reuters, Bloomberg, Agence France-Presse (AFP), CBS News, ABC News und MSNBC News. Ziel der Kampagne sei es, »die Berichterstattung über die Folgen der Klimakrise zu maximieren« und »Lesern, Zuhörern und Zuschauern zu zeigen, dass sie entschlossen sind, die Klimageschichte mit der Strenge, dem Fokus und der Dringlichkeit zu erzählen, die sie verdient«. Dafür bietet »Covering Climate Now« Hilfestellungen auf ihrer Internetseite: »Denken Sie daran, dass eine Extremwettergeschichte, die den Klimawandel nicht erwähnt, unvollständig und möglicherweise sogar ungenau ist«, heißt es dort. »Die Verbindung herzustellen ist ebenso einfach wie nötig!« Dafür hat die Initiative einen »besonderen Tipp«: »Die Betonung der menschlichen Auswirkungen von Extremwetter kann dazu beitragen, die Bedeutung des Klimawandels zu verdeutlichen.« Besonders engagierte Beiträge werden mit Preisen gewürdigt. So gewann 2022 ein Journalist des *Time Magazine* mit seinem Artikel »Die Energiewende ist in vollem Gange. Es geht nicht schnell genug«. Die Jury lobte, dass der Text pünktlich zur UN-Klimakonferenz erschienen war.

Im Jahr 2021 deckte *Politico* ein Netzwerk von rund 100 PR-Profis in mehr als 20 Ländern auf, das Global Strategic Communications Council (GSCC). Dahinter steht die ECF, die Öffentlichkeitsarbeit betreibt, indem sie Journalisten den »Konsens zum Klimawandel« lehrt. Den Recherchen zufolge sei das GSCC gegründet worden, um bei Medienschaffenden die Sichtweise durchzusetzen, »dass etwas gegen den Klimawandel getan werden muss«. Die Organisation habe einen »Flotten-Ansatz« betrieben, berichtete *Politico*, indem sie unterschiedlichen Akteuren das gleiche Narrativ fütterte. Weil das GSCC selbst unsichtbar blieb, sei so der Eindruck entstanden, als ob »all diese kleinen Boote von sich aus in die gleiche Richtung fahren«. Auch deutsche Medien luden »Kommunikationsberater« ein, die in Redaktionskonferenzen »klimasensible Sprache« empfahlen: Statt der wissenschaftlichen Begriffe »Klimawandel« und »globale Erwärmung« war hierzulande seit 2018 zunehmend von »Klimakrise« und »Erderhitzung« die Rede. 2019 legte der *Guardian* eine Art Schwur ab: »Wir werden eine Sprache gebrauchen, die der Schwere der Krise, in der wir stecken, gerecht wird.«

Der *Spiegel* tat sich mit der Bill-und-Melinda-Gates-Stiftung zusammen, die journalistische Projekte des Magazins von 2018 bis 2025 mit gut 5,4 Millionen US-Dollar subventioniert. In der unterstützten Rubrik »Die globale Gesellschaft« erscheinen Artikel über »Ungerechtigkeiten vor dem Hintergrund der Globalisierung«. Dabei werden lokale Probleme auf übergeordnete Vorgänge wie den Klimawandel zurückgeführt, beispielsweise Missernten in Kenia als Folge der weltweit gestiegenen CO_2-Emissionen, obwohl die langfristige Statistik keinen Trend bei Dürren zeigt. Das Vernebeln lokaler Ursachen mit Argumenten wie »Globalisierung« oder »Klimawandel« macht Probleme für Großspender relevant, die als Garant gegen universelle Krisen an Einfluss gewinnen.

Die Stiftungen brachten »Faktenprüfer«-Medien auf den Weg, so die ECF etwa klimafakten.de oder Carbon Brief. Klimafakten mahnte 2022, dass »wir Journalist:innen das ideologisch motivierte Streuen wissenschaftlicher Zweifel keinesfalls dulden sollten« – eine bezeichnende Aussage, schrieb Carbon Brief doch nach der Veröffentlichung des IPCC-Reports im selben Jahr: »Der Bericht betont, dass extreme Wetterereignisse wie Hitzewellen, Waldbrände, Überschwemmungen und Dürren bereits häufiger und intensiver werden – was zu steigenden Sterblichkeitsraten führt.« Roger Pielke kommentierte lakonisch: »Ich zähle acht falsche Behauptungen in diesem Satz.« Für die meisten Wetterphänomene konnte der IPCC-Report keine Zunahme konstatieren, die Opferzahlen sind sogar gesunken.

Soziale Medien beauftragen die »Faktenprüfer«, angeblich um falsche Veröffentlichungen auf ihren Plattformen auszusortieren. Emmanuel Vincent, Chef des Netzwerks Science Feedback, das für Meta (vormals Facebook) arbeitet, versprach, »das Internet zu reinigen«. Der Konzern heuerte auch die Journalistenschule Poynter an, die ebenfalls von Stiftungen getragen wird, unter anderem von der McArthur Foundation. Einen 2019 veröffentlichten Index mit 515 »nicht vertrauenswürdigen Medien« musste die Organisation nach Protesten wieder zurückziehen. Der Fernsehmoderator John Stossel warf Poynter vor, eine »linke Schlagseite« zu haben, was deren Internetseite zu belegen schien: Dort forderten Artikel etwa die »Dekolonialisierung der Medien« oder Gendersprache. Nach Einschreiten seiner »Faktenprüfer« löschte Facebook Posts, denen zufolge von einem »sechsten Massensterben« aktuell nicht die Rede sein könne und parallel zur Erwärmung die Zahl der Opfer durch Temperaturextreme geschrumpft sei. Indes: Beide Thesen werden von seriöser Wissenschaft gestützt.

47. Zweifelhafte Klimawandel-Beweise: Den Nachrichtenzyklus schaffen

Nach Katastrophen stellen Studien eine Verbindung zur globalen Erwärmung her und lenken damit ab von Wesentlichem.

Der Deutsche Wetterdienst hatte Mitte Juli 2021 gerade noch rechtzeitig eine »Amtliche Gefahrenmeldung« herausgegeben, die fürchterliche Überschwemmungen in den folgenden zwei Tagen voraussagte. ARD und ZDF hingegen warnten nicht ausdrücklich. Dann starben fast 200 Menschen in Westdeutschland. Von einem »monumentalen Versagen« sprach eine Expertin des European Flood Awareness System, das für die Region eine Warnung vor »extremen« Überflutungen herausgegeben hatte. Eine unmittelbare Evakuierung der Anwohner sei zu erwarten gewesen, doch stattdessen wurde nichts unternommen. Später erklärte das *heute journal* die Katastrophe mit der globalen Erwärmung. Ebenso Politiker: Bundespräsident Frank-Walter Steinmeier, Innenminister Horst Seehofer, CDU-Kanzlerkandidat Armin Laschet, Karl Lauterbach von der SPD und Katrin Göring-Eckhardt von den Grünen suggerierten, das Unwetter sei ohne Klimawandel wesentlich anders verlaufen, oder wahlweise, dass Klimaschutz eine derartige Tragödie in Zukunft verhindern könne. Schnell zog man Konsequenzen: Malu Dreyer, die Ministerpräsidentin des betroffenen Bundeslandes Rheinland-Pfalz, verkündete, nun gebe es »keine Zeit mehr zu verlieren beim Klimaschutz«. Das Ausmaß der Fluten habe niemand voraussehen können.

Die Ursachen für Wetterkatastrophen sind vielfältig, doch ein Thema dominiert die Schlagzeilen: die globale Erwärmung. Dafür sorgen sogenannte Attributionsstudien der Initiative World Weather Attribution (WWA), die nach solchen Desastern nicht lange auf sich warten lassen. Die Forscherteams würden versuchen, »es in den Nachrichtenzyklus zu schaffen«, stellte die *New York Times* fest. Extremregen wie jener, der zur Katastrophe im Juli 2021 geführt habe, werde aufgrund des menschengemachten Klimawandels in Westeuropa wahrscheinlicher, berichtet die WWA kurz nach der Flut. Ihre »Echtzeit-Analysen« sollen Aufmerksamkeit generieren: »Dies gibt der Öffentlichkeit die Möglichkeit, klare Zusammenhänge zwischen Treibhausgasemissionen und einschneidenden Extremwetterereignissen herzustellen.« Die Berichte würden die Dringlichkeit von Klimaschutz verdeutlichen, indem sie die globale Erwärmung von einer »abstrakten Bedrohung zu einer konkreten« machen. Attributionsstudien genügen allerdings nicht den üblichen wissenschaftlichen Standards und werden ohne Begutachtung, also ohne den Umweg über ein strenges Fachmagazin, veröffentlicht – das sorgt für Probleme.

Zwar ist gut belegt, dass der Klimawandel das Wetter verändert hat und mit riskanten Folgen voranschreitet. Doch während Attributionsstudien häufig Verbindungen zwischen Wetterextremen und Erwärmung nahelegen, sprechen die Messdaten oft eine andere Sprache: Der IPCC-Report erkennt beispielsweise kein Klimawandelsignal in der Entwicklung von Überschwemmungen; die Zahl der Hochwasser-Opfer ist sogar deutlich zurückgegangen, selbst in armen Ländern. Durch die globale Erwärmung dürfte Starkregen zunehmen – doch das führe nicht zwangsläufig zu einer Zunahme von Hochwassern, räumt auch die WWA ein: Ob aus Regenfluten Überschwemmungen werden, hänge vor allem von lokalen Bodenbedingungen ab. Der Widerspruch zwischen Attributionsstudien und der Analyse von Langzeitdaten, der »Detektion«, beschäftigt die Klimaforschung schon lange. Es handelt sich um unterschiedliche Herangehensweisen, die nicht immer dieselben Ergebnisse liefern.

In Attributionsstudien modellieren Forscher das Klima am Computer für zwei verschiedene Welten: eine unter dem Einfluss menschengemachter Treibhausgase und eine ohne sie. Aus Differenzen zwischen den simulierten Szenarien schließen die Wissenschaftler dann, ob bestimmte Wetterereignisse durch den Klimawandel wahrscheinlicher werden. Direkt mit der Erwärmung zusammenhängende Temperaturextreme lassen sich auf diese Weise plausibel analysieren. Aussagen über mögliche Veränderungen von Wetterlagen sind allerdings nicht vertrauenswürdig. Dies wurde bereits mehrfach von Forschern dokumentiert, zuletzt etwa in einer *Nature*-Studie aus dem Jahr 2018. Besonders die Modellierung von Niederschlagsentwicklungen funktioniere nur unzureichend; das Gleiche gelte für die Attribution von Dürre, zeigte beispielsweise eine Arbeit in *Environmental Research* 2022.

Detektionsstudien hingegen resultieren aus jahrzehntelangen Wetteraufzeichnungen: Zeigt die Entwicklung des untersuchten Phänomens keinen Trend, lässt sich auch kein Einfluss der Erwärmung folgern. Die Detektion wird dadurch erschwert, dass Daten von Natur aus begrenzt sind: Wetterextreme kommen selten vor – sonst wären sie keine Extreme; entsprechend spät können sich Trends mitunter offenbaren.

Große Schlagzeilen machte Hurrikan »Florence« im September 2018: Ein Forscherteam hatte verkündet, der Sturm sei aufgrund der globalen Erwärmung 80 Kilometer größer und bringe 50 Prozent mehr Niederschlag mit sich. Einer der beteiligten Wissenschaftler war bestrebt, »die Auswirkungen des Klimawandels abzuschätzen, bevor der Sturm auf Land trifft«. Es sei wichtig, mit den Angaben herauszukommen, solange man den Hurrikan noch in den Nachrichten sehen könne »und nicht Monate später, wenn die meisten Menschen über andere Themen nachdenken«. Ein Jahr später teilten die Forscher im Fachmagazin *Science Advances* mit, dass ihre anfänglichen Zahlen grob falsch gewesen waren. Im Gegensatz zur ursprünglichen Meldung erregte die Korrektur keine mediale Aufmerksamkeit. Ähnlich lief es nach den Überschwemmungen in Pakistan 2022. Zunächst sorgte eine Attributionsstudie für ein breites Medienecho, wonach die gigantischen Regenmengen aller Wahrscheinlichkeit nach vom Klimawandel intensiviert worden waren. Als uninteressant hingegen erwies sich, dass genauere Untersuchungen anschließend keinen Einfluss der Erwärmung auf den Monsun zeigten. Vielmehr hatte das Wetterphänomen El Niño den Regen verstärkt. Laut dem IPCC-Report 2021 ist die Höhe des maximalen Wasserstandes in den meisten Tälern Pakistans seit 1981 gesunken. Niederschläge könnten dort künftig weniger werden.

Die Regenmengen an jenen Juli-Tagen 2021 in Westdeutschland waren zwar extrem, aber hierzulande zuvor schon öfters übertroffen worden. In anderen, auch armen Ländern haben die Menschen gelernt, sich besser gegen Überschwemmungen zu wappnen: Trotz globaler Erwärmung verlaufen heute sowohl Sturzfluten als auch Flusshochwasser auf der ganzen Welt weniger verheerend als früher, dokumentierten Forscher 2019 im Fachmagazin *Global Environmental Change*. Der IPCC stellt fest: »Stärkerer Regen bedeutet nicht immer stärkere Fluten«, andere Faktoren hätten einen größeren Einfluss. Die Katastrophe in Westdeutschland kam nicht aus heiterem Himmel, denn die betroffene Region war in den Jahrhunderten zuvor immer wieder von ähnlich verheerenden Überschwemmungen heimgesucht worden – dennoch standen Tausende Häuser in natürlichen Hochwassergebieten. Bad Münstereifel beispielsweise, das 2021 von Regenmassen verwüstet wurde, hatte bereits im Mittelalter ähnliche Desaster erlebt: »Im Jahre des Herrn 1416 war zu Münstereifel ein großes Gewässer acht Tage nach Sankt Peter und Paul in der Nacht«, heißt es in einer Chronik. Rund 200 Menschen seien ertrunken, die Stadttore samt Mauern von Wassermassen mitgerissen und etwa 100 Häuser zerstört worden. »Das Elend übersteigt jeden Begriff«, berichteten Zeitzeugen über das Ahr-Hochwasser im Juni 1910 mit 52 Toten. Am 21. Juli 1804 hatten Überschwemmungen nach Extremregen im selben Gebiet gar 63 Menschenleben, 129 Wohnhäuser, 162 Scheunen, 18 Mühlen und 30 Brücken gefordert, wie in Aufzeichnungen zu lesen ist. Die gesamte Ernte der Region sei vernichtet worden. Das Vergessen derartiger Naturgefahren nennt der Klimahistoriker Christian Pfister »Katastrophenlücke«. Er verweist auf die Schweiz: Von 1882 bis 1976 blieb das Land von Naturkatastrophen weitgehend verschont. Als sich in den 1980er-Jahren aber der eigentliche Normalzustand mit gewaltigen Überschwemmungen wiedereinstellte, wurden die Fluten als neues Phänomen empfunden, obwohl sie in früheren Jahrhunderten Teil des Alltags gewesen waren. Pfister sagt, die Schweiz habe ihr Risikobewusstsein verloren. Die Flut 2021 bewies: Deutschland ebenfalls.

Der Wunsch, die Öffentlichkeit von den Gefahren des Klimawandels zu überzeugen, verleite Wissenschaftler und Medien dazu, extreme Wetterereignisse der Erwärmung zuzuschreiben, resümieren die Umweltforscher Myanna Lahsen und Jesse Ribot 2021 im Fachblatt

WIREs Climate Change. Dabei haben Naturkatastrophen stets mehrere Auslöser: »Die Wahl des analytischen Rahmens durch Analysten hebt immer eine Ursache gegenüber anderen hervor und ist daher von Natur aus politisch, unabhängig davon, ob sie dies erkennen oder nicht.« Attributionsstudien drängen die effektivsten Ansätze zur Verringerung der mit Wettergefahren verbundenen Risiken in den Hintergrund: Anpassungsmaßnahmen vor Ort.

Das Hochwasser in Westdeutschland vom Juli 2021 war bald aus den Schlagzeilen verschwunden, dabei hatten Wissenschaftler die Fakten zu der Katastrophe zusammengetragen. »Das Hochwasser vom Juli 2021 ist als extremes, aber nicht einmaliges Ereignis einzustufen«, sagte der Bonner Geograph Thomas Roggenkamp. »Ähnliches hat sich bekanntermaßen bereits in vorindustrieller Zeit ereignet.« Das Ereignis sei selten gewesen, habe jedoch innerhalb des natürlichen Schwankungsbereichs gelegen.

48. Klimanotstand: »Ich bin nicht radikal. Die Situation ist radikal.«

Durchgriffsrechte sollen die demokratische Entscheidungsfindung entwerten.

Margaret Klein Salamon, klinische Psychologin aus New York, fühlte sich alarmiert. Der Sturm »Sandy« hatte ihre Stadt 2012 heimgesucht. Für sie sei »ganz klar« die globale Erwärmung daran schuld gewesen. »Ist es wirklich so schlimm?«, habe sie ihren Therapeuten gefragt. »Du machst dir viele Sorgen um das Klima, aber du weißt nicht viel«, lautete dessen Antwort. Zehn Bücher zum Thema habe sie daraufhin gelesen, erzählte die Psychologin. Nun war sie erst recht beunruhigt. All die Ideen der Pragmatiker zur Eindämmung der Erwärmung seien ihr »unzureichend« vorgekommen, etwa der Vorschlag, einen Preis für CO_2 einzuführen. »Das ist dem Maßstab nicht angemessen«, glaubte Salamon. Zu Journalisten sagte sie: »Ich bin nicht radikal. Die Situation ist radikal.«

Salamon gründete 2014 die Initiative »The Climate Mobilization« mit dem Ziel, eine »Klimamobilisierung im Ausmaß des Zweiten Weltkriegs« zu starten und einen Präsidentschaftskandidaten davon zu überzeugen, den »Klimanotstand« auszurufen. Sie feierte Erfolge. 2016 nahmen die Demokraten den »Klimanotstand« in ihr Parteiprogramm auf. Doch Donald Trump gewann die Wahl und trat vom Pariser Klimaabkommen zurück. Salamon fühlte sich noch motivierter und unterstützte die Protestgruppe »Extinction Rebellion«, die 2019 Brücken, Straßen und Häfen blockierte. Schließlich lernte sie Aileen Getty kennen, Erbin des schwerreichen Erdöl-Unternehmers Paul Getty. Beide entwarfen Pläne für ein Verbot fossiler Energien. 2019 gründete Getty den Climate Emergency Fund zusammen mit anderen reichen Spendern; Salamon übernahm die Geschäftsführung. Ihre Organisation finanzierte die »Letzte Generation« in Deutschland und »Just Stop Oil« in Großbritannien, die mit Protestaktionen den sofortigen Ausstieg aus fossilen Energien forderten. Die Aktivisten blockierten den Verkehr auf Straßen und Flughäfen, bewarfen Gemälde mit Suppe, besetzten Autohäuser, Sportveranstaltungen und Ölterminals oder klebten sich an Exponate in Museen. Störende Proteste seien wie ein Feueralarm, der wachrüttelt, rechtfertigte sich Salamon, die im Gegensatz zu ihren Mitstreitern nie verhaftet wurde. »Ich denke, dass ich vom Büro aus mehr helfen kann«, sagte sie.

Im Jahr 2019 kampierten Demonstranten von »Extinction Rebellion« vor der Redaktion der *New York Times*, um die Verwendung des Ausdrucks »Klimanotstand« anstelle von »Klimawandel« zu erwirken. Im November kürten die Oxford-Wörterbücher den Neologismus zum Wort des Jahres. Die Bezeichnung habe sich »zu einem der prominentesten und am meisten diskutierten Begriffe« entwickelt und sei zu einem Anliegen der englischsprachigen Welt geworden. Seine Verwendung nahm von 2018 bis 2020 um das 76-Fache zu. Einer weiteren Forderung der Aktivisten kamen Bürgermeister nach: Weltweit erklärten 2019 und 2020 mehr als 2 000 Gemeinden in 40 Ländern den »Klimanotstand«, ebenso das Europaparlament. »Es handelt sich um einen symbolischen Akt, der den Druck für eine entsprechende Gesetzgebung erhöhen soll«, beruhigte der *Spiegel*. Experten nahmen dies nicht so leicht. Die Notstandsrhetorik sei »ziemlich genau das Gegenteil eines Beitrags zur demokratischen Entscheidungsfindung«, mahnte Otto Depenheuer, Professor an der Rechtswissenschaftlichen Fakultät der Universität Köln. Demokratie und Wahrheit seien unüberbrückbare Gegensätze, weil niemand das Recht habe, im Namen der Wahrheit über andere Menschen Herrschaft auszuüben. In einem derartigen Gemeinwesen wären alle Errungenschaften des modernen Staates obsolet: Menschenrechte, Demokratie, Gewaltenteilung und Rechtsstaatlichkeit.

Bis Ende 2020 hatten in Deutschland bereits mehr als 100 Städte und Gemeinden den »Klimanotstand« ausgerufen. Im Dezember forderte der Generalsekretär der Vereinten Nationen, António Guterres »alle Staats- und Regierungschefs weltweit dazu auf, in ihren Ländern den Klimanotstand auszurufen, bis CO_2-Neutralität erreicht ist«. Den anderen 16 Nachhaltigkeitszielen der UN sprach er diese

Dringlichkeit nicht zu, obwohl sie formal alle den gleichen Stellenwert besitzen sollen. Bei genauer Betrachtung stehen sie allerdings sogar zueinander in Konkurrenz. Handeln unter Bedingungen des »Klimanotstands« nach dem Motto »alles zu tun, was nötig ist«, berge die Gefahr einer Marginalisierung anderer Gerechtigkeits- und Wohlfahrtsanliegen, kommentierte Mike Hulme in einem Aufsatz 2019. »Wir können den Klimawandel nicht im Krisenmodus bekämpfen«, ergänzt der Wissenschaftler Jochem Marotzke, Direktor am Max-Planck-Institut für Meteorologie. Bei der globalen Erwärmung handle es sich nicht um eine Krise, die bald wieder vorüber sei – »es geht um Risikovorsorge«.

Der Historiker Joachim Radkau hat die Folgen der Notstandspolitik dokumentiert: So benutzten manche Staaten den Umweltschutz als Vorwand, um Vertreibungen zu rechtfertigen, wie etwa Indien, Tansania oder Bhutan, das die Deportation Zehntausender Nepalesen in den 1980er-Jahren mit der Schaffung eines »Grüngürtels« begründet hatte. Daran hat sich auch aktuell nichts geändert. Mitarbeiter von Organisationen der Entwicklungshilfe berichten, dass die brasilianische Regierung unter dem Vorwand angeblicher Klimaverpflichtungen Siedlungen räumen lasse. Im November 2023 meldete die BBC unter Berufung auf Menschenrechtsanwälte, dass der kenianische Staat illegal Jäger und Sammler von ihrem angestammten Land vertreibe, um von CO_2-Kompensationsprogrammen zu profitieren: Hunderte von Mitgliedern der Ogiek-Gemeinschaft seien aus dem Mau-Wald verbannt und ihre Häuser mit Äxten und Hämmern niedergerissen worden. Die kenianische Regierung habe mitgeteilt, derartige Unterfangen würden dem Schutz der Umwelt dienen. Justin Kenrick vom Forest Peoples Programme zufolge sind jedoch Emissionsgutschriften und Kompensation für das Geschehen ursächlich: Der globale Markt bezahle Waldbesitzer dafür, Kohlendioxidemissionen mit Bäumen zu neutralisieren. Der kenianische Staat versuche deshalb mit den Räumungen seine Herrschaft über das lukrative Naturgut zu zementieren. »Wer die Kontrolle über Afrikas Wälder hat, kann viel Geld verdienen«, sagt Kenrick. Die Klimaschutzagenda der Vereinten Nationen zeitigt weitere Konsequenzen: Hilfsgelder für Gesundheitskampagnen in ärmeren Ländern werden umgewidmet für Klimaprojekte, mit denen Regierungen ihr Ansehen bei internationalen Abkommen wahren wollen, mahnt Bill Gates. Eine Recherche von *Foreign Policy* brachte 2023 ans Licht, dass derartige Zahlungen große Teile der traditionellen Entwicklungshilfe verdrängt haben. »Aufgrund der Klimapolitik mussten arme Länder tiefe Einschnitte bei wichtigen Hilfsprogrammen mit nachgewiesenem Nutzen hinnehmen«, berichtete das Magazin.

Margaret Klein Salamons Einsatz für einen Klimanotstand scheint Wirkung zu zeigen: 2020 ergab eine Umfrage, dass mehr als die Hälfte der jungen Europäer glaubt, autoritäre Staaten seien besser gerüstet, um die Herausforderung der globalen Erwärmung zu bewältigen.

49. »RCP8.5«: Nützliche Horrorprognosen

Die Ausbeutung eines unrealistischen Katastrophenszenarios bestimmt den Blick in die Zukunft.

Seine Berater mussten tricksen, um den britischen Premierminister Boris Johnson von der Dringlichkeit des Klimaproblems zu überzeugen. Im Januar 2022 präsentierten sie ihm auf elf Schaubildern Prognosen zur globalen Erwärmung. Besonderen Eindruck machte das sogenannte »RCP8.5-Klimaszenario«, das dramatische Umweltveränderungen wie etwa einen Meeresspiegelanstieg von einem Meter bis Ende des Jahrhunderts in Aussicht stellt. »Sehr wichtig« sei die Lektion gewesen, erzählte Johnson später. Was der Premierminister nicht wusste: Das präsentierte Extremszenario RCP8.5 hatten Wissenschaftler längst als unrealistisch entlarvt. Dennoch nutzten es Regierungsstellen in Großbritannien ausgiebig: »Anpassen oder sterben« erklärte die Umweltbehörde des Landes unter Berufung auf RCP8.5.

Es ist eines der reißerischsten Narrative in der zeitgenössischen Wissenschaft: Politiker, Banken, Forscher, Aktivisten und Medien beuten ein realitätsfernes Katastrophenszenario für ihre eigenen Interessen aus. RCP8.5 – ausgeschrieben übersetzt »repräsentativer Konzentrationspfad 8.5« – beschreibt eine Entwicklung, bei der die CO_2-Konzentration in der Luft so stark ansteigt, dass das Treibhausgas die globale Erwärmung um 8,5 Watt pro Quadratmeter verstärkt. Dafür müssten jedoch statt wie heute 420 ppm – Teilchen Kohlendioxid pro eine Million Luftteilchen – 1400, also mehr als das Dreifache, in der Atmosphäre sein. Derzeit fügt die Menschheit etwa 3 ppm CO_2 pro Jahr hinzu. Wenn die Emissionen bis Ende des Jahrhunderts auf einem konstanten Niveau bleiben – was Experten angesichts der eingeleiteten Energiewende als pessimistisch erscheint –, gelangen weitere 3200 Milliarden Tonnen Kohlendioxid in die Luft; nicht einmal die Hälfte des RCP 8.5-Szenarios wäre erreicht. Energieforscher rechnen im Laufe des Jahrhunderts sogar mit einem Rückgang der globalen CO_2-Emissionen.

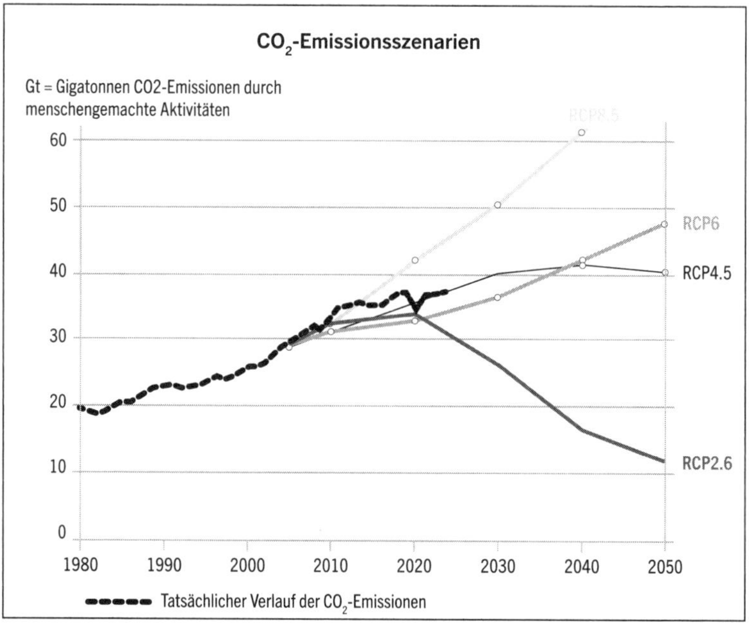

Quelle: Glen Peters

Das Klimasekretariat der Vereinten Nationen stellte 2021 fest, dass der derzeitige Erwärmungstrend dem Szenario RCP4.5 folgt, was den Klimamodellen zufolge eine globale Erwärmung von weiteren 0,9 bis 2,4 Grad Celsius bedeuten würde. Der Forscher Glen Peters dokumentierte 2022, die momentane Entwicklung verlaufe sogar unterhalb von RCP4.5. Doch das RCP8.5-Szenario liefert apokalyptische Szenarien, und das macht es so attraktiv.

Bereits 2014 war dem jungen Klimawissenschaftler Justin Ritchie aufgefallen, dass der Extremfall einen exorbitanten Kohle-Boom voraussetzte, für den es damals keine Anzeichen gab. Um das RCP8.5-Szenario zu erreichen, müsste die Menschheit pro Tag mehr als ein Kohlekraftwerk bauen, die Verbrennung von Kohle verfünffachen und ihren jährlichen CO_2-Ausstoß verdoppeln. Auf solch eine Steigerung deutete nichts hin, die globalen Kohlendioxidemissionen waren seit einem Jahrzehnt bei knapp 40 Milliarden Tonnen CO_2 pro Jahr stagniert. 2017 publizierte Justin Ritchie eine Studie in *Energy Economics*, die belegte, dass RCP8.5 für einen realistischen Blick in die Zukunft unbrauchbar ist und man das Szenario deshalb nicht verwenden sollte. Die Arbeit wurde jedoch übergangen und kaum je zitiert.

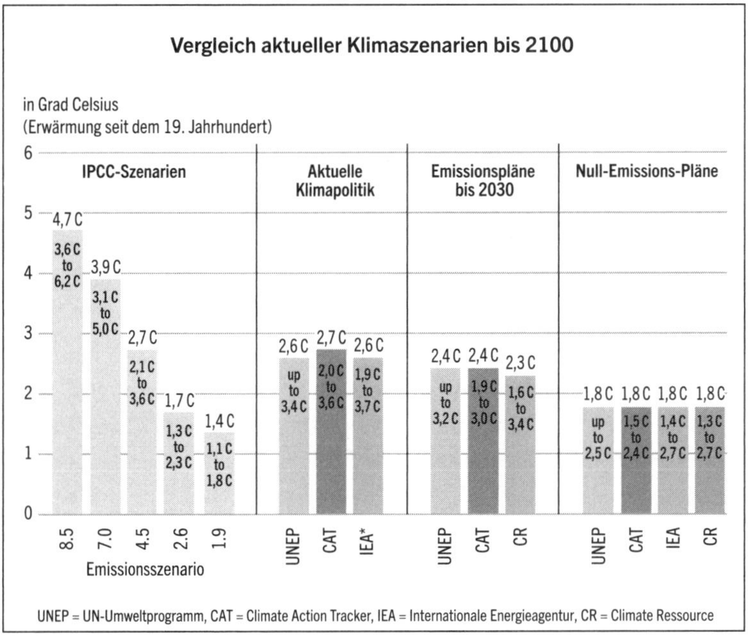

Quelle: Carbon Brief

Eigentlich hatten Klimamodellierer den Extremfall nicht entwickelt, um der Öffentlichkeit eine mögliche Zukunft vorzurechnen, sondern als theoretisches Konstrukt. Eine Expertengruppe schrieb 2008 in einer Art Gebrauchsanweisung: »Die RCPs sind vorzugsweise gedacht, als CO_2-Konzentrationspfade zu dienen, um die Klimamodellierung anzutreiben, sie basieren nicht auf vollkommen in der Literatur ausgearbeiteten Szenarien«. Neben RCP8.5 hatten die Entwickler weitere Alternativen zur Verfügung gestellt: RCP2.6, RCP4.5 und RCP6.0. Im Jahr 2019 konnte Ritchie gemeinsam mit seinem Kollegen Zeke Hausfather auf Basis der Emissionsdaten der Internationalen Energieagentur zeigen, dass auch RCP6.0 außer Reichweite liegt. »Die Welt folgt derzeit Szenarien zwischen RCP4.5 und schwächerem Klimawandel«, schließen die beiden. Dennoch wurde RCP8.5 auf der Jahrestagung der Geoforscher 2020 in den USA häufiger präsentiert als die anderen drei Möglichkeiten zusammen. Auch der sechste UN-Klimareport im Folgejahr griff das Szenario disproportional auf, kritisiert Roger Pielke in den *Environmental Research Letters*. Noch problematischer erscheint ihm jedoch, dass RCP8.5 meist nicht als Extremfall gekennzeichnet wird, sondern als »Weiter wie bisher«-Klimawandel. Selbst der Deutsche Wetterdienst ließ sich in seinem »Nationalen Klimareport 2020« dazu verleiten. Dabei sei RCP8.5 dafür gar nicht konzipiert worden, erklärte sein Erfinder, Detlef van Vuuren von der niederländischen Umweltbehörde. »Eines Tages wird man sich fragen, warum so viele kluge Leute so viel Zeit damit verbracht haben, eine imaginäre Welt zu studieren«, wundert sich Pielke.

Doch das Extremszenario ist gut fürs Geschäft. Erfolgreich nutzten es etwa die beiden Milliardäre Tom Steyer und Michael Bloomberg, die der Demokratischen Partei nahestehen und Klimastudien finanzieren, um die Unterstützung für Erneuerbare Energien – auch in ihrem Portfolio – zu erhöhen. Steyers Vermögen stammt wesentlich aus der fossilen Industrie. Seine Firma Farallon Capital Management sei »wie ein Anker im indonesischen Kohlegewerbe gewesen«, zitierte die *New York Times* 2014 einen seiner Branchenkollegen. Noch 2019 offenbarten Medien, dass Steyer weiterhin stark in fossilen Energien engagiert sei. Doch hatte der Milliardär begonnen, sein Geschäft zu diversifizieren. Im November 2012 versammelten sich einflussreiche Umweltaktivsten in seinem Haus in Kalifornien, um die Frage zu diskutieren, »wie Klimawandel dargestellt werden könnte, um ihn fühlbar und unmittelbar zu machen«. Einsamer Eisbär auf Eisscholle? Hungernde Kinder in ausgedorrter Landschaft? Überflutete Städte? Steyer und Bloomberg glaubten, die Leute müssten Angst um ihr Geld kriegen, um die globale Erwärmung ernst zu nehmen. Gemeinsam mit Hank Paulson, dem früheren Vorstandschef von Goldman Sachs, spendierten sie jeweils eine halbe Million

US-Dollar als Anschub für ein Projekt, das die Klimaberichterstattung prägen und die »Bedrohung real, unmittelbar und potenziell verheerend fühlbar machen« sollte.

Zunächst beauftragten sie die Rhodium Group, einen Dienstleister für Wirtschaftsanalysen, mit einem Report: »Risky Business: The Economic Risks of Climate Change in the United States« bildete das Fundament für Abertausende apokalyptische Klimaberechnungen: »Wir konzentrieren uns auf das Szenario RCP8.5 als jenes, das der Zukunft am nächsten kommt, sofern keine Klimaschutzmaßnahmen getroffen werden«, schreiben die Autoren. Anstatt RCP8.5 als unrealistischen Extremfall auszuweisen, sponn auch »Risky Business« das »Weiter wie bisher«-Narrativ – mit durchschlagendem Erfolg: Die Konferenz der American Geophysical Union in San Francisco, die weltweit bedeutendste Tagung ihrer Art, veranstaltete 2014 elf Vorträge mit Rednern von der University of California, Berkeley und der Rhodium Group. 2016 und 2017 gelang es dem »Risky Business«-Projekt sogar, zwei Studien in einem der bedeutendsten Wissenschaftsjournale zu veröffentlichen: *Science* publizierte RCP-8.5-Szenerien, die immense wirtschaftliche Verluste aufgrund des Klimawandels in Aussicht stellten. Beide Arbeiten hatten erheblichen Einfluss und wurden hundertfach zitiert. Ihnen zufolge drohe den Vereinigten Staaten ein Rückgang der Wirtschaft um zehn Prozent und eine Erwärmung um acht Grad bis Ende des Jahrhunderts. Anstatt die Absurdität des Ergebnisses zu thematisieren, verwiesen bald fast 1 000 Studien auf die Publikationen.

Auch der Klimabericht der US-Regierung griff die Zahlen 2018 auf. Die besorgniserregenden Ausblicke waren der *New York Times* eine dramatische Schlagzeile wert: »US-Klimareport warnt vor zerstörter Natur und schrumpfender Wirtschaft«. Ein Triumph für Steyer, Bloomberg und ihr Team: Mehr als 200-mal hatte das Regierungspapier die Rhodium Group und »Risky Business« zitiert. Einer der Leitautoren stand sogar bei dem Analysedienstleister unter Vertrag, auf seine Studien verwies der Klimabericht ausgiebig. Doch selbst das zog keine Kritik nach sich. Mittlerweile förderte die Rhodium Group das Climate Impact Lab. In kurzen Abständen veröffentlichten die Forscher des Instituts, hinter dem auch Universitäten stehen, dramatische Schlagzeilen auf Grundlage des RCP-8.5-Szenarios, darunter »Klimabedingt werden mehr Menschen sterben als durch Infektionskrankheiten«, »Meeresspiegelanstieg könnte 200 Millionen Menschen zur Umsiedlung zwingen« und »1,5 Millionen Tote mehr in Indien durch Klimawandel 2100«. Große Medien griffen die Pressemitteilungen des Climate Impact Lab eilfertig auf.

Bald entdeckten auch Konzerne RCP8.5. »McKinseys Schreckensszenario zum Klimawandel« titelte der *Spiegel* im Jahr 2020: »Hunderte Millionen Menschenleben, Billionen von Dollar« werde der Klimawandel laut einer Studie der Unternehmensberatung kosten. Die globale Erwärmung verändere die Anforderungen an Firmen grundlegend. McKinsey, das auch mit Consulting in Sachen Energiewende Geld verdient, war es gelungen, sich einem Millionenpublikum zu präsentieren. Die Unternehmensberatung hatte ebenfalls das unrealistische RCP8.5 als »Weiter wie bisher«-Szenario durchgespielt. 2020 versuchten Forscher vom Woodwell Climate Research Center diesen Fehlschluss nachwirkend zu rechtfertigen: In einem Artikel, veröffentlicht im Wissenschaftsmagazin *PNAS*, stellten sie die These auf, Veränderungen der Landnutzung würden den Strahlungshaushalt der Atmosphäre verändern, sodass er sich in der Nähe von RCP8.5 einpendeln könnte. Doch schon drei Monate später revidierten Experten die Behauptung anhand von Daten des Global Carbon Project. Bald stellte sich heraus, dass die ursprüngliche Arbeit von McKinsey gefördert worden war. Die Autoren der *PNAS*-Studie hatten diese Verbindung verschwiegen. Im April 2022 warnten Klimatologen in *Science* vor einer Verdopplung starker Tropenstürme bis 2050, Grundlage war erneut das RCP8.5-Szenario. Intransparent blieb auch hier der Zusammenhang der Autoren mit McKinsey.

Im Juni 2022 schaffte es die Bank Barclays in die Schlagzeilen, weil sie auf Grundlage von RCP8.5 den Kollaps von Währungen vorausgesagt hatte. Ebenso kalkulierte die Swiss Re ökonomische Verluste durch die globale Erwärmung anhand des Extremszenarios und multiplizierte die Ergebnisse obendrein um den Faktor zehn, angeblich um zusätzliche unbekannte Risiken einzubeziehen. »Der Klimawandel könnte die globale Wirtschaftsleistung um 18 Prozent senken«, warnte die Rückversicherung auf Grundlage der Berechnungen – weltweit verschafften Medien der Studie Aufmerksamkeit. Die Regierung der Vereinigten Staaten machte ebenfalls von RCP8.5 Gebrauch: Sowohl das Weiße Haus als auch der Finanzausschuss im Kongress verwiesen 2022 auf dramatische Klimawandelkonsequenzen anhand des Szenarios. Dasselbe Spiel wiederholte sich, als der Internationale Währungsfonds (IMF) im Mai 2022 über fiskalische Risiken verursacht durch die globale Erwärmung schrieb. Schließlich waren auch deutsche Behörden nicht immun: So legte das UBA RCP8.5 zugrunde, um 2021 über die Folgen des Klimawandels zu informieren.

Eine kleine Möglichkeit bestehe allerdings, dass RCP8.5 eintritt, gibt Richard Betts vom britischen Met Office zu bedenken: Falls die Atmosphäre erheblich empfindlicher auf CO_2 reagiert als bisher angenommen, wäre es möglich, dass die Erwärmung stärker ausfällt (Kapitel 38). »Unser Verständnis des Klimas ist nicht perfekt«, sagt Betts. Entsprechend gekennzeichnet hätte RCP8.5 eine gewisse Legitimität, schreiben Zeke Hausfather und Glen Peters. Wer es nutze, solle es aber »deutlich als unwahrscheinlichen schlimmsten Fall« deklarieren. RCP8.5 geriet verstärkt in die Kritik: »Wissenschaftler sehen aus wie eine Interessengruppe, die eine Agenda vorantreibt«, moniert Warren S. Warren, Vizechef des renommierten Fachmagazins *Science Advances*, die inflationäre Verwendung des Szenarios. RCP8.5 ermögliche es, Studien in prominenten Journals zu publizieren; die Gutachter winken sie durch, »solange die Zeichen auf Katastrophe stehen«, bilanziert Ted Nordhaus, Direktor des Breakthrough Institute in Kalifornien. 2021 schaffte es das Climate Impact Lab der Rhodium Group erneut in *Nature*. Unter Annahme von RCP8.5 zeigte ihre Arbeit, wie teuer die »sozialen Kosten« fossiler Energien sein werden. Dass die Prämisse völlig unrealistisch war, unterschlugen die Autoren.

50. »ESG«: Klimadiktat für Unternehmen

Intransparente Netzwerke globaler Institutionen stehen hinter dem Umbau der Weltwirtschaft.

Vor seinem Brief zittern Unternehmenschefs. Larry Fink, der Vorsitzende von BlackRock, dem größten Vermögensverwalter der Welt, veröffentlicht einmal im Jahr ein Schreiben an die Manager von Großkonzernen. Die studieren Finks Botschaft gründlich, denn von seinen Worten könnte ihr Schicksal abhängen. Im Jahresbrief 2018 erklärte er den Klimawandel zu seiner Mission und schrieb: »Wir sehen, dass viele Regierungen es versäumen, sich auf die Zukunft vorzubereiten.« Zwei Jahre später stellte Fink Nachhaltigkeit ins Zentrum seiner Investitionen; er wolle einen »nachhaltigeren Kapitalismus« herbeiführen. 2021 wurde er noch deutlicher:

> *Wir fordern Unternehmen auf, einen Plan offenzulegen, wie ihr Geschäftsmodell mit einer Netto-Null-Wirtschaft vereinbar ist – das heißt einer Wirtschaft, in der die globale Erwärmung auf deutlich unter zwei Grad begrenzt wird, was im Einklang mit dem globalen Ziel steht, bis 2050 Netto-Null-Treibhausgasemissionen auszustoßen.*

Im Folgejahr verkündete der Brief, dass Firmen, die keine CO_2-freie Zukunft planen, abgehängt würden. Die Nervosität in den Vorständen wuchs.

BlackRock hält riesige Aktienpakete an Unternehmen in aller Welt, seine Leute sitzen reihenweise in Aufsichtsräten. Der Vermögensverwalter führt eine Liste von Firmen, die wegen angeblich nachlässiger Geschäftsmodelle in Sachen Klimarisiken unter Beobachtung stehen. Ändern die Unternehmen nicht ihre Strategie, stimmt BlackRock auf Hauptversammlungen gegen das Management. Nicht mehr nur der Erfolg einer Firma beim Kunden, ihr Gewinn, soll über den Aktienkurs entscheiden, sondern radikal neue Bewertungskriterien: »Environmental, Social, Governance«. Die ESG-Skala zeigt an, inwiefern Unternehmen klimafreundlich, sozial gerecht und modern geführt werden. Zum ersten Mal tauchte sie 2004 im UNEP-Bericht »Who Cares Wins« auf. In Zusammenarbeit mit Finanzinstituten diskutierte das Papier Vorschläge für die Veränderung der Wirtschaft. Bislang waren Firmen im Kapitalismus angehalten, die Bedürfnisse der Menschen zu erfüllen, um Umsätze zu generieren. Die ESG-Skala sollte sie hingegen unabhängig vom Zweck ihres Geschäfts dazu nötigen, die ihr zugrunde liegenden Ziele zu erfüllen. »Wenn Sie als Unternehmen erkennen, dass Ihnen Kapital abgezogen und einem Konkurrenten mit einem höheren ESG-Score zugewiesen wird, weil Sie einen niedrigen ESG-Score haben, welchen stärkeren Anreiz kann es geben?«, kommentierte 2019 Philipp Hildebrand, stellvertretender Vorsitzender von BlackRock.

Heute treiben globale Institutionen wie die Vereinten Nationen und das Weltwirtschaftsforum (WEF) – im Schulterschluss mit Banken, Versicherungen und Pensionsfonds – die ESG-Ziele voran. 2019 verabschiedeten António Guterres und Klaus Schwab, die Chefs der beiden Organisationen, eine gemeinsame Agenda, die helfen sollte, die Nachhaltigkeitsziele der UN bis 2030 zu erreichen. Dem WEF gehören rund 1 000 Großunternehmen an, zudem Politiker sowie die übliche Auswahl an Stiftungen reicher Finanziers. 2020 beschloss das Forum ein »Manifest«, das eine »vierte industrielle Revolution« ausrief. Unternehmen sollten fortan nicht mehr nur ihren Geldgebern, sondern »allen Interessengruppen dienen«. An Selbstvertrauen mangelte es nicht: »Die Zukunft wird von uns gestaltet, durch eine mächtige Gemeinschaft wie die hier in diesem Raum. Wir haben die Mittel, um den Zustand der Welt zu verbessern«, verkündete Schwab den Anwesenden bei der WEF-Jahresversammlung in Davos 2022. Das Jahr darauf sinnierte der Klimabeauftragte der US-Regierung, John Kerry, über die Bedeutung der Institution:

> *Wenn man darüber nachdenkt, ist es ziemlich außergewöhnlich, dass wir – eine ausgewählte Gruppe von Menschen – aufgrund von irgendetwas, das uns in unserem Leben berührt hat, in der Lage sind,*

zusammenzukommen und tatsächlich über die Rettung des Planeten zu sprechen.

Für eine bessere Welt will die ESG-Bewegung Politik und Ökonomie verschmelzen. Ihre Lobbyisten sind zwar keinem demokratischen Prozess unterworfen, und es wurde auch nicht abgestimmt, ob die internationale Gemeinschaft ihre prosperierende Wirtschaft nach den Vorstellungen eines intransparenten Netzwerks umbauen will – doch nutze BlackRock seinen Einfluss, um Unternehmen und Investoren zu zwingen, ihr Geld aus der fossilen Industrie zu ziehen, rechtfertigen sich die Aktivisten. Nimmt man noch die beiden anderen Giganten State Street und Vanguard hinzu, verfügen die drei größten Vermögensverwalter über mehr als 20 Billionen US-Dollar an Kapital. Laut Bloomberg Intelligence werden die globalen ESG-Anlagewerte bis 2025 auf 53 Billionen Dollar wachsen, was mehr als einem Drittel der prognostizierten 140,5 Billionen Dollar an verwaltetem Gesamtvermögen entspricht. »Das Klima bleibt der König«, konstatieren die Finanzexperten. Unternehmen sehen sich gezwungen, ESG auf fast alle Branchen auszuweiten, um nicht von Kapital abgeschnitten zu werden, denn mittlerweile haben sich die größten Banken, Versicherungen, Pensionsfonds und Investmentfirmen allesamt den Kriterien verpflichtet. Der Business Roundtable, ein Firmenzusammenschluss in den Vereinigten Staaten, erklärte 2019, nicht mehr nur für die Anteilseigner arbeiten zu wollen, sondern »für eine Wirtschaft, die allen Amerikanern dient«. Al Gore versuchte 2018 bei einer Rede vor Unternehmern in Berlin die Sache schmackhaft zu machen: »Die Nachhaltigkeitsrevolution ist die größte Geschäfts- und Investitionsmöglichkeit in der gesamten Weltgeschichte.« Auf der UN-Klimakonferenz 2022 rief er den Delegierten zu: »Wir benötigen jedes Jahr vier Billionen Dollar, um diesen Wandel durchzuführen, und das kann nur geschehen, indem privates Kapital zugänglich gemacht wird.«

Die US-Regierung unter Joe Biden hat umfangreiche ESG-Regeln für Investitionen auf Bundes- und Landesebene sowie eine entsprechende Agenda für die Behörden erlassen – mit unangenehmen Folgen für Verbraucher. Bereits seit 2014 sind die staatlichen Investitionen der Vereinigten Staaten in Öl und Gas eingebrochen. »Der ESG-Druck hat auch börsennotierte Unternehmen im Bereich fossiler Brennstoffe dazu veranlasst, ihre Ausgaben für die Exploration zu senken und Vermögenswerte für fossile Brennstoffe zu veräußern«, bilanzierte 2023 Aswath Damodaran, Professor für Finanzwirtschaft an der New York University. Raffinerien mussten schließen, die Energiepreise stiegen in die Höhe, Stromausfälle häuften sich. Kalifornien wollte erst den Verkauf von Benzinautos verbieten, sah sich jedoch bald zur Einsicht gezwungen, dass es nicht genug Strom gibt, um all die neuen Elektromobile jederzeit aufzuladen. Derartige Probleme hielten die US-Zentralbank nicht davon ab, ESG und Klimawandel zur Priorität zu erklären. Auch die Bankenaufsichtsbehörde schloss sich der Agenda an, sodass Kredite fortan an Klimaregeln geknüpft werden können. Selbst die Auskunftei FICO, eine Art amerikanische Schufa, verlautbarte, ESG-Kriterien in ihre Bonitätsbewertungen einfließen lassen zu wollen. Erst als die Umweltbehörde EPA Versorgungsunternehmen zwingen wollte, von fossilen Brennstoffen auf Wind und Sonne umzusteigen, schritt der oberste Gerichtshof der USA ein. Auch die amerikanische Börsenaufsicht, die eigentlich Aktionäre schützen sollte, hat ein kompliziertes Regelwerk erarbeitet, das Aktiengesellschaften zur Meldung aller Treibhausgasemissionen zwingt, die in Zusammenhang mit ihren Produkten entstehen: durch Herstellung, durch Zulieferer, sogar durch Verbraucher. Während Großunternehmen spezialisierte Anwaltskanzleien damit beauftragen können, ist der Aufwand für kleine Betriebe kaum zu stemmen. Ihnen droht der Verlust von Geschäften.

Doch nicht nur die Vereinigten Staaten, sondern auch die Mitglieder der Europäischen Union haben umfangreiche ESG-Berichterstattung für Unternehmen in ihren Grenzen vorgeschrieben. Hunderte spezialisierte Beratungsfirmen schossen plötzlich aus dem Boden. Die Bundesregierung warb anlässlich der »ESG-Berichtspflicht« für eine »Industrie 4.0« und dafür, »ESG als Fortschrittsmotor zu nutzen«. In ihrem Schreiben, adressiert an die Firmen in Deutschland, sprach sie Klartext: »Warum ESG-Reporting kein ›nice-to-have‹ und jetzt für alle Unternehmen wichtig ist«, lautete der erste Punkt.

Seit 2021 formiert sich Widerstand. »Wenn man darüber nachdenkt, warum die Benzinpreise so hoch sind, ist vieles ein Angebotsproblem, und ein Grund, warum wir nicht genug Angebot haben, ist, dass wir nicht genug Kapital haben, das in Öl- und Gasprojekte fließt«, klagte 2021 Marlo Oaks, Schatzmeister des US-Bundesstaates Utah. Andere Politiker drohten ebenfalls Investoren mit dem Entzug staatlicher Aufträge, sollten sie Firmen wegen der ESG-Regeln benachteiligen. 21 Generalstaatsanwälte warnten BlackRock, sie hätten Zweifel daran, dass der Vermögensverwalter wie gesetzlich verpflichtet im besten treuhänderischen Interesse seiner Kunden handle. Sie verdächtigten ihn, stattdessen die Agenda von Klimaaktivisten voranzutreiben. Der Finanzanalyst UBS stufte die BlackRock-Aktie in Folge herab – »wegen ESG-Anlagerisiken«.

Entnervt distanzierte sich Larry Flink im Sommer 2023 von seiner Leidenschaft. Bei einer Podiumsdiskussion im US-Bundesstaat Colorado verkündete er, dass er den Ausdruck »ESG« nicht mehr verwenden werde; er sei zu einem politischen Kampfbegriff verkommen. Damit gleiche Fink einem Pyromanen, der sich über die Brände um ihn herum beschwert, höhnt Finanzprofessor Damodaran. Der BlackRock-Chef wurde deutlicher: Er schäme sich, Teil dieser Debatte gewesen zu sein, die er selber angestoßen hatte. Kurz zuvor war der große Konkurrent Vanguard aus der gemeinsamen »Netto-Null-Allianz« ausgestiegen, die dessen Vorstand 2021 noch als »Win-win-Lösung« für Aktionäre und Klima bezeichnet hatte. Im November 2023 folgte der Kotau der Wall Street: Die amerikanische Börse strich die Begriffe »nachhaltig« und »Transformation« aus Fondsnamen – »nach enttäuschenden Renditen«, wie das *Wall Street Journal* berichtete. Zahlreiche ESG-Produkte wurden in Folge aufgegeben, das Interesse der Anleger hatte nachgelassen. Die Unternehmen können hingegen nicht so einfach aussteigen, denn für sie gelten die Regeln weiterhin.

51. »Planetare Grenzen«: Die Behauptung von Knappheit verleiht Macht

Wissenschaftler, die Grenzen aufzeigen, werden zur Autoritätsressource für Politiker.

Eine aufgebrachte Runde redete sich allmählich in Rage auf dem WEF 2023 in Davos, wo alljährlich eine Elite aus Wirtschaft und Politik »Lösungen für eine bessere Welt« finden will. Al Gore warnte vor »einer Milliarde Klimaflüchtlingen«, vor »kochenden Ozeanen« und »Regenbomben«. Ein Chef der Zurich Insurance Group, finanziell an der Energiewende beteiligt, mahnte: »Das Scheitern des Klimaschutzes ist in diesem Jahr eines der am höchsten bewerteten Risiken.« Der Geschäftsführer der Ikea-Stiftung, ebenfalls in die Transformation investiert, forderte Zusammenarbeit »in großem Umfang, um den Planeten zu schützen«. Die Präsidentin der Europäischen Kommission, Ursula von der Leyen, meinte, die nächsten Jahrzehnte würden »den größten industriellen Wandel unserer Zeit – vielleicht aller Zeiten – mit sich bringen«. Für die Stimmung der Runde verantwortlich war die Sozialwissenschaftlerin Joyeeta Gupta von der Universität Amsterdam, die in ihrer Rede vor einer »Gefahrenzone« und »planetaren Grenzen« gewarnt hatte – ein mittlerweile beliebtes Thema politischer Organisationen: 2019 hatte die Global Commons Alliance, getragen von Großstiftungen, Finanzinstituten, Umweltverbänden und Forschern, die Earth Commission gegründet, um natürliche Limitationen der Erde abzustecken, etwa für den Klimawandel, die Biosphäre, den Wasserverbrauch, die Landnutzung oder die genetische Vielfalt. In ihrer Rede lobte Gupta den Beitrag der anwesenden Wissenschaftler, »sichere und gerechte Grenzen« des Planeten zu identifizieren – dann übergab sie das Mikrofon an Johan Rockström, Schellnhubers Nachfolger als Direktor des PIK, der auch der Earth Commission vorsaß.

Rockström und seinem Team sei es in der Tat gelungen, »planetare Grenzen« zu finden, die der Mensch entweder bereits überschritten habe oder in naher Zukunft überschreiten würde. Bei der ersten handle es sich um die 1,5 Grad globalen Temperaturanstieg, die – anders als vom Weltklimarat definiert –, eine manifeste »physikalische Grenze« darstellen: Werden sie überschritten, drohen angeblich unumkehrbare Katastrophen. Was Rockström verschwieg: Schon unmittelbar nach der Veröffentlichung seiner These der »planetaren Grenzen« hatte es Kritik gehagelt. Der Erstpublikation der Studie 2009 ließ das Wissenschaftsmagazin *Nature* sieben skeptische Kommentare folgen. Bei ihr handle es sich um »unglaubwürdige Wissenschaft«, die »schädliche Politik« bewirke, schrieb später José Montoya vom Centre National de la Recherche Scientifique. Die Theorie sei »politisch verführerisch«, könnte aber »Probleme bereiten«, ergänzte Simon Lewis vom University College London. In der Studie würden »Umweltprobleme falsch interpretiert«, erklärte eine Gruppe am Helmholtz-Zentrum für Umweltforschung. Dahinter stehe ein »elitäres Konzept von Bewohnern des Globalen Nordens«, kritisierten Forscher der Utrecht University. Die Auswertung von mehr als 4600 Einzelstudien über ökologische Schwellenwerte ergab 2020, dass etwaige Überschreitungen in der Natur selten nachweisbar seien und sich diese unter Druck durch Variabilität und Widerstandsfähigkeit auszeichne. Es gebe keine festen globalen Limits für die Nutzung von Ressourcen, schrieb auch eine Gruppe um Umweltgeografin Ruth DeFries. »Man darf sich nicht vormachen, dass die planetaren Grenzen wissenschaftlich genau bestimmbar wären«, erklärte Katrin Böhning-Gaese, Direktorin der Senckenberg Gesellschaft für Naturforschung, und: »Im Wesentlichen« diene die Theorie als »ein ausdrucksvolles Kommunikationsinstrument«. Henrique Pereira vom Deutschen Zentrum für integrative Biodiversitätsforschung kommentierte: »Mein Hauptkritikpunkt an dem Konzept ist, dass diese Grenzen nicht wirklich von der Wissenschaft definiert werden«; letztlich seien sie kaum mehr als subjektive Bewertungen einzelner Forscher.

Wissenschaftlich waren die »planetaren Grenzen« durchgefallen, doch politisch machten sie Karriere. Medien würdigten sie mit großen Schlagzeilen. Dass das Konzept politisch aufgeladen war, hatte einer von Rockströms Koautoren, der Chemiker Will Steffen, bereits

2011 bestätigt: »Letztlich muss es eine oder mehrere Institutionen geben, die mit Autorität über die Ebene der einzelnen Länder hinaus agieren, um sicherzustellen, dass die Grenzen des Planeten respektiert werden.« Der Wissenschaftsphilosoph Steve Rayner kritisierte das Bestreben: Die Festlegung planetarer Grenzen verschleiere »die inhärente Normativität der Entscheidung, wie auf Umweltveränderungen reagiert werden soll«. Derartige Beschlüsse seien eine Frage politischer Auseinandersetzung, nicht wissenschaftlicher Tatsachen. Bei den »planetaren Grenzen« handle es sich um eine wirksame Strategie, um öffentliche Debatten zu beenden und einem »globalen Schiedsrichter« den Weg zu ebnen, der im Namen von Mensch und Natur entscheiden dürfe. Das scheine zumindest das Ziel zu sein.

In Davos griff UN-Generalsekretär António Guterres die Vorlage Rockströms auf – kein Wunder, ist der PIK-Chef doch fester Redner bei UNEP. Internationalen Organisationen kommt die Theorie gelegen, sie spannen die »planetaren Grenzen« und deren Autoren deshalb gerne für sich ein. Die Lösung des Problems bestehe darin, »multilaterale Institutionen einzuführen«, sagte Guterres. Als das EU-Parlament 2023 eine Konferenz zum Thema »Beyond Growth« veranstaltete, dienten die »planetaren Grenzen« ebenfalls als Referenz. Rockström erklärte im selben Jahr anlässlich seiner neuesten Studie, mit dem Konzept habe er den »sicheren Handlungsraum für die Menschheit auf der Erde wissenschaftlich quantifiziert«. »Dies gibt uns einen Leitfaden in die Hand für notwendige Maßnahmen«, fügte er hinzu. Die Behauptung »planetarer Grenzen«, also von Knappheit, verleiht Macht, den Mangel zu verwalten: Im Februar 2024 schlugen Rockström und seine Mitstreiter im Wissenschaftsmagazin *PNAS* vor, den Vereinten Nationen »eine übergreifende Verwalterrolle für die planetaren Gemeingüter« zu übertragen, wobei die »Erdsystemwissenschaft eine herausragende Rolle spielen wird«.

52. Kipppunkte: Erkämpfte Drohkulisse

Widerstreit herrscht zwischen politischen Absichten und wissenschaftlicher Glaubwürdigkeit.

Während seiner Rede in Davos flimmerte hinter Johan Rockström bis zur Decke eine riesige Weltkarte, auf der eine Reihe rot leuchtender Kreise die Orte zeigen sollte, an denen sich die Krise angeblich zuspitze: »Dies sind die 16 Kippelemente, die großen biophysikalischen Systeme, für die wir wissenschaftliche Beweise haben, dass sie den Zustand des gesamten Klimasystems regulieren«, rief er. Als Kippelemente oder Kipppunkte bezeichnen Forscher jene theoretischen Schwellen, deren Überschreitung unwiderrufliche Änderungen nach sich ziehen. Geologische Daten legen nahe, dass sich in der Erdgeschichte solche einschneidenden Wendungen, die für die menschliche Zivilisation eine Katastrophe bedeuten könnten, bereits ereignet haben. Doch die wissenschaftliche Basis für das Heraufziehen von Kipppunkten ist dünn – nicht so für Rockström. 9 der 16 Elemente zeigen »Anzeichen der Instabilität«, warnte der PIK-Direktor, und drohen in einen Zustand überzugehen, der »die Menschheit unterminieren« könnte. Für einige liegen ihm zufolge »wissenschaftliche Beweise« vor, dass sie schon bei 1,5 Grad Erwärmung gefährdet seien. Hinter Rockström blinkten vier rote Punkte, die jeweils Grönlandeis, Permafrostböden, Korallenriffe und Westantarktiseis symbolisierten. Es stehe zu befürchten, dass sie bald unwiederbringlich verloren gehen werden. »Wir nähern uns diesem Punkt sehr schnell«, sprach Rockström. »Aber was ich Ihnen als Nächstes sage«, raunte der Wissenschaftler, »ist die alarmierendste Sache«, und er pausierte kurz. »Uns liegen mehr und mehr wissenschaftliche Beweise über Verbindungen zwischen den Kippelementen, über Kaskadenrisiken von Dominos vor.« Rockström erläuterte, wie der Kollaps eines jener Systeme andere mitreiße. »Liebe Freunde«, wandte er sich ans Publikum der Konferenz, »wissenschaftlich ist das keine Klimakrise. Wir sehen uns etwas Tieferem gegenüber: Massenaussterben und Luftverschmutzung unterminieren die Funktionsweise von Ökosystemen, was die Zukunft der Menschheit ernsthaft infrage stellt. Das ist eine planetare Krise.«

Während der Direktor des PIK in seiner Davos-Rede von »wissenschaftlichen Beweisen« sprach, fällte der IPCC in seinem Sachstandsreport 2021 ein ganz anderes Urteil über Kipppunkte. Die Phänomene könnten zwar »nicht ausgeschlossen werden«, doch es gebe »ungenügende Evidenz« und einen »Mangel an Daten«; insgesamt sei das Thema »herausfordernd«. Auch führende Kollegen aus der Forschung äußerten sich vollkommen anders als Rockström. »Die meisten der Kippphänomene sehen wir in unseren Klimamodellen nicht«, kommentierte Jochem Marotzke, Kodirektor des Max-Planck-Instituts für Meteorologie, 2021. »Die Erfahrung hat mich gelehrt, dass die Nichtlinearitäten umso weniger sichtbar werden, je komplexer wir unsere Modelle konstruieren«, fügte er hinzu. Mit anderen Worten, je realistischer das System, das man auf dem Computer simuliert, desto stabiler scheint es zu werden. »Ehe wir uns auf künftige Nichtlinearitäten im Klimageschehen einstellen, sollten wir uns vergewissern, dass es sie überhaupt gibt«, erklärte Marotzke. Auf die Frage, welcher Kipppunkt ihm am meisten Sorge bereite, erwiderte er im Jahr 2020: »Keiner.« Martin Claußen, emeritierter Direktor des MPI-M hegte 2019 ebenfalls Zweifel: »Die Forschung ist noch nicht so weit, dass man von allgemein anerkannten zukünftigen Kippelementen sprechen könnte«, sagte Claußen. Ähnlich äußerte sich der Klimaforscher Zeke Hausfather 2022:

> *Unsere Modelle berücksichtigen heute so ziemlich alle wichtigen Rückkopplungen oder Kippelemente, von denen wir wissen. Und sie zeigen im Allgemeinen, dass die Reaktion des Klimas ziemlich linear ist – es also nicht »kippt«. Große Klimaüberraschungen sehen wir in einer Welt mit zwei Grad Erwärmung sicher nicht.*

Gleichzeitig plakatierten Klimaaktivisten: »Wir sind die Letzte Generation vor den Kipppunkten!« In ihrem Manifest berufen sie sich auf die Warnungen von Wissenschaftlern, dass derartige Schwellen bestehen und dass einige von ihnen schon überschritten worden seien. »Eine globale Kaskade« drohe, das Klima stehe kurz davor, in einen »ganz neuen Zustand« überzugehen – Kipppunkte waren zum wichtigsten Argument von Klimaaktivisten geworden.

Lange hatten einzelne Wissenschaftler versucht, sie als Druckmittel in die politische Debatte zu bringen. Der Plan stammte ursprünglich von Stephen Schneider. Bereits in den 1990er-Jahren sprach er von »Überraschungen im Klimasystem«, von unumkehrbaren Umschwüngen. Auf den IPCC-Verhandlungen in Madrid Ende November 1995 gelang es Schneider, den Begriff unterzubringen, wenn auch nur als kleine Notiz auf den letzten Drücker, bei den Verhandlungen um 2 Uhr nachts, wie er berichtete: »Wir müssen anerkennen, dass uns ein unvollkommenes Verständnis der Klimaprozesse anfällig für Überraschungen machen könnte«, hieß es in der Zusammenfassung. Die meisten seiner Kollegen hatten kein gutes Gefühl dabei: »Hast du keine Sorge, dass das Thema missbraucht werden könnte?«, fragte ihn der Leiter des Klimaberichts, John Houghton.

Wie so häufig brachte Hans Joachim Schellnhuber den Durchbruch. Am Vormittag des 26. August 2004 auf dem »Euro Science Open Forum« in Stockholm, das Wissenschaft und Medien zusammenbringen wollte, hielt der damalige Direktor des PIK einen Vortrag über »Achillesfersen der Erde«. Mancherorts drohe die globale Erwärmung unwiderruflich katastrophale Umwälzungen anzustoßen, erläuterte Schellnhuber anhand einer Weltkarte, auf der die Orte künftiger Großkatastrophen eingezeichnet waren. Ein Journalist der BBC bat ihn um verständlichere Formulierungen. Dem Physiker, so sollte er es später erzählen, fiel das populärwissenschaftliche Buch *The Tipping Point* ein, zu deutsch »der Kipppunkt«, das er gerade gelesen hatte und dessen Konzept er nun »spontan auf die ganze Klimaproblematik ausdehnte«. Der Artikel auf BBC News erschien gleich am Abend nach der Veranstaltung in Stockholm: »Earth Warned on Tipping Points«, titelte die Nachrichtenseite. »Gute Metaphern sind von unschätzbarem Wert«, resümierte Schellnhuber. Bereits 2001 hatte er in einem Vortrag in Oxford »mögliche Großunfälle im System Erde« vorgestellt, darunter: Amazonas-Regenwald, tropische Korallenriffe, arktisches Meer- und Grönlandeis. Die National Academy of Sciences in den USA blieb 2002 in einem Sachstandsbericht über »abrupten Klimawandel« zurückhaltend: Es fehle an Verständnis und Daten, lautete damals der Schluss.

Tony Blair half dem Thema auf die Sprünge. Der britische Premierminister hatte die Kipppunkte dramaturgisch für den G8-Gipfel im britischen Gleneagles im Juli 2005 eingeplant. Durch den unbeliebten Irakkrieg unter Druck gesetzt, wollte Blair mit dem Klimawandel punkten (Kapitel 36). Für Februar 2005, ein halbes Jahr nach seinem BBC-Interview, trommelte Schellnhuber eine Konferenz beim britischen Wetterdienst in Exeter mit rund 200 Kollegen zusammen: Die Tagung versprach »ein besseres Verständnis der Wahrscheinlichkeit von Kipppunkten«. Sie habe außerdem Blairs Absicht gedient, »den G8-Gipfel in Gleneagles durch eine hektische Woche von ›Klimaveränderung ist schlimmer als wir dachten‹-Berichterstattung und Gruppendenken aufzuweichen«, kommentierte damals Mike Hulme. Die Kipppunkte seien die entscheidende Botschaft gewesen: »Durch die Inszenierung der neuen Sprache der Katastrophe wurde die Konferenz selbst zu einem Wendepunkt in der Art und Weise, wie der Klimawandel in der Öffentlichkeit diskutiert wird« – und Hulme ahnte, was kommen wird: »Ich glaube, dass der Klimawandel real ist und unter Ergreifung von Maßnahmen angegangen werden muss. Doch der Katastrophendiskurs läuft Gefahr, die Gesellschaft auf eine negative, depressive und reaktionäre Bahn zu kippen.«

Der Premierminister schrieb für den Tagungsband ein Vorwort. Die Exeter-Konferenz kam zu dem Schluss, dass die Risiken der globalen Erwärmung »ernster« seien als bisher angenommen. Auch die britische Wissenschaftsakademie, die Royal Society, steuerte eine Warnung für den G8-Gipfel bei und veröffentlichte später einen Bericht, der vor der Versauerung der Ozeane aufgrund des CO_2-Anstiegs warnte. »Ein stabiles Klima ist für ihre nationale Sicherheit und ihren Wohlstand unerlässlich«, teilte Blair mit – und klang damit ähnlich wie in seiner Rechtfertigung des Irakkriegs zwei Jahre zuvor. Er hatte sein Thema gefunden.

In einem offenen Brief an die EU-Staatsoberhäupter warnte Blair 2006: »Wir haben nur ein Zeitfenster von 10 bis 15 Jahren, um die notwendigen Schritte zu unternehmen, das Überschreiten eines katastrophalen Wendepunkts zu vermeiden.« Der *Spiegel* titelte »Blair warnt vor dramatischem Klimawandel« und beschwor Ernteausfälle, Wüstenbildung, Völkerwanderungen, Wasserknappheit, Korallensterben, Eisbären auf Schollen, Malaria und Kippelemente. Es werde »immer wahrscheinlicher, dass der nördliche Arm des Golfstroms seinen Dienst einstellt«. Die Risiken seien »größer als bislang angenommen«. Noch einen drauf legte die *Washington Post*: Ein globaler Kipppunkt, ein »Point of no Return« sei bereits 2035 erreicht.

Auch James Hansen propagierte das Thema im Dezember 2005 in seiner Rede auf der Jahrestagung der American Geophysical Union: »Wir stehen am Abgrund von Kipppunkten des Klimasystems, jenseits derer es keine Erlösung gibt«, rief er den Kollegen zu. Der Vortrag habe den Begriff in der öffentlichen Debatte verankert, so Chris Russill von der Carleton University und Zoe Nyssa von der University of Chicago 2009 im Fachblatt *Global Environmental Change*. 2006 schaffte es die Metapher sogar auf die Titelseite des *Time Magazine*, wo es hieß: »Die Erde am Kipppunkt«. Zu diesem Zeitpunkt existierte das Thema jedoch fast ausschließlich in den Medien, berichten Forscher um Sandra van der Hel von der Universität Utrecht in *Environmental Communication*. Zwar hatte *Science* schon 2008 konstatiert, dass die Kipppunkte »Mainstream« geworden seien. Doch war dies weniger als drei Jahre nach der Veröffentlichung des ersten wissenschaftlichen Artikels zum Thema. Im Vorjahr hatte es gerade mal 7 Fachpublikationen gegeben; 2009 waren es immerhin 30.

Schellnhuber erkannte schnell die Wucht des Begriffs. Im Oktober und November 2005 befragte er zusammen mit Kollegen 193 Wissenschaftler über mögliche »Kippelemente des Klimas«, 52 von ihnen schickten einen ausgefüllten Fragebogen zurück. Das Ergebnis wurde 2008 in *PNAS* veröffentlicht. Umfragen seien zunächst problematisch, räumten Schellnhuber und sein Team ein. »Aus naturwissenschaftlicher Sicht wird allgemein kritisiert, dass Expertenmeinungen subjektive Vorurteile mit sich bringen und darüber hinaus nicht zum Bestand wissenschaftlicher Erkenntnisse beitragen«, schrieben sie in ihrem Aufsatz. »Nichtsdestotrotz haben sich Expertenerhebungen auf der Grundlage strenger Protokolle aus Statistiken und Risikoanalysen als sehr wertvolle Informationsquelle in der öffentlichen Politikgestaltung erwiesen«. Schellnhuber sprach vom »Bauchgefühl der Wissenschaft«: »Wir arbeiten mit Expertenbefragungen, wo man kein verlässliches Simulationsmodell zur Verfügung hat.«

Der Aufsatz sollte zur meistzitierten Veröffentlichung über Kipppunkte werden: Unzählige Medien in aller Welt berichteten über die in Aussicht gestellten Megakatastrophen, und noch heute verweisen dutzende Wikipedia-Artikel auf ihn. Erstautor Tim Lenton von der University of East Anglia würzte die Berichte: »Die Gesellschaft kann durch glatte Projektionen des globalen Wandels in ein falsches Sicherheitsgefühl eingelullt werden.« Der *Spiegel* titelte: »Wissenschaftler haben erstmals neun kritische Regionen im globalen Klimasystem benannt« und: »Schon winzige Veränderungen reichen, um global einen unabsehbaren, unumkehrbaren Klimawandel auszulösen«. Die Schellnhuber-Gruppe hatte die Kipppunkte im öffentlichen Diskurs etabliert. Aber es gab einen Haken: Ihr Aufsatz genügte nicht den üblichen Anforderungen an eine wissenschaftliche Studie. Zwar war er in *PNAS* erschienen, dem Hausmagazin der National Academy of Sciences in den USA. Doch handelt es sich bei ihm nicht um eine normal begutachtete Studie, sondern um einen »Einstandsartikel«, den neu gewählte Mitglieder der Akademie einreichen dürfen, »um sich den Lesern vorzustellen«. Das Journal veröffentlichte den Beitrag als »Perspective«. Im Gegensatz zu Studien sind diese schwächeren Kriterien unterworfen und müssen laut *PNAS* lediglich »ein kritisches wissenschaftliches Problem identifizieren, eine Bewertung auf dem neuesten Stand der Technik liefern und neue Einsichten oder einen neuen Ansatz zu seiner Lösung bieten«. Kurzum reicht also ein interessanter Überblick über ein relevantes Forschungsthema. So gelangte die Warnung vor den Kipppunkten in ein renommiertes Wissenschaftsmagazin: Es genügte, sie zu beschreiben und die Umfrage nebst Bewertung mitzuliefern. Die Frage substanzieller Belege wäre für eine Studie von Belang gewesen, nicht aber für eine »Perspective«. Im Folgejahr publizierte Schellnhuber mit Kollegen zusammen erneut eine Umfrage über Kipppunkte in *PNAS*, diesmal unter 43 Klimaforschern. Die Gutachter akzeptierten sie als richtige Studie, allerdings blieb von dem alarmierenden Duktus des vorherigen Aufsatzes nichts mehr übrig – »Ungenaue Wahrscheinlichkeitsabschätzung von Kipppunkten im Klimasystem« lautete ihr Titel.

Als Schellnhuber und sein Nachfolger Johan Rockström 2018 die Kipppunkte in der Fachliteratur unterbringen wollten, gingen sie erneut auf Nummer sicher und wählten die »Perspective« als Form. Der Beitrag war von *PNAS* ungewöhnlich schnell publiziert worden, schon 17 Tage nach Eingang in der Redaktion. Normalerweise können Monate oder gar Jahre bis zur Veröffentlichung vergehen. Der ungewöhnlich heiße Sommer in Europa und den Vereinigten Staaten half vermutlich bei der Platzierung des Aufsatzes, der vor einer »Heißzeit« warnte, vor »Hothouse Earth«, aus der es kein Zurück mehr gebe. Auch diese Arbeit löste ein gewaltiges Medienecho aus. Neue Erkenntnisse präsentierten die Autoren nicht, es handelte sich um bekannte Spekulationen über die angeblichen Kipppunkte, die eine »Stabilisierung des Klimas verhindern« könnten. Und das heiße Zeitalter drohe, wenn überhaupt, erst in Jahrtausenden. Gleichwohl könne bereits eine Erwärmung in den kommenden Jahrzehnten einen unwiderruflichen Weg in die Heißzeit bahnen, argumentierten die Autoren. »Kollektives menschliches Handeln ist erforderlich, um das Erdsystem von einer potenziellen Schwelle wegzulenken und es in einem bewohnbaren, zwischeneiszeitlichen Zustand zu stabilisieren«, hieß es in der »Perspective«. Kaum ein großes Medium ließ sich die Geschichte entgehen, der Beitrag übte einen substanziellen Einfluss aus und wurde von einer Analyse zur »einflussreichsten Klima-Veröffentlichung 2018« gekürt. Im selben Jahr wählte die Gesellschaft für deutsche Sprache »Heißzeit« zum »Wort des Jahres«.

Ende 2019, kurz vor der UN-Klimakonferenz in Madrid, veröffentlichte die Schellnhuber-Gruppe einen weiteren Kommentar, diesmal in *Nature*: »Klima-Kipppunkte – zu riskant, um dagegen zu wetten«. Die »steigende Gefahr« müsse »zu politischen und wirtschaftlichen Taten zwingen«. Ein halbes Jahr nach der Publikation musste der Text ungewöhnlich stark korrigiert werden: Gleich fünf Fehler in der zentralen Abbildung des Artikels hatten Leser entdeckt. Bei *Nature* waren sie nicht aufgefallen – der Text konnte als Kommentar ohne harte Begutachtung erscheinen. 2022 folgte die nächste Warnung der Gruppe: »Climate Endgame – Exploring Catastrophic Climate Change Scenarios« (»Klima-Endspiel – eine Untersuchung katastrophaler Klimawandelszenarien«) lautete der Titel einer weiteren »Perspective« in *PNAS*. Die Thesen: Extremszenarien würden vernachlässigt, die Welt befinde sich auf dem Weg in ein solches, ihre Betonung im Diskurs könne Handeln im Sinne des Klimaschutzes beschleunigen. Die öffentliche Kritik der Kollegenschaft wurde deutlicher: »Meiner Meinung nach gibt es kaum Beweise dafür, dass der Klimawandel schlimmer ist als wir dachten, noch dass Bewertungen die Risiken herunterspielen oder dass wir dem Untergang geweiht sind«, erklärte der Schweizer Klimatologe Reto Knutti. Der Artikel spiegele »nicht das Mainstream-Denken zum Thema« wider und sei »nicht die erste derartige *PNAS*-›Perspective‹ derselben Autoren«. Die Veröffentlichungen seien zwar »interessant zu lesen«, aber eben Meinungsbeiträge, keine neue Wissenschaft.

Im September 2022 traf sich die Kipppunkte-Gruppe erneut zu einer Konferenz in Exeter, wo Schellnhuber 17 Jahre zuvor das Thema losgetreten hatte. Gerade war es Rockström mit Kollegen gelungen, eine Kipppunkte-Studie in *Science* unterzubringen. Das Medienecho kam wieder automatisch; nicht in die Schlagzeilen gelangte wie gewohnt die Kritik: Der Aufsatz müsse mit Vorsicht rezipiert werden, kommentierte der Glaziologe Philippe Huybrechts von der Freien Universität Brüssel, ein renommierter Experte für die Dynamik globaler Eismassen: Die Übersichtsarbeit sei politisch gefärbt. Aus gutem Grund hielten sich die Berichte des IPCC eher bedeckt: »Wir wollen unsere Aussagen ja nicht schon in fünf Jahren wieder revidieren«, sagte Huybrechts. Die Vereinten Nationen hingegen griffen die *Science*-Studie auf: »Wenn die Welt einen Kipppunkt erreicht, werden wir mit unwiderruflichen Veränderungen konfrontiert sein.«

Die Schwellen, die seine Kollegen am PIK hervorheben, basieren »auf ihrer privaten, viel schwächeren Definition«, kritisierte Bjorn Stevens, geschäftsführender Direktor des MPI-M. »Da werden Tipping-Points umgedeutet, sodass auch weniger abrupte oder sogar umkehrbare Klimaveränderungen darunterfallen.« Mit dieser »Neudefinition finden Sie Kipppunkte überall, dann ist Daueralarm«, fügte er hinzu. »Mein Institut verharmlost Kipppunkte nicht, wir legen nur mehr Wert auf Klarheit.« Der Schweizer Klimatologe Thomas Stocker von der Universität Bern, Vorsitzender des fünften UN-Klimareports, mahnte angesichts der Studie ebenfalls zur Vorsicht: »Die Klimawissenschaft weiß noch zu wenig über Kipppunkte, sowohl was die Theorie betrifft als auch die Modelle und die Beobachtungen«, sagte er Ende 2022 der *Zeit*. Um die zugrunde liegenden Prozesse »wenigstens ansatzweise abbilden zu können, müssten die Modelle mit einer sehr viel genaueren Auflösung arbeiten«. Zwar sei bekannt, dass im Laufe von Milliarden Jahren Erdgeschichte Kipppunkte überschritten wurden, aber wo genau sich diese Schwellen befinden, könne die Wissenschaft »noch nicht beantworten«. Stocker beklagte »einen Bias in der Berichterstattung«, eine Voreingenommenheit: Kipppunkte würden viel Aufmerksamkeit erregen, weil sie »anschaulich und dramatisch« wirken. »Aber für die Glaubwürdigkeit der Wissenschaft ist das meiner Ansicht nach riskant, denn wir diskutieren immer noch auf der Basis von relativ wenig Evidenz«, mahnte der Klimatologe. »Ich habe einmal erlebt, wie in einer Debatte über Kippelemente sogar der gewaltsame Widerstand propagiert wurde«, erzählte Stocker. »Die Rechtfertigung war, dass nur damit die dringende Transformation der Gesellschaft angestoßen würde, um das Überschreiten von Kipppunkten abzuwenden.« Während der Debatte habe niemand widersprochen. »Das fand ich sehr beängstigend«, sagte Stocker, der die Position vertrat, »dass wir noch nicht genug über Kippelemente wissen« – doch die Stimmung sei so aufgeheizt gewesen, dass er nicht mehr zu Wort kam.

Unverdrossen lieferte die Gruppe um Schellnhuber weiter: Mit Unterstützung der Bezos-Stiftung verfasste Tim Lenton, der bereits vorher Berichte gewürzt hatte, für das WEF 2023 einen »Kipppunkte-Report«. Sein Mitstreiter Rockström sagte bei einer Ansprache in Davos: »Wir gehen kolossale Risiken ein für die Zivilisation auf der Erde, wir schieben das ganze Erdsystem in Richtung eines Destabilisationspunktes.«

53. Verfassungsgericht: Fragliche Klimathesen als Corpus Delicti

Kipppunkte-Theorie zwingt Deutschland zu Fundamentalumbau.

Welch ein Jubel, als das Bundesverfassungsgericht am 29. April 2021 den Klimaschutz zum deutschen Staatsziel erklärte: »Festtag for Future« titelte der *Spiegel*. »Es ist ein unfassbar großer Tag für viele«, verkündete Luisa Neubauer und fügte hinzu, dass Klimaschutz ein Grundrecht sei. Junge Aktivisten und Umweltverbände hatten die Bundesrepublik Deutschland beim Verfassungsgericht verklagt wegen des »andauernden Unterlassens, geeignete und prognostisch genügende Maßnahmen zur Einhaltung des verbleibenden nationalen und nach Bevölkerungsanteilen bemessenen CO_2-Budgets zu ergreifen«. Regierung und Parlament verteidigten sich nicht; es sei hinreichend vorhersehbar, dass die Zahl der Unwetter, Hitzeperioden und Hochwasser infolge des durch die Treibhausgasemissionen verursachten globalen Temperaturanstiegs signifikant steigen werde. Folglich müsse man von einer gegenwärtigen Beeinträchtigung der Grundrechte durch den Klimawandel ausgehen. Andere gesellschaftliche Gruppen wurden nicht angehört. Experten reagierten erstaunt.

Es sei seltsam, dass man nicht mündlich verhandelt und Klimaforscher verschiedener Institute befragt habe, kommentierte der Staatsrechtler Sebastian Müller-Franken von der Philipps-Universität Marburg. Die Verfahren zur Euro-Rettung würden hierfür Präzedenz liefern: Damals habe das Gericht diverse Finanzwissenschaftler eingeladen und um ihre Einschätzung gebeten. »Hier meinte es, darauf verzichten und den maßgebenden Forschungsstand zu naturwissenschaftlichen Streitfragen höchster Komplexität selbst beurteilen zu können.« Müller-Franken verwies auf die unsichere Faktenlage: »Ein wesentlicher Baustein der Entscheidung ist die Annahme, es gebe sogenannte Kipppunkte, bei deren Überschreiten es zu abrupten und irreversiblen klimatischen Veränderungen kommt.« Dazu hätten weitere Forscher gehört werden sollen. Das Verfassungsgericht wies auf mögliche »Klimaüberraschungen« hin: »Als eine besondere Gefahr für die ökologische Stabilität werden sogenannte Kipppunktprozesse im Klimasystem angesehen«, schrieb es in seinem Urteil; außerdem, dass die Erwärmung Rechtsgüter von höchstem Rang bedrohe. Ein Anstieg der globalen Temperaturen über 1,5 Grad nehme in Kauf, dass »Millionen von Menschenleben sowie das Überschreiten von Kipppunkten mit unabsehbaren Folgen für das Klimasystem riskiert werde«. Die Bundesregierung reagierte schnell: Zwei Monate nach dem Urteil des Verfassungsgerichts beschloss das Parlament ein verschärftes Klimaschutzgesetz, das die radikale Eindämmung des Kohlendioxidausstoßes vorschreibt: Bis 2045 soll Deutschland treibhausgasneutral sein – fünf Jahre eher, als es das Gericht verlangt hatte. Sein Klima-Urteil dürfte das Land fundamental verändern: »Das Gericht hat eine grundlegende Weichenstellung vorgenommen, die Folgen für die Gesamtarchitektur von Staat und Gesellschaft haben wird«, erläuterte Müller-Franken.

Die Richter legten eine Restlaufzeit für Deutschlands fossile Energieversorgung fest und verlangten ein nationales CO_2-Budget. Die Bundesrepublik könne nicht darauf verweisen, dass andere Länder weniger tun, sondern müsse unabhängig ihre Emissionen rapide auf null senken, erklärte das Gericht. Deutschlands Kohlendioxidbudget beträgt 6,7 Milliarden Tonnen. Die Einschätzung stammte aus einem Gutachten des Sachverständigenrats für Umweltfragen (SRU) aus dem Jahr 2020, einem Gremium aus sieben Wissenschaftlern, die vom Bundesumweltministerium ausgewählt werden. Neben dem SRU dienten der IPCC, das UBA und ein populärwissenschaftliches Buch der Wissenschaftler Hans Joachim Schellnhuber und Stefan Rahmstorf vom PIK als Quellen. Der Rat legt Wert auf Konsens. Als der SRU Ende der 2010er-Jahre die abweichenden Auffassungen eines neuen Mitglieds, der Bauingenieurin Lamia Messari-Becker, veröffentlichen musste, gab es Streit. »Mich hat es überrascht, dass es bei einem inhaltlich so breiten Gutachten bei allen Themen nur eine Einschätzung gab«, erzählte die Umweltexpertin 2020. »Die Politik darf von ihren Beratern doch eigentlich unterschiedliche Handlungsoptionen erwarten«. Messari-Becker verließ den Rat: »Mein Eindruck ist, dass man eine Ingenieurin wollte, aber Widerspruch nicht eingeplant ist«, sagte sie.

Wenig überraschend war das SRU-Gutachten zum CO_2-Budget als allgemeiner Konsens verfasst: Das Pariser Klimaabkommen legt keine Minderungsquoten für Treibhausgase oder Emissionshöchstmengen fest, Regelungen bleiben den Staaten selbst überlassen – doch Deutschland trage besondere Verantwortung, schrieb der Rat:

> *Als ein technologisch führendes Industrieland mit einem hohen Bruttoinlandsprodukt und hohen historischen Emissionen sollte Deutschland bei der Transformation der Energieversorgung vorausgehen, seine national gesteckten Ziele eher früher als später erreichen und einen angemessenen Beitrag zu den Pariser Klimazielen leisten.*

Ein Dienst an armen Ländern, betonte der SRU: »Hierdurch erhalten Staaten mit geringerer Transformationskapazität größeren Spielraum, und Deutschland kann als Vorreiter für andere Staaten die technologischen und ökonomischen Möglichkeiten des Übergangs demonstrieren.« Unsicherheiten und andere Perspektiven umschiffte das Gutachten, auf welches das Verfassungsgericht sein Urteil stützte.

Eine schlichte Annahme des SRU schreibt Deutschland einen Radikalumbau von Industrie und Gesellschaft vor: »Legt man den deutschen Anteil an der Weltbevölkerung zugrunde und vernachlässigt die historischen Emissionen, beträgt das ab 2020 verbleibende CO_2-Budget für Deutschland maximal 6,7 Gigatonnen«, schreibt der Rat. Die Zahlen beziehen sich auf eine Erderwärmung von 1,75 Grad, die bei einem weltweiten Ausstoß von 800 Milliarden Tonnen – oder 800 Gigatonnen – Kohlendioxid erreicht werde. Den aus der Bevölkerungszahl folgenden deutschen Anteil von 6,7 Milliarden Tonnen CO_2 emittiert China mittlerweile in rund einem halben Jahr – Deutschland muss damit bis 2045 auskommen und dann bei null sein. Vier Monate vor dem Urteil, am 29. Dezember 2020, konnte man die Budgetrechnung bereits auf der Internetseite des Vorstandssprechers der Grünen in Frankfurt am Main, Bastian Bergerhoff, lesen – in einem Aufruf, den Kohlendioxidausstoß Deutschlands zu begrenzen. Die verbleibende Menge von 6,7 Milliarden Tonnen sei bei gleichbleibenden Emissionen in gut acht Jahren aufgebraucht. »Es ist also allerhöchste Zeit, die Dinge grundlegend zu verändern«, schrieb Bergerhoff. Dafür sorgte vier Monate später seine Frau Gabriele Britz, Richterin im Ersten Senat des Verfassungsgerichts und laut *taz* die »juristische Mutter des legendären Karlsruher Klimabeschlusses von 2021«.

Die Richter hätten »das fragwürdige CO_2-Budget des Umweltrates herangezogen«, kritisierte Oliver Geden von der Stiftung Wissenschaft und Politik sowie Leitautor beim IPCC. Dabei gab es mehrere Wahlmöglichkeiten: Fünf unterschiedliche Berechnungsarten ergaben für Deutschland fünf unterschiedliche Budgets, deren Reichweite um Jahrzehnte variierte, etwa die Verteilung nach relativer ökonomischer Leistungsfähigkeit der Staaten oder nach dem historisch kumulierten CO_2-Ausstoß oder nach Neuemissionen, jeweils pro Kopf. Der Bundesrepublik als Exporteurin gefragter Produkte wäre ein größerer Spielraum zugewiesen worden, hätte man ihren Anteil an der Kohlendioxid emittierenden Güterproduktion oder gar die nationale Wirtschaftsleistung zugrunde gelegt. Umstritten waren auch die Größe des globalen CO_2-Budgets für 1,75 Grad und das Zieldatum für die Klimaneutralität Deutschlands 2050. Letzteres geht nicht auf das Pariser Abkommen zurück, das in Artikel 4 Absatz 1 eine »Balance« zwischen anthropogenem Ausstoß und dem Senken von Treibhausgasemissionen »in der zweiten Hälfte dieses Jahrhunderts« vorsieht, also bis 2100. Daniel Wetzel kommentierte bei der *WELT*:

> *Soweit das Bundesverfassungsgericht den Zeitdruck und die damit drohende Grundrechtsverletzung der kommenden Generation am gesetzlichen Zieldatum 2050 festmacht, wäre eher zu fragen, ob nicht das deutsche Klimaschutzgesetz grundgesetzwidrig ist, das mit einer künstlich verknappten Frist freiheits- und grundrechtsbeschränkende Eingriffe des Staates ja erst provoziert.*

Die jetzige Generation sei mit hohen Anlaufkosten im Klimaschutz belastet, für ihre Nachkommen dürfte es eher billiger werden. Sechs

Billionen Euro seien nötig, damit Deutschland bis 2045 klimaneutral wird, rechnete McKinsey 2021 aus, pro Jahr also 240 Milliarden Euro. Dem Verlust an Wohlstand steht dabei kein direkter Gewinn gegenüber, denn die Klimaschutzmaßnahmen einzelner Länder verändern das Klima nicht messbar. Dafür schwindet mit Wohlstand aber der Einfluss, die globale Erwärmung zu bremsen: Nur eine wohlstandsfördernde Energiepolitik wird international Nachahmer finden. Dennoch verdonnerte im April 2024 der Europäische Gerichtshof für Menschenrechte die Schweiz zu strikterem Klimaschutz. Jeder habe ein Recht, vom Staat vor schädlichen Folgen des Klimawandels geschützt zu werden, erklärten die Richter – und schufen damit ein neues Menschenrecht. Der Klimawandel sei eine Bedrohung der Freiheit, die verlange, dass Staaten die 1,5-Grad-Grenze für die globale Erwärmung aus dem Pariser Klima-Abkommen beachten. Die Verpflichtung kann nun mit Klagen in ganz Europa durchgesetzt werden. Übertragen auf Deutschland bedeutet das Urteil, dass das CO_2-Budget des Landes bereits verbraucht wäre. Gelingt die Umsetzung nicht, scheint sogar klimabegründeter Lockdown möglich: »Künftig«, so schreibt das Verfassungsgericht in seiner Urteilserläuterung, »können selbst gravierende Freiheitseinbußen zum Schutz des Klimas verhältnismäßig und verfassungsrechtlich gerechtfertigt sein«.

In Absatz 161 seines Urteils nennt das Verfassungsgericht die Basis für seine Sorge. Der UN-Klimarat, heißt es dort, habe in einem Spezialreport aus dem Jahr 2018 seine Warnung verschärft. »Der IPCC geht nunmehr bei einer globalen Erwärmung von einem Grad von einem moderaten und bei 2,5 Grad von einem hohen Risiko aus.« Als Quelle sind die »Burning Embers« angegeben, die im angeführten Bericht ein dunkleres Rot zeigen als zuvor – jenes bunte Balkendiagramm, das »Gründe zur Sorge« symbolisieren soll und auf »Expert Judgements« statt auf präzisen Berechnungen beruht (Kapitel 40). Der Klimarat müsse den subjektiven Charakter seiner Einschätzungen deutlicher machen, hatte ein Prüfkomitee 2010 gefordert. Das geschah nicht, auch nicht durch das Verfassungsgericht. Und so endet der Kampf von Stephen Schneider, Hans Joachim Schellnhuber und ihren Kollegen für »Burning Embers« und

Kipppunkte mit einem Triumph: Die Thesen bilden das Fundament für die radikale Veränderung eines der größten Industrieländer der Welt. Ob der Umbau helfen wird, die globale Erwärmung einzudämmen, ist zwar unklar – der Einfluss deutscher CO_2-Emissionen auf das Klima ist vernachlässigbar –, aber in Deutschland hat die »Große Transformation« begonnen. »Forscher sind in aller Regel eine Fehlbesetzung für die Heldenrolle«, hatte Schellnhuber geklagt, weil die Kollegen im IPCC seine Glut-Grafiken lange nicht in den Klimareport aufnehmen wollten. Nun hat er sich durchgesetzt; manche sagen, das sei heldenhaft.

Nachwort: Was nottut

Was zwei der renommiertesten Klimaforscher im Dezember 2019 über Klimamodelle schrieben, hatte das Zeug, die Debatte über die globale Erwärmung grundlegend zu erschüttern. Doch der Aufsatz von Tim Palmer und Bjorn Stevens im Wissenschaftsmagazin *PNAS* fand kaum Gehör. Ihnen zufolge sei die Parole »die Wissenschaft ist sich einig« zum Problem geworden, weil sie es erschwere, über die »tiefe Unzufriedenheit mit den Klimamodellen« zu sprechen und darüber, was die Erwärmung regional bedeute. »Unglücklicherweise haben viele in der Wissenschaftlergemeinschaft, besonders unter ihren Finanzierern, keine Ahnung, wie bedeutend und umfassend die Unzulänglichkeiten sind«, monierten Stevens und Palmer. »Wie können wir unsere Unzufriedenheit mit den Modellen lindern?«, fragten sie. Gelinge es nicht, die globale Erwärmung besser zu rekonstruieren, entstehe ein »ethisches Problem«: Vorhandene Simulationen seien nicht geeignet für eine Gesellschaft, die versuche, die Auswirkungen des Klimawandels nachzuvollziehen. Das Herunterspielen der Unzulänglichkeiten lasse die Menschen im Unklaren über die »außerordentliche Herausforderung«, ein robustes Bild der zukünftigen Abläufe in der Atmosphäre zu liefern.

Dass selbst zwei der angesehensten Forscher auf dem Gebiet mit ihrer Mahnung nicht durchdringen, überrascht nicht mehr. Die Klimadebatte ist von Extremisten gekapert worden. Wissenschaftler, die auf Unsicherheiten hinweisen, werden totgeschwiegen oder gar angegriffen, sodass sich kaum noch jemand differenziert zur globalen Erwärmung äußern mag. Gleichzeitig ist die Gruppe der Skeptiker gewachsen, die in Abrede stellen, dass der Klimawandel überhaupt ein Problem darstellt. Populisten der politischen Rechten haben zu lange gegen wissenschaftliche Erkenntnisse mobil gemacht, anstatt eigene Lösungen zu entwickeln, was erstaunlich ist: Die erfolgreichsten Gesellschaften fußen stets auf Freiheit, Kreativität und Innovationen. Die Linken hingegen verbreiten eigennützig die Geschichte vom Weltuntergang und glauben, dass Debatten über Anpassungsmaßnahmen an den Klimawandel ihre Macht bedrohen. Mittels medienaffinem Moralismus und Konformismus, Freund-Feind-Rhetorik, Angstmache und Übertreibungen der Robustheit von Forschungsergebnissen sollen der Diskurs eingeengt und politische Ziele durchgesetzt werden. Die Verknüpfung von Umweltschutz mit Verzichtsbefehlen und Kollektivismus bedient die eigene Klientel sowie die Vereinten Nationen, Regierungen und Energielobbys, die von Top-down-Ansätzen, Dirigismus, Subventionen und Regulierungen profitieren. Doch der Einsatz staatlicher Zwangsmaßnahmen macht es jenen, die Wert auf Marktwirtschaft und individuelle Freiheit legen, schwer, sich für Klimapolitik einzusetzen.

Diese nach meinem Verständnis traurige Situation erschwert konkrete Lösungen: Wann immer die Möglichkeit bestand, die Emissionen effektiv zu senken, gingen Umweltaktivisten dazwischen, vielleicht, weil die Erhaltung des Klimaproblems für gewisse Interessengruppen existenziell ist: So hätte man die Kernkraft ausbauen können, um eine CO_2-neutrale Stromversorgung zu ermöglichen; man hätte Fracking benutzen können, um auch hierzulande die Kohle durch weniger klimaschädliches Erdgas zu ersetzen; man hätte CCS-Vorrichtungen installieren können, um den Schaden fossiler Energieträger während der Übergangszeit zu mindern; und man hätte Gentechnik anwenden können, um die Landwirtschaft schon seit Jahren an Klimawandelfolgen anzupassen. Doch alle diese Technologien sind in Deutschland verboten. Die Menschheit ist in der Lage, sich gegen Wettergefahren zu wappnen, wirtschaftliches Wachstum und Wohlstand vorausgesetzt. Klimaaktivisten hingegen gilt das Gegenteil als Instrument der Wahl: »Degrowth«.

Volkswirte empfehlen seit Jahrzehnten den Handel mit CO_2-Zertifkaten auszuweiten, damit Unternehmen profitabel klimaneutrale Technologien voranbringen, ohne von Auflagen erdrückt zu werden. Doch der pragmatische Ansatz, Klimaschutz als globales Problem zu begreifen und mittels Emissionshandel Schutzmaßnahmen immer zuerst dort zu realisieren, wo sich eine Einheit CO_2 am effizientesten einsparen lässt, wurde als »kapitalistisch« diskreditiert und Ökonomen aus dem Diskurs gedrängt (Kapitel 37). Eingriffe des Staates – außer der steten Verknappung der CO_2-Emissionszertifikate – und auch die alte Klima-Lobby würde der Emissionshandel überflüssig machen: Denn die Emissionen würden gemäß der verknappten Zertifikate zurückgehen, weshalb die meisten anderen Maßnahmen eingestellt werden könnten, etwa Gesetze und Vorschriften, Abgaben und Steuern, Forderungen nach Verzicht und Einschränkungen, und auch für die Klimakatastrophen-Einpeitscher gäbe es keinen Bedarf mehr – gigantisch hohe Summen würden frei für andere Vorhaben. Doch die ausgeuferte Klima-Lobby mit ihrem Fokus auf die eigenen Branchen hat dafür gesorgt, dass alternative Lösungen des Problems kaum diskutiert wurden und werden. Es ist Zeit, das Thema endlich ernst zu nehmen, machthungrige Trittbrettfahrer des Klimaproblems in die Schranken zu weisen und anstatt eigennütziger Strategien ein gemeinsames Ziel zu verfolgen: billige, kohlenstoffarme Energie für die Bedürfnisse eines Industrielands bereitzustellen. Warum sollten wir uns darauf nicht einigen können? Um sinnvoll zu handeln, muss man nicht zwangsläufig andere von der eigenen Weltanschauung überzeugen. Wem es wirklich darum geht, die Erderwärmung durch Treibhausgase zu mindern, sollte faktenbasiert denken, anstatt ideologiegetrieben die Interessen der eigenen Gruppe zu bedienen.

Mein fünfjähriger Sohn hat unterdessen festgestellt, dass das Klima nicht nur Sorgen machen kann, sondern auch rätselhaft ist. Als wir beide neulich am Ostseestrand gemeinsam in den Horizont blickten, fragte er unvermittelt: »Papa? Kann es sein, dass Wolken immer weniger werden bis ich groß bin?« Ich schaute ihn irritiert an und antwortete: »Mein Junge, du stellst Fragen.« Er hob den Arm und zeigte in den Himmel: »Müsste man mal erforschen, oder?«

Danksagung

Ich danke Wolfgang Ferchl für inspirierende Gespräche und Ideen.

Ich danke außerdem Ulf Poschardt und Oliver Michalsky, die bei *WELT* Debattenräume offenhalten, die anderswo wegen Opportunismus fest verschlossen sind.

Ausgewählte Quellen

Für Gespräche und Korrespondenz danke ich insbesondere folgenden Wissenschaftlern:

Lennart Bengtsson, Reinhard Böhm, Wallace Broecker, Tony de Brum, Ulf Büntgen, Paul Crutzen, Andreas Dahm, Jan Duinker, Jan Esper, Jochen Flasbarth, Hartmut Graßl, Andreas Hagedorn, James Hansen, Klaus Hasselmann, Christoph Hilgers, Mike Hulme, Hans Mathias Kepplinger, Lenelis Kruse-Graumann, Mojib Latif, Jochem Marotzke, Lamia Messari-Becker, Heinz Miller, Sebastian Müller-Franken, Hans Peter Peters, Roger Pielke Jr., Orrin Pilkey, Senja Post, Hannah Ritchie, Simone Rödder, Hans Rosling, William Ruddiman, Karsten Sach, Hans Joachim Schellnhuber, Stephen Schneider, Corinna Schrum, Reimund Schwarze, Michael Shellenberger, Bjorn Stevens, Hans von Storch, André Thess, Peter Weingart, Nicole Wilke, Eduardo Zorita.

Zugrundeliegende Bücher (Auswahl):

Bert Bolin (2007): *A History of the Science and Politics of Climate Change: The Role of the Intergovernmental Panel on Climate Change.* Cambridge University Press.

Wally Broecker (2010): *The Great Ocean Conveyor: Discovering the Trigger for Abrupt Climate Change.* Princeton University Press.

Reid A. Bryson, Thomas J. Murray (1979): *Climates of Hunger: Mankind and the World's Changing Weather.* The University of Wisconsin Press.

Rachel Carson (2019 [1962]): *Der stumme Frühling.* C. H. Beck.

Erik M. Conway (2008): *Atmospheric Science at NASA: A History*. John Hopkins University Press.

Rupert Darwall (2014): *The Age of Global Warming: A History*. Quartet Books.

Pete Earley (2009): *Comrade J: The Untold Secrets of Russia's Master Spy in America After the End of the Cold War*. Penguin Publishing.

Ross Gelbspan (1997): *Der Klima-Gau: Erdöl, Macht und Politik*. Gerling Akademie Verlag.

Joshua P. Howe (2016): *Behind the Curve: Science and the Politics of Global Warming*. University of Washington Press.

Bernie Lewin (2017): *Searching for the Catastrophe Signal: The Origins of The Intergovernmental Panel on Climate Change*. For Our Sun Publishing.

Michael E. Mann (2013): *The Hockey Stick and the Climate Wars: Dispatches from the Front Lines*. Columbia University Press.

Chris Mooney (2006): *The Republican War on Science*. Basic Books.

Gerald R. North (2020): *The Rise of Climate Science: A Memoir*. Texas A&M University Press.

Tim Palmer (2022): *The Primacy of Doubt: From Quantum Physics to Climate Change, How the Science of Uncertainty Can Help Us Understand Our Chaotic World*. Basic Books.

Fred Pearce (2010): *The Climate Files: The Battle for the Truth about Global Warming*. Guardian Books.

Roger Pielke Junior (2014): *The Rightful Place of Science: Disasters and Climate Change*. Arizona State University Consortium for Science, Policy & Outcomes.

Joachim Radkau (2012): *Natur und Macht: Eine Weltgeschichte der Umwelt*. C. H. Beck.

Hans Rosling (2019): *Factfulness: Wie wir lernen, die Welt so zu sehen, wie sie wirklich ist*. Ullstein.

Hans Joachim Schellnhuber (2015): *Selbstverbrennung: Die fatale Dreiecksbeziehung zwischen Klima, Mensch und Kohlenstoff*. C. Bertelsmann Verlag.

Stephen H. Schneider (2009): *Science as a Contact Sport: Inside the Battle to Save Earth's Climate*. National Geographic.

Stephen H. Schneider, Lynne E. Mesirow (1976): *The Genesis Strategy: Climate and Global Survival*. Plenum Publishing.

Leander Scholz (2022): *Die Regierung der Natur:* Ökologie und politische Ordnung. August Verlag.

Hans von Storch (2023): *Der Mensch-Klima-Komplex: Was wissen wir? Was können wir tun? Zwischen Dekarbonisierung, Innovation und Anpassung*. Dietz Verlag.

Hans von Storch, Werner Krauß (2013): *Die Klimafalle: Die gefährliche Nähe von Politik und Klimaforschung*. Hanser Verlag.

Spencer R. Weart (2003): *The Discovery of Global Warming*. Harvard University Press.

Peter Weingart, Anita Engels, Petra Pansegrau (2007): *Von der Hypothese zur Katastrophe. Der anthropogene Klimawandel im Diskurs zwischen Wissenschaft, Politik und Massenmedien*. Verlag Barbara Budrich.

Peter Weingart (2005): *Die Stunde der Wahrheit? Zum Verhältnis der Wissenschaft zu Politik, Wirtschaft und Medien in der Wissensgesellschaft*. Velbrück Wissenschaft.

Sebastian Wiesnet (2012): *Katastrophendiskurs oder Diskurskatastrophe? Eine wissenssoziologische Kritik an der Diskussion um den anthropogenen Klimawandel*. Verlag Dr. Kovač.

Robert Zubri (2013): *Merchants of Despair: Radical Environmentalists, Criminal Pseudo-Scientists, and the Fatal Cult of Antihumanism*. Encounter Books.